きょうだいの日本史

『日本歴史』編集委員会〔編〕

吉川弘文館

はじめに

現代のドラマや漫画、小説などにおいて、「きょうだい（兄弟、姉妹、兄妹、姉弟、義理のきょうだいも含む）の関係」を、中核的なテーマのひとつに据えた作品は少なくない。このテーマが、それだけ魅力的なのであろう（二〇二六年の大河ドラマは、「豊臣兄弟！」だそうである）。本書は、その「きょうだいの関係」を歴史的に考えようとするものである。古今東西、「家族の関係」は、人間社会と切っても切り離せないものであり、つねに社会を基礎づけるひとつの重要な要素でありつづけてきた。それゆえ、家族の関係抜きで、歴史を語ることは難しい。

そのような家族の関係のなかでも、「きょうだい」の関係は、複雑なものになりがちである。仲の良い／悪いきょうだい、愛憎入り乱れるきょうだいなど、さまざまな関係性があり、しかも、時期によって、激変したりもする。

当然のことではあるが、歴史のなかでも、藤原四兄弟、北条政子・義時姉弟、足利義政・義視兄弟、浅井三姉妹、玉川兄弟、幸田（露伴）きょうだいなど、多様なきょうだいがおり、複雑な関係性をみせてきた。しかも、彼ら／彼女らが、政治や社会、文化を動かすことがしばしばあった。さらに、そのようなきょうだいの関係そのものが、その時代の特質を表すこともあった。

そのためか、きょうだいの関係は多くの人々の興味関心を引き、現在に至るまで種々の角度から研究がおこなわれてきた。そのような厚い研究の蓄積のなかで、以前とは異なった描かれ方をする者たちも出てきた。

そこで『日本歴史』編集委員会では、あらためて各時代における「きょうだいの関係」の実態を究明し、そこからみえてくるそれぞれの時代の政治・社会・文化の特徴や人間の営みなどを分析してみたいと考えた。この企画は、新年特集「きょうだいの日本史」として実を結び、種々の成果を得ることができた（『日本歴史』八九六、二〇二三年）。

その後、この成果をより多くの人々に共有してもらうべく、書籍化の企画が始まった。議論の結果、内容をさらに豊かなものとするため、新たに多くの研究者に執筆を依頼することが決まった。また、特集号の執筆者にも、史料の現代語訳化や註の示し方の修正などをお願いすることになった。執筆・修正にご協力いただいた方々に、お礼を申し上げる次第である。

本書におさめられている各論考からは、多種多様で、じつに複雑なきょうだいのあり方が明らかになる。また、それらを通じて、各時代の特徴をうかがうこともできる。もちろん、日本の歴史上には、無数のきょうだいが存在し、ほかのきょうだいの事例について、ご存じの方も多いであろう。本書を機に、より多くのきょうだいの関係が解明され、きょうだいの問題に関する日本史研究がいっそう進展することを願う。また、それらを通じてあらためて、「きょうだい」とは「家族」とは何なのか、といったことを考えてみていただければ幸いである。

二〇二四年六月

『日本歴史』編集委員会

目次

古代

中世

古代

皇位をめぐる中大兄皇子と二人の兄弟

鷺森浩幸

はじめに

天智《てんじ》天皇（中大兄《なかのおおえ》皇子）と天武《てんむ》天皇（大海人《おおあま》皇子）は古代史の有名な兄弟である。彼らの生きた時代は、朝鮮半島をめぐる緊張が高まるなかで、新しい国家体制の確立を進めた激動の時代であった。

このような点で注目される一方で、たとえば、中臣鎌足《なかとみのかまたり》や額田王《ぬかたのおおきみ》のような存在もあり、登場人物にも恵まれている。これまでも歴史的な興味はもとより、より広い関心がよせられてきた。関連する論点はきわめて多いが、本稿はまず想起されるであろう、古人《ふるひと》大兄皇子を含めた中大兄とその兄弟の皇位継承を取り出して論じるものである。

一　古人大兄・中大兄・大海人皇子の妃

舒明《じょめい》天皇が死去したとき、三人の大兄がいた。彼らが皇位継承の有力候補であった。まず、厩戸《うまやど》皇子（聖徳太子《しょうとくたいし》）の子山背《やましろ》大兄王である。次に舒明の男子二人。古人大兄皇子と中大兄皇子（のち天智天皇）。古人大兄皇子は舒明天皇と蘇我馬子《そがのうまこ》の女子法提郎媛《ほていのいらつめ》の子であり、豪族のなかで突出した勢力をもつ蘇我本宗家と強い結合のもとにあった。中大兄皇子は舒明天皇と宝皇女《たからのひめみこ》の間の子で、宝皇女は舒明の后妃のなかで第一の地位にあった。『日本書紀』では皇后とされる。その長子が中大兄皇子である。大海人皇子（のち天武天皇）は中大兄皇子の同母の弟であるが、同母の兄弟の長子が大兄であるから、大海人は大兄に相当しない。彼らに加えて、世代的に一つ上の軽《かる》皇子（宝皇女の弟）がいた。舒明の後継者を決定することは困難な政治課題であった。それゆえ、宝皇女が即位した（皇極《こうぎょく》天皇）。つまり、三人の大兄と軽皇子の間に正当な序列を設けることができなかったのである。皇極二年（六四三）、山背大兄王が滅亡した。その後、古人大兄皇子が後継者と位置づけられたようである。蘇我入鹿《いるか》が宮内で暗殺された時、古人は皇極天皇の横に座を占めた。これはその地位を象徴的に示すだろう。

中大兄皇子、大海人皇子および異母兄弟の古人大兄皇子の婚姻関係をみると、非常に興味深い一つの傾向がみられる。古人の子倭姫王《やまとひめのおおきみ》（母は不明）は中大兄の后妃となり、中大兄の二人の子大田《おおた》・鸕野《うの》皇女（母は蘇我倉山田石川《そがのくらやまだのいしかわ》麻呂《まろ》の子遠智娘《おちのいらつめ》）は大海人の后妃となった。さらに、大海人の子十市《とおち》皇女（母は額田王）は中大兄の子大友皇子の后妃となった。

中大兄の子大江《おおえ》皇女（母は忍海造《おしぬみのみやつこ》小竜《おたつ》の子色夫古娘《しこふこのいらつめ》）も天武の妃となり長《なが》皇子・弓削《ゆげ》皇子を生み、新田部《にいたべ》皇女（母は阿倍倉梯麻呂《あべのくらはしまろ》の子橘娘）も同様で舎人《とねり》皇子を生んだ。所生の子の年齢などからみて彼女たちの婚姻は大田・鸕野皇女より遅れると思われる。おそらく婚姻をめぐる状況が大田・鸕野とは異なったであろう。

さて、大化元年（六四五）、皇極天皇が譲位した時、中臣鎌足は中大兄皇子に対して、古人大兄皇子は兄、軽皇子はおじであるとして、軽皇子の擁立を進言したという。年齢的に古人皇子が中大兄皇子より上で、先に述べたように、皇極天皇の後継者でもあり、この時、政治的に中大兄皇子の上位にあったことに疑いの余地はない。この点をふまえ

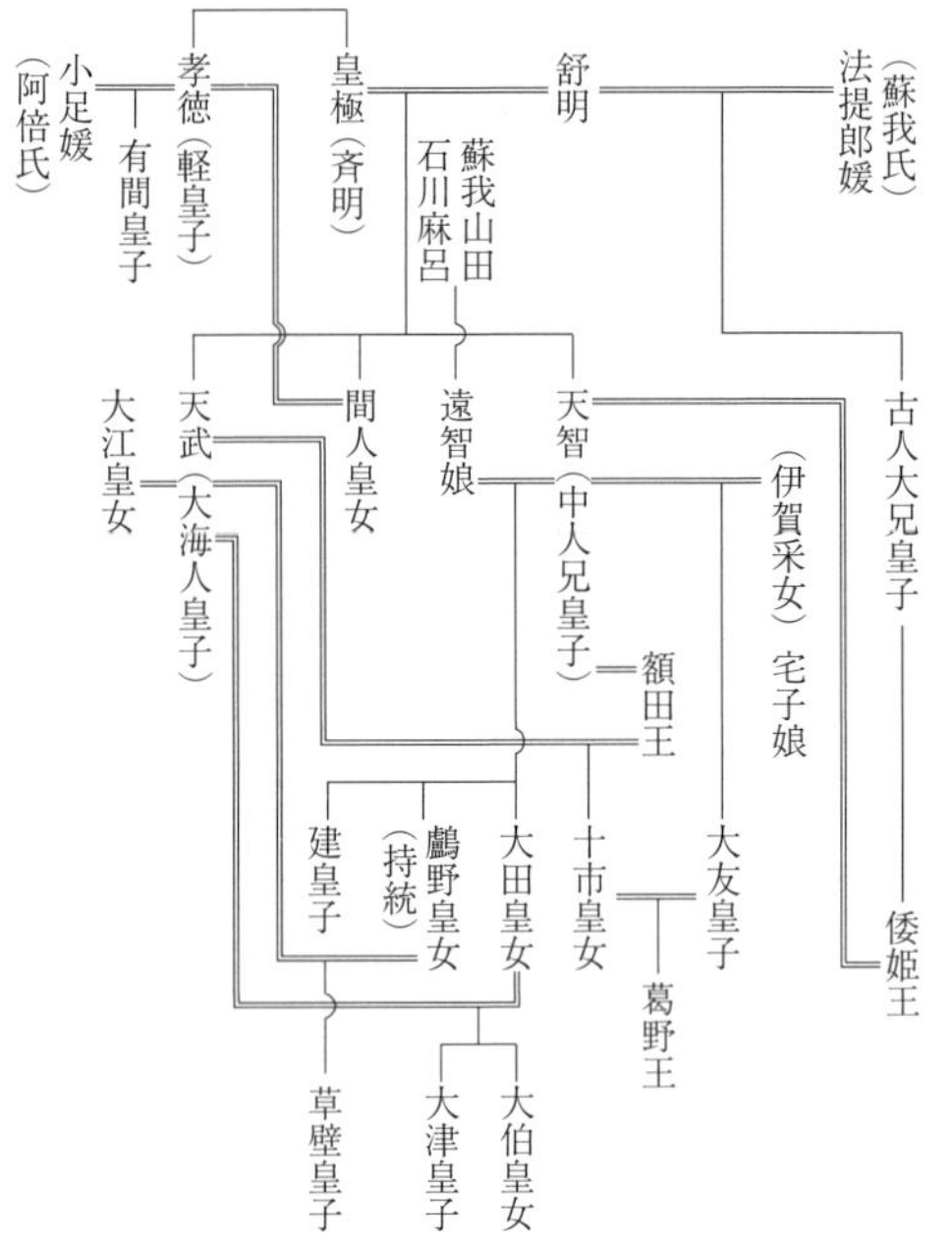

天智天皇を中心とする関係系図（直木孝次郎『人物叢書　額田王』所収図に加筆）

て、上位の人物の女子が下位の人物（要するに弟）の后妃となるというルールの存在が確認できると考える。

倭姫王と中大兄の婚姻がいつ成立したかはいまだ明確でない。古人の失脚（出家）および滅亡（大化元年）の前と後の二つの見解がある。この問題は古人大兄皇子の生年などとも関わるが、松尾光の考察がある。松尾は古人の年齢を推測しながら、その滅亡の時に、子は殺され妃たちは自経したものの、倭姫王がその後も生存したことから、これ以前に倭姫王は中大兄皇子の妃となったと主張した。荒木敏夫も同じく、この婚姻は中大兄皇子との婚姻による関係構築を考えた古人大兄皇子の決断で、舒明天皇の死去・皇極天皇即位前後のことと推測した。

いっぽう、森公章は中大兄皇子が長期間、即位しなかった理由は皇后にふさわしい王族がいなかったことであり、唯一の候補倭姫王の成長を待って、斉明《さいめい》末期頃に結婚したとし、吉川敏子は倭姫王の中大兄皇子との婚姻は古人大兄皇子の子が中大兄への怨恨を抱いたままほかの王族と結婚することを避ける意味があったとした。これは古人の滅亡後の結婚を想定した見解であろう。中大兄皇子の即位の問題は次に取り上げるが、后妃の問題がそれほど決定的な意味をもったとは考えにくい。中大兄の子大田・鸕野、大海人の子十市の事例から類推して、これは古人の失脚以前のこととするのが穏当なところだろうと思う。

ところで、吉川敏子は系譜の定かでない鏡《かがみ》女王を古人大兄皇子の子と推定した。彼女は『万葉集《まんようしゅう》』に天智天皇との贈答歌（「天皇　鏡王女に賜う御歌」と「鏡王女　和《こた》え奉る御歌」巻二、九一・九二番）、藤原鎌足との贈答歌（「内大臣藤原卿　鏡王女をつまどう時に鏡王女が内大臣に贈る歌」と「内大臣藤原卿　鏡王女に報え贈る歌」巻二、九三・九四番）、および額田王の歌の次に収録される歌（巻四、四八九番）を残す人物である。最初、天智の妃となり、のちに藤原鎌足の室となったとされる。吉川の見解は是認できるものであるが、渡里恒信による舒明天皇と法提郎媛の間の子という説もある。吉川の見解に従うと、古人大兄皇子の二人の女子が中大兄皇子の妻となった可能性が生じ、たいへん興味深い。

このような兄弟の婚姻は兄弟間の深刻な対立を回避するための方策であったと思われる。まず、上位の兄は弟を女婿の位置におくと同時に、安全の保証を与えたことになるのであろう。女婿としての地位が実際にどの程度、安全であったのかはわからない。兄から弟への一方的な安全の保証のようにも思えるが、下位の弟の后妃のなかで最上位に位置づけられたのは当然、兄の子である。倭姫王は天智天皇の「皇后」、（大田・）鸕野皇女は天武天皇の「皇后」であった。天智と倭姫王の間に子はなかったが、大田・鸕野皇女の男子が天武の有力な継承候補となり、大田の所生子大津《おおつ》皇子の滅亡という事態を招いたことは著名な事実である。そして、天武・持統《じとう》天皇（鸕野皇女）以後の天皇はほぼすべて彼らの子孫から出た。

また、次のような状況にも注目すべきであろう。天智天皇は病気が進むなかで大海人皇子を大殿に引き入れ、後事を託したが、大海人はこれを拒否し、「願わくは、陛下、天下をすべて皇后にさずけてください。そして大友《おおとも》皇子を立てて儲君《ちょくん》としてください。臣は今日、出家し、陛下の為に功徳《くどく》を修めましょう」と応じた（『日本書紀』天武天皇即位前紀）。皇后とは倭姫王のことで、この人物に統治を委ね、大友皇子をその後継者とすることを提案したのである。これは倭姫王がそれにふさわしい能力を有したことを意味し、ある程度の実現性のある方策であったと考えられる。また、天武天皇の死後、鸕野皇女が「臨朝称制《りんちょうしょうせい》」した。称制とは即位せずに政務をみることである。倭姫王も鸕野皇女も后妃となるなかで、政治経験を重ね、統治にふさわしい能力を身につけ、実際にそのような立場についたのである。倭姫王の場合は実現しなかったが。

二　中大兄皇子と皇位

中大兄皇子が即位し天智天皇となったのは六六八年のことで、大化元年から二〇年以上も「皇太子」であった。『日本書紀』天智天皇即位前紀によると、大化元年、孝徳《こうとく》天皇の即位とともに「皇太子」に擁立され、孝徳の死去・皇極の重祚（斉明天皇）を経て、斉明の死後、素服で「称制」した。『日本書紀』は基本的にその翌年を天智元年として治世を数える。天智七年（六六八）正月に即位の記事がある。この即位までの過程は天智天皇に関わる大きな疑問点の一つである。なぜ、かくも即位が遅れたのであろうか。

『日本書紀』孝徳即位前紀に、上にも少し述べたが、ひとつのエピソードがみえる。皇極天皇は中大兄皇子に譲位しようとしたが、中大兄は中臣鎌足の進言（「古人大兄は殿下の兄であり、軽皇子は殿下の舅です。方《まさ》に今、古人大兄がいらっしゃいます。それで殿下が即位されると、人の弟は恭《つつし》み遜《したが》うという心に違《たが》うでしょう。しばらく舅を立てて民の望みに答えられれば、またよいでしょう」）をうけ辞退した。さらに軽皇子も固辞し、「大兄命は昔の天皇の所生です。そして年長です。この二つの理《ことわり》から天位にあるべきです」として古人大兄皇子に譲った。古人大兄も固辞し、「出家して吉野に入ります。仏道を勤め修めて天皇を祐《たす》けましょう」といい、法興寺《ほうこうじ》（飛鳥寺）で出家した。結局、軽皇子が即位した。これがそのまま歴史的事実とは考えにくい。古人大兄皇子が出家したのはおそらく自身の危険を察知したからで、出家して逃亡したのである。実際に彼とその一族は約三ヵ月後に滅亡した（『日本書紀』大化元年九月三・一二日条）。

ただし、中大兄皇子が系譜・年齢の点において古人大兄皇子や軽皇子より下位にあり、その即位は序列に違うという認識はおそらく当時の事実であろう。これはあくまでも系譜・年齢の点からの序列であり、中大兄皇子の行動がそれを破壊したと考えられる。つまり、中大兄皇子が蘇我本宗家を滅亡させ、古人大兄皇子もその後、同様の運命をたどった。有力な皇位継承候補が中大兄皇子によって排除された。やはり、これ以後、中大兄皇子が政治の中心であり続けたと考えるべきである。

この時、実際に即位したのは中大兄皇子でなく、軽皇子（孝徳天皇）であった。これは疑いのない事実である。そこから、この事件の首謀者を軽皇子とする見解（遠山美都男）も有力である。その学説のなかで中大兄皇子は現場の司令官、実行者と評された。しかし、中大兄皇子自身がこのような武力による実力行使をおこなったことが決定的な意味をもち、その点こそがこの事件の大きな意義である。系譜・年齢の点からの序列は意味を失い、実際に手を下した中大兄皇子が政治の中心に躍り出た。これが六月八日（蘇我入鹿暗殺）以後の状況である。

政治の中心にあった中大兄皇子はなぜ即位しなかったのであろうか。彼は推古三四年（六二六）生まれと考えられ、この時、二〇歳であった。まず、この年齢が考慮されなければならないが、天智七年まで即位を待つ必要はなかろう。ちなみに仁藤敦史は大王（天皇）の即位の適齢が四〇歳前後であったとする。ただし、極端な若年でない限り、実際に問題はなかっただろう。

舒明死去の段階で、三人いた大兄のうちすでに二人は消え去り、ここで中大兄皇子が即位すると、軽皇子の即位の可能性もほぼ消滅するであろう。中大兄皇子の次の皇位継承は同母弟大海人皇子に限定されてしまう。当時、まだ中大兄皇子の男子は生まれていない。これは安定した皇位継承の大きな障害である。皇位継承を考えた時、天皇家の人的資源の急激な枯渇は明らかであり、この点から中大兄皇子の即位はおそらく天皇家や豪族層の承認を得ることはできなかっただろう。軽皇子の即位、中大兄皇子の立太子により、二つの王家が皇位継承権をもって並立する形となり、当面の安定は確保されたと思われる。孝徳天皇の子有間《ありま》皇子は斉明四年（六五八）、中大兄皇子の子建《たける》皇子が死去したややのちに謀反の疑いにより絞殺された。

白雉五年（六五四）、孝徳天皇が死去し、新天皇は斉明（皇極の重祚）である。『日本書紀』は「皇祖母尊」が飛鳥板蓋宮《いたぶきのみや》に即位したと記すだけである。斉明は斉明七年七月に死去し、「皇太子」が称制した（天智天皇即位前紀）。この部分の記載もこれだけである。中大兄皇子の称制の背景についてこれまで多くの見解が提起されてきた。そのなかで、遠山美都男が大友皇子の擁立を論じたのが注目される。遠山は中大兄皇子の即位の頃に将来の大友皇子の擁立構想があったと推定した。その根拠は、大友皇子の養育氏族（大友史《ふひと》や大友村主《すぐり》氏）の本拠であった近江の大津に宮を置いたこと、この頃に大友と大海人皇子の女子十市皇女が結婚したと推測されることである。大友と十市の結婚は、前節で述べた婚姻の特徴からみて、ひとつの皇位継承構想の存在を暗示する。それは天智天皇の後、大海人皇子―大友皇子の順に即位するものである。この二人の結婚はこのような構想の確立をもたらし、それを象徴的に示す重要な事項であったと思われる。この時期になって婚姻が成立したのは十市皇女の年齢が関係すると思われるが、不明である。

この構想の確立と中大兄皇子の即位はリンクするであろう。おそらく、中大兄皇子は大友皇子の処遇が確定したことを契機に即位したのであり、結局、長い即位までの期間はそのためのものであったと思われる。中大兄皇子は一貫して政治の中心であったにもかかわらず、後継者の決定を回避するために即位しなかった。ただ、それは原則的な問題でなく、具体的に弟大海人皇子を無条件で後継者と決定するのを拒否したのである。中大兄皇子は男子に恵まれず、建皇子の早逝の後、母の出自の低い大友皇子について、将来の擁立構想が確立した段階で即位したのである。

『日本書紀』において天智期の大海人皇子は東宮大皇弟《ひつぎのみこ》（もしくは大皇弟）と称されるが、これがおそらく天智期の大海人皇子の実際の地位であろう。ただし、任命などの記事はないのは当初からこの表記を用いているからであろう。その後、天智天皇が大友皇子を太政大臣に任じ、左右大臣・御史大夫《ぎょしたいふ》を従わせて、後継体制を作り上げ（『日本書紀』天智一〇年正月二日条）、天智の最末期にその要請に対して、大海人皇子が倭姫王に統治を委ね大友皇子を後継者とすることを回答したことによって、この構想は簡単に崩壊した。

なお、整った官司機構や物質的基盤を伴う皇太子制はこの段階で未成立であるが、常に後継者を定め、政治的にそれとして処遇する体制は、このあたりで確立したと考える。中大兄皇子の即位までの過程はその点を示唆すると思われる。

おわりに

政治的な世界において兄弟の存在はきわめてやっかいである。本稿の著名な兄弟についても、婚姻を通して、破滅的な事態を避けるための提携が確かに存在したが、同時に、兄中大兄皇子は長期にわたって即位を避け、自身の子の確かな位置づけを得ることなく、弟大海人皇子を後継者とすることを拒否し続けた。相反する二つの傾向が読み取れ、兄弟の複雑な関係を示唆する。そして、結果として破滅的な事態は起きた。壬申《じんしん》の乱がそれである。さかのぼれば、古人大兄皇子と中大兄皇子の間にも破滅的な事態があった。

ただ、それらは個人の指向や感情に由来するわけではなかろう。それぞれの段階で天皇家の構成員や有力豪族層を取り込んだ政治の構造があり、そのいわば、きしみであり、安定した(継承者がいなくなる状況が生まれないという意味において)皇位継承のために必要な事態でもあった。また、非常事態が生じた時、実は、上位の者の子であり下位の者の妻である女性の意志こそが帰趨を決したことも事実であろう。

〈参考文献〉

荒木敏夫「古人大兄皇子論」(『国立歴史民俗博物館研究報告』一七九、二〇一三年)
門脇禎二「蘇我本宗家滅亡事件」(『「大化改新」史論 上』思文閣出版、一九九一年)
篠川賢「乙巳の変と蘇我倉山田石川麻呂」(『日本古代の王権と王統』吉川弘文館、二〇〇一年)
遠山美都男「「乙巳の変」の再構成」(『古代王権と大化改新』雄山閣、一九九九年、初出一九八九年)
遠山美都男「壬申の乱の分析視角」(同右、初出一九九五年)
仁藤敦史「古代女帝の成立」(『古代王権と支配構造』吉川弘文館、二〇一二年、初出二〇〇三年)
松尾光「古人大兄皇子の年齢」(『古代の社会と人物』笠間書院、二〇一二年、初出二〇一一年)
森公章『人物叢書 天智天皇』(吉川弘文館、二〇一六年)
吉川敏子「鏡女王考」(『続日本紀研究』四一八、二〇一九年)
渡里恒信「鏡女王と藤原不比等をめぐる憶説」(『続日本紀研究』四二三、二〇二一年)

きょうだいからみる古代戸籍
——大宝二年御野国戸籍の「兄」「弟」「妹」を中心に——

田中禎昭

一　日本古代のきょうだいを表す親族語彙

家族や親族は、時代や文化の違いによってそのかたちを大きく変えてきた。とくに父・母・兄・姉などの家族・親族の関係性を表す言葉、すなわち親族語彙は、それが使用された時代の親族や家族のかたち、ひいては共同体や社会の構造を反映し、移り変わる「人びとの関係性の歴史」を映し出す鏡のような存在といえる。

こうした親族語彙の重要性は早くから認識されており、とくに古代のきょうだいに関わる親族語彙については、古くは本居宣長《もとおりのりなが》以来、今日に至るまで長い研究の蓄積がある。なかでも犬飼隆氏の研究は、言語文化の視点から古代の戸籍や『古事記』『日本書紀』にみえるきょうだいに関わる親族語彙体系の全容を解き明かし、今日の到達点をなしている（犬飼二〇〇五）。そこで、はじめに犬飼氏の研究を参照しながら、奈良時代におけるきょうだいを表す親族語彙の意味について確認する。なお、古代のきょうだいを表す漢字は中国や現代日本のそれと同じ文字を使用しているので、以下、両者を区別するため、古代日本の親族語彙には「　」を付し（例：「兄」）、中国および現代日本の親族語彙は「　」を付けずに表記する（例：兄）。

中国に起源をもつ兄・弟・姉・妹の漢字は、古代日本では同時代の唐の親族語彙（現代日本とほぼ同じ）とは異なる読み方や意味で使われていた。たとえば古代日本では「兄」は「エ」、「弟」は「オト」と読み、兄弟同士だけでなく姉妹同士の関係を表す親族語彙であった。兄弟の関係は「兄（エ）」—「弟（オト）」であるが、姉妹の関係もまた「兄（エ）」—「弟（オト）」と表記・呼称された。一方、「妹」は「イモ」と読み、兄からみた妹、弟からみた姉を表し、さらに男性からみた親密な女性や配偶者を指す語彙としても使用された。したがって、「妹（イモ）」は血縁関係の有無に関わりなく、男性からみた親密な関係にある女性を表す言葉といえる。それに対し、姉妹からみた兄弟や女性からみた親密な男性・配偶者を表す和語は「セ」であり、前者に「妋」、後者には「夫」などの漢字が当てられた。「姉」は「アネ」と読むが、古代戸籍では姉妹をすべて「姉」と表記するものや姉妹の最年長女性だけを「姉」とするものなどの混用がみられ、奈良時代の親族語彙として定着していなかった状況がうかがわれる。和語の「アネ」自体、何を意味するのか、今日においてもいまだ解決されていない。

以上、犬飼氏の研究を踏まえ古代の親族語彙を整理すると、同性のきょうだい関係は男女を問わず「兄（エ）」—「弟（オト）」、異性のきょうだい関係は「妹（イモ）」—「妋（セ）」と呼び分けられており、前者は同性きょうだいの年齢の上下関係、後者は年齢を問わず性別できょうだい関係を区分したものであったことがわかる。このような日中における親族語彙のズレは、日本の律令国家が、戸籍を通して兄・弟・妹などの中国の親族語彙＝漢字（以下、漢語親族語彙と呼ぶ）を導入するにあたり、「エ」「オト」「イモ」などの親族語彙＝和語（以下、和語親族語彙と呼ぶ）を使用していた日本社会の実態に合わせて、適宜、漢字の字義をずらしながら選別・採用していた事情をうかがわせる。

識字率の低い古代の民衆の側からみれば、兄・弟・妹などの漢字は自分たちとは関わりのない外来の記号であり、その意味で漢語親族語彙は戸籍を通して国家によって上から押しつけられたものにほかならない。では、日本の律令国家は、和語親族語彙を使用する人びとに対して、何のために、いかなる基準に基づいて漢語親族語彙の適用を図ったのだろうか。また戸籍を介した漢語親族語彙の導入は、地域社会にいかなるインパクトを与えたのか。これらの問題を紐解くため、古代戸籍の中でも情報量の多い大宝二年（七〇二）御野《みの》（美濃）国戸籍にみえるきょうだいを表す親族語彙に焦点を絞り、それらが指し示す対象と親族語彙の適用基準を明らかにし、国家の政策目的とその社会的な影響について考えてみたい。なお、ここでいう大宝二年の御野国戸籍とは、東大寺正倉院に伝わる同国味蜂間郡《あはちまぐん》春《かすが》部里《べり》戸籍、本巣郡《もとすぐん》栗栖太里《くるすだり》戸籍、肩県郡《かたがたぐん》肩々里《かたがたり》戸籍、各牟郡《かかむぐん》中里《なかり》戸籍、山方郡《やまがたぐん》三井田里《みいだり》戸籍、加毛郡《かもぐん》半布里《はにゅうり》戸籍、郡里未詳戸籍の総称を指し、以下、これらすべての戸籍を検討する。

二　御野国戸籍にみえる戸主姉妹

はじめに大宝二年御野国戸籍において、戸主の姉妹関係にある女性たちがいかなる親族語彙を付与されているか、確認する。戸籍中、戸主の姉妹は七三人確認できるが、このうち「妹」「次」（「次」は次の妹の意味）と記された女性が四一人存在する。残り三二人は戸主母の「児」「次」（長女が「児」、次女以下が「次」）と記されている。こうした姉妹の書き分けがいかなる基準に基づいておこなわれているのか、典型的な事例の検討を通して明らかにしてみたい。

・事例1　「戸主妹」「次」（戸主の姉妹）　二四戸・四一人（事例のみえる戸数と総人数を付記。以下同じ）

・i戸主　国造《くにのみやつこ》族与利四十四歳／（中略）／戸主妹　意比売四十一歳（春部里）

・ii戸主　他田《おさだ》赤人三十歳／（中略）／戸主妹　吉嶋売三十二歳（三井田里）

・事例2　戸主母の「児」「次」（戸主の母の娘）　十七戸・三十二人

iii戸主　春部《かすかべ》角麻呂二十九歳／（中略）／戸主母　建部《たけるべ》伊奴売五十三歳／児　細売三十三歳／次　小細売二十七歳／次　玉足売十一歳（春部里）

事例1のケースでは戸主の妹（i）と姉（ii）が「戸主妹」と記されている。上述したように男性からみた姉と妹の親族語彙は「妹（イモ）」であるので問題はない。しかし事例2では、細売三三歳は戸主の姉、小細売二七歳と玉足売一一歳は戸主の妹であるにもかかわらず「戸主妹」ではなく、戸主母の「児」「次」と記されている。なぜ戸主姉妹を指す語彙について、「妹」（事例1）と戸主母の「児」「次」（事例2）に書き分けられているのだろうか。

・事例3　戸主母の「児」「次」＋「妹」「次」（戸主の母の娘＋戸主の姉妹）　三戸・一〇人

iv戸主　建部大安三十一歳／（中略）／戸主母　六人部《むとべ》日佐売六十六歳／児　古売二十二歳／（中略）／戸主妹弥佐利売四十二歳／次　麻利売四十一歳（栗栖太里）

事例3では、戸主の姉妹が同じ戸に同籍されているにもかかわらず、戸主母の「児」と「戸主妹」「次」に区別されている。「戸主妹」弥佐利売四二歳と「次」麻利売四一歳は戸主母の「児」古売二二歳より年長なので、三人が「戸主母」六人部日佐売六六歳の娘であれば「戸主母　六人部日佐売六十六歳／児　弥佐利売四十二歳／次　麻利売四十一歳／次　古売二十二歳」の年齢順に記されるはずである。しかしそうではなく記載順と親族語彙を変えているのは、弥佐利売・麻利売姉妹と古売の母が異なるためとしか考えられない。つまり古売は「戸主母」六人部日佐売の「児」であったが、「戸主妹」弥佐利売と「次」麻利売は日佐売の「児」ではなく、母が不在のため、戸主を基準に「戸主妹」「次」と記されたと解釈できる。こうした母の不在は、律令で「寡婦《かふ》」（夫を亡くした女性）の「析出《せきしゅつ》」（別の戸への分割・移籍）が禁じられていたことから（戸令《こりょう》13為戸条）、存命の母と子の戸主が別籍しているといった事情は考えにくく、母の死亡か逃亡が原因と推定される。ほかの同様の事例をみても、戸主姉妹は母の生存中は母の「児」として記され、母が不在となってのちに改めて「戸主妹」と表記されるという、親族語彙の書き分け基準が存在したと考えられる。

　この基準の存在は、女児の出生時における戸籍登録状況からも確かめられる。御野国戸籍にみえる出生女児＝一歳女児は全体で三九人（婢を除く）みえるが、うち二八人が母の「児」「次」、九人が父の「児」「次」、一人が姉の「次」（妹）、一人が外孫の「次」（妹）として登録されている。このうち一歳女児が父の「児」「次」や兄弟の「妹」として登録されている事例は、前者が九人（二三％）、後者はゼロ人となっている。母の「児」「次」が多数を占めるこの集計結果から、女児を出生後ただちに戸主（女児の父・兄弟）の「児」「次」や「妹」というかたちで戸主父系の血縁関係に基づいて登録するのではなく、いったん「母」の下に母系で登録したうえで、「母」と戸主とのつながりを介して間接的に戸主の下に父系編成されたことがわかる。つまり、戸籍において出生時に女児に付与される基本的な親族語彙は母の「児」であり、戸主（男性）を起点にした戸主の「児」や「戸主妹」は、母の不在時に二次的に付与された親族語彙であったと考えられる。

　古代戸籍は年長の男性戸主を中心にその父系親族を中心に編成されているが、こうした戸主姉妹の戸籍上の登録形態はどのように考えればよいのだろうか。戸籍の編成がはじめから父系的な〈父―児〉の生活単位を戸に編成したものであるならば、このような母方に傾斜した女児の登録傾向は生じないはずである。古代女性史研究では、八世紀以前は男性が女性の下に通う訪婚《ほうこん》の時代であり、女児は父よりも母の下での生活が基本とされ、母と女児との間に基本的な血縁紐帯が存在したとされてきた（関口二〇〇四、義江二〇〇七）。近年、これを批判する学説も提起されているが（今津二〇一九）、女児の登録形態をみると、戸籍による戸の父系編成は、地域社会に存在した父系家族を土台になされたものではなかった可能性が高い。むしろそれは、戸主の母を介して戸主と〈母―児〉の生活単位を結びつける戸籍の作成を通して、戸の父系的な編成がおこなわれたことを示しているのである。

三　御野国戸籍にみえる戸主兄弟

次に、戸主の男性兄弟にあたる人びとの戸籍登録形態を検討する。御野国戸籍では戸主とその兄弟として登録された男性は一七六人確認できるが、うち戸主が六二人、戸主の兄弟が一一四人である。戸主兄弟の表記は、「戸主兄」「戸主弟」「次」を織り交ぜながら記している。

・事例4　戸主＋「兄」「弟」「次」（戸主と戸主の兄弟）　六二戸・一七六人

v戸主　栗栖田《くりすだ》君土方　二十六歳／嫡子　久足二歳／戸主弟　秋庭十七歳／次　得麻呂十三歳（栗栖太里）

vi戸主　秦人《はたひと》石寸四十歳／嫡子　恵麻呂十三歳／次　稲麻呂十一歳／次　五百代二歳／戸主兄　麻呂四十五歳／嫡子　久々志二十歳／次　忍人十四歳／次　石井二歳／戸主弟　伎波見三十六歳（半布里）

傍線部が戸主と戸主の兄弟である。まずvをみると、戸主栗栖田君土方二六歳の弟・秋庭一七歳が「戸主弟」、もう一人の弟・得麻呂一三歳は「次」とされている。一方viでは、戸主秦人石寸四〇歳の兄・麻呂四五歳は「戸主兄」、弟・伎波見三六歳は「戸主弟」とあり、戸主兄弟の意味で「次」字は使用されていない。このような一見無秩序にみえる親族語彙の書き分けとその意味については、篠川賢氏の指摘がある（篠川二〇〇三）。篠川氏は、『古事記』などの諸史料にみえる氏族古系譜に使用された「次」字の用例を検討したうえで、御野国戸籍の「次」は「複数の兄弟姉妹を列挙した場合のその続柄の簡略表記」であると論じている。この見解を踏まえて事例4をみると、戸主兄弟の記載の間に直系親（「嫡子」「次」）が挿入される時に、戸主直系親と戸主兄弟を区別する必要から「戸主兄」「戸主弟」を明記し、間に直系親が入らず兄弟の意味が通じる時には、年齢順に「次」と簡略に表記していることが確かめられる。篠川氏の指摘は的確である。

問題は、それが何を意味するのかということであろう。この点について篠川氏は、「多数の兄弟姉妹を列挙する必要のある帳簿」＝戸籍の作成こそが『古事記』系譜やその後の氏族系譜に影響を与えたのではないかと推察している。しかし『古事記』系譜は「同母の兄弟姉妹」を年齢順に列挙したものであり、戸籍との関係を論じるためには、御野国戸籍にみえる「兄弟の列挙」が同母単位になっているのか、改めて確認が必要と思われる。そこで次に、御野国戸籍にみえる「母」を同籍する戸主兄弟の事例を検討する。

・事例5　「母」を同籍する戸主兄弟　一四戸・八三人

vii戸主　他田赤人三十歳／（中略）／戸主兄　牛三十八歳／（中略）／戸主弟　意由麻呂三十歳／次　八嶋二十四歳／次　嶋麻呂十三歳／次　薬十歳／（中略）／牛母　穂積部《ほづみべ》木葉売五十七歳／意由麻呂母　五百木部《いおきべ》妙売五十二歳（三井田里）

viiでは、戸主・他田赤人の次に「戸主兄」牛、「戸主弟」意由麻呂、「次」八嶋、「次」嶋麻呂、「次」薬の兄弟を年齢順に列挙したうえで、牛の「母」と意由麻呂の「母」を同籍している。ここに列挙された兄弟中に異母兄弟が含まれることは確実である。

戸主と同籍された兄弟の中に異母兄弟が含まれていることは、兄弟間の年齢差からも確かめられる。御野国戸籍全体で確認できる兄弟間の年齢差の最大値は三八歳で、二〇歳以上離れた兄弟は一〇人に及んでいる。また兄弟と姉妹とで比較すると、同母関係にある戸主母の「児・次」姉妹間の年齢差は最大二二歳差で、二〇歳以上離れた姉妹は二人しかいない。戸主兄弟の年齢差は同母姉妹よりも大きく幅を広げており、戸主兄弟のなかに異母兄弟が含まれることは間違いない。つまり御野国戸籍は、戸主を基準にして兄弟を同母・異母に関わらず「兄」「弟」「次」の親族語彙で年齢順に列挙しているのであり、母の下に同母兄弟姉妹を列挙する『古事記』の系譜様式とは大きく異なるのである。

義江明子氏によれば、『古事記』収載の氏族系譜は「天寿国繡帳《てんじゅこくしゅうちょう》」や「上宮記《じょうぐうき》」逸文、群馬県山ノ上碑にみえる六・七世紀以来の双系的な古系譜（父系・母系双方で辿る系譜）の様式を受け継ぐもので、同母・異母に関わりなく父—子を基準とする父系的な系譜様式は『日本書紀』にも貫徹されていない（義江二〇〇〇・二〇一二）。この義江氏の指摘を踏まえると、御野国戸籍は、七世紀以来の双系的な古系譜にみえる「兄」「弟」「妹」「次」の年齢順の記載様式を受け継ぎながら、男性兄弟と母が不在の姉妹に関してのみ、同母・異母関係を捨象した新たな父系的記載様式を採用したと考えられるのではないだろうか。

四　兄弟姉妹の戸籍編成と「母」の役割

以上述べてきた母系に傾斜した姉妹と父系に傾斜した兄弟という、御野国戸籍における姉妹と兄弟で異なる特殊な登録形態は、戸が戸主中心の父系家族を土台に編成されていたとみる見解に大きな疑問を抱かせるものである。そこで、改めて「母」という親族語彙に注目し、この問題を検討してみたい。

父系中心の多妻制家族が妻妾制を伴うことはよく知られている。そこで、戸主兄弟姉妹が戸主中心の父系家族に編成されていた場合、父の正妻の地位にあった女性は「母」とされ、それ以外の女性（妾）は「庶母」と表記されることが考えられる。しかし事例5の他田赤人の戸をみると、「戸主兄」牛の母、「戸主弟」意由麻呂の母はいずれも「母」と表記され、親族語彙では妻妾制に基づく「母」の序列化がみられない。この点の評価については、「母」の法的地位の日唐比較を試みた胡潔氏の研究が参考になる（胡二〇一六）。胡潔氏によれば、唐では「母」と「出母」（父に離婚させられた母）・「嫁母」（父の死後他人に嫁した母）・「庶母」（父の妾）の地位が明確に区別され、その背景に中国の宗族制的な父系的親族構造が存在したという。一方、唐令を継承・改変した日本令（儀制令25五等条）では「出母」「嫁母」「庶母」の親族語彙をすべて削除し、身分差を伴わない異母（まま母）の意味で「嫡母」「継母」の語彙を採用していた。この見解は、「妻妾の不分離」という社会の実態から日本古代における家父長制の存在を否定した関口裕子氏の学説（関口二〇〇四）を継承したものといえるが、御野国戸籍にみえる「母」の未分化は、まさに父系的な秩序が浸透していない日本古代社会の親族構造の反映と考えられよう。また、母のいる戸主の姉妹が兄弟の戸主ではなく、母の下での同籍が優先される理由については、古代女性史研究の通説である奈良時代初期の家族形態、すなわち婚姻の有無に関わりなく、女性が母の下で生活する家族形態（「母子＋夫」）を前提にして戸の登録先が決められたと考えれば理解しやすい。

ただ御野国戸籍では、戸主姉妹は母児単位の登録を基本とするが、戸主兄弟についてはそれぞれの母を同籍しながらも、同母・異母を問わず戸主の下での登録を原則としている。こうした姉妹と兄弟の登録の違いはなぜ生じたのだろうか。この疑問は、御野国戸籍に特徴的な男女別の記載様式から国家が戸籍を編む手続きを復元することで紐解くことができる。

御野国戸籍は戸ごとに、前半部に男性、後半部に女性をまとめて記載するという他戸籍にはみられない様式を備えている。この男女別の記載様式は、課役を負担する男丁《だんてい》（二一歳〜六〇歳の成人男性）の把握のために男性のみを抽出

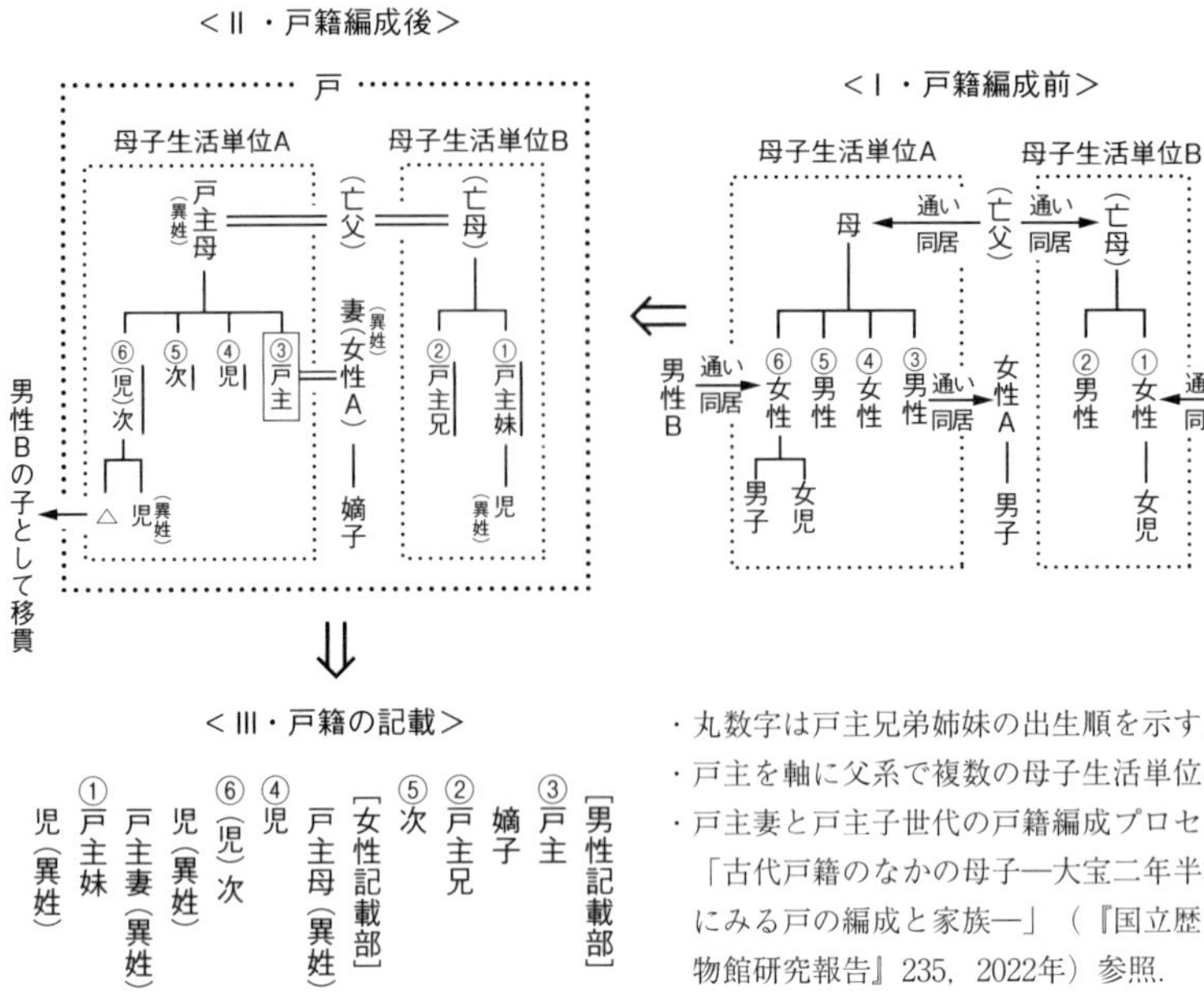

・丸数字は戸主兄弟姉妹の出生順を示す.
・戸主を軸に父系で複数の母子生活単位を結合.
・戸主妻と戸主子世代の戸籍編成プロセスは拙稿「古代戸籍のなかの母子—大宝二年半布里戸籍にみる戸の編成と家族—」（『国立歴史民俗博物館研究報告』235, 2022年）参照.

兄弟姉妹を中心にみた戸籍の編成過程

し、戸の前半部にまとめた結果生じたものである（図—Ⅲ参照）。そこでこの観点から戸の編成手続きを復元すると、次のようなプロセスがみえてくる。まず里ごとに同母子の生活単位を把握し（図—Ⅰ）、国家が戸主に選んだ男性——おもに里の長老（田中二〇一五）——を定点にして、複数の同母子生活単位を父系原理に基づき結合する（図—Ⅱ）。最後に戸主兄弟姉妹のなかから戸主の同父兄弟を選択・抽出して戸の前半部にまとめていく（図—Ⅲ）のである。このような国家による人為的な戸の父系編成の結果、戸主兄弟が戸の前半部（男性記載部）に同母・異母に関わりなく年齢順に列挙される一方、戸の後半部（女性記載部）には戸主兄弟から切り離された「母」たちが残され、それぞれの「母」の下に「母」の女児が登録されることになるのである。

なお、近年、太宰府市国分松本遺跡から出土した「嶋評戸口変動記録木簡」は七世紀末における最古の戸籍関係史料として注目されているが、そのなかに

「戸主妹」「次」のほか、「小女之母」「老女之子」の語彙がみえる(坂上二〇一三)。出土遺構と木簡の詳細な検討が必要ではあるが、御野国戸籍に先行する時期の木簡に「小女之母」=〈女児+母〉と「老女之子」=〈母+男子(?)〉という母子のセットがみえることは、戸籍の編成が母子の生活単位を前提におこなわれた可能性を示唆しており、たいへん興味深い。

一見すると、戸籍は戸主の父系家族が一つの戸に編成されているようにみえる。しかし、それは見かけの印象による大きな誤解である。戸籍の分析から浮かび上がるのは、訪婚段階における母子の生活単位であり、それらを国家が選択した戸主の下に父系で結び付けていく人為的な戸の編成原理である。その意味で日本古代の戸は、唐制に倣い、家族そのものの父系的な改造を意図した国家による政策「理念」の所産であったと位置づけられよう。

おわりに

律令制成立以前、「兄」「弟」「妹」という漢字は双系的な性格をもつ和語親族語彙「エ」「オト」「イモ」を表す文字として使用されていた。一方、律令制初期に作成された御野国戸籍における「兄」「弟」「妹」は、戸主兄弟や母が不在の戸主姉妹の事例のように、「母」を介さず戸主の下に父系で編成された兄弟姉妹に対して用いられていた。しかし、母のいる戸主姉妹は戸主「妹」ではなく戸主母の「児」として登録されており、そこには母系的紐帯が強く反映している。要するに同戸籍の分析結果から、父系的な「兄」「弟」「妹」と母系的な「(母の)児」を併用する親族語彙の双系的な特徴が見出されるとともに、律令制以前に比べ、とくに男性に関して父系原理を貫徹しようとする国家の意図がうかがわれるのである。このことから、戸籍の親族語彙「兄」「弟」「妹」は、和語親族語彙「エ」「オト」「イモ」を使用する双系的な親族構造をもつ地域社会に対して、律令国家が模範とする唐の父系社会に倣い、父系原理を定着させるために新たな意味を付与しつつ選択・導入した言語的ツールといえるのではないか。

戸籍編成と親族語彙の関係に関する研究は、もちろん西海道戸籍や下総国戸籍などの他戸籍に視野を広げなければならない。しかし紙幅の事情で本論では果たしえなかったので、それについては今後の課題としておきたい。

〈参考文献〉

犬飼隆『上代文字言語の研究（増補版）』（笠間書院、二〇〇五年）
今津勝紀『戸籍が語る古代の家族』（吉川弘文館、二〇一九年）
胡潔『律令制度と日本古代の婚姻・家族に関する研究』（風間書房、二〇一六年）
坂上康俊「嶋評戸口変動記録木簡をめぐる諸問題」（『木簡研究』三五、二〇一三年）
篠川賢「親族呼称からみた系図と戸籍」（新川登亀男・早川万年編『美濃国戸籍の総合的研究』東京堂出版、二〇〇三年）
関口裕子『日本古代家族史の研究』上・下（塙書房、二〇〇四年）
田中禎昭『日本古代の年齢集団と地域社会』（吉川弘文館、二〇一五年）
義江明子『日本古代系譜様式論』（吉川弘文館、二〇〇〇年）
義江明子『日本古代女性史論』（吉川弘文館、二〇〇七年）
義江明子「金井沢碑の「現在侍家刀自」再考—戸籍／系譜よりみた「妻」説への疑問—」（『国立歴史民俗博物館研究報告』二三五、二〇二二年）

藤原豊成と仲麻呂

——南家に生まれた兄弟——

関根　淳

はじめに

「天資弘厚《てんしこうこう》」と「率性聡敏《そつせいそうびん》」。奈良時代を生きた二人の兄弟、藤原豊成《とよなり》と仲麻呂《なかまろ》の薨伝に記された人物評である（『続日本紀』）。生まれつき寛大で人望のあった兄・豊成と、その本性が聡明で鋭敏と評された弟・仲麻呂は、ともに天皇家からの信頼を得て要職につき、対立も交えながら波乱の人生を送った。本稿ではこの二人の兄弟の生涯を、学問、政治、仏教という三つの視点から追ってみたい。

一　二人の学問と個性

豊成は南家・武智麻呂《むちまろ》の長男として大宝三年（七〇三）に生まれた。仲麻呂はその三つ年下の同母弟である。『藤《とう》氏家伝《しかでん》』武智麻呂伝には二人の幼少期に関して次のような記述がある。

図１　豊成の筆跡

図２　仲麻呂の筆跡

　その長子を豊成といい、その弟を仲麻呂という。博士の門下で勉強させ、二人の子はともに才能と学識があり、その評判は皆に知れ渡った。

大学頭《だいがくのかみ》・図書頭《ずしょのかみ》を務め、律令国家の教育行政の確立期を担った武智麻呂は、政府内で損失した書籍を民間に求めて書写させるなど学術の重要性を理解していた（『藤氏家伝』武智麻呂伝）。武智麻呂は当代一流の「博士」である守《もり》部連大隅《べのむらじおおすみ》・越智直広江《おちのあたいひろえ》、肖奈公行文《せなのきみこうぶん》のもとで豊成・仲麻呂に儒教や律令を学ばせた。家伝という史料の性格上、多少の誇張はあると思われるが、豊成・仲麻呂は兄弟そろって優秀で、その評判が世間に知られていたことがわかる。儒教と律令は当時の国政運営においてもっとも重要な学問である。政治家としての二人の素養は父・武智麻呂の教導によって培われたのである。

　さらに仲麻呂の薨伝には、

　書籍全般に通じる。大納言・阿倍少麻呂《あべのすくなまろ》に従って算術を学び、その運用にとても詳しかった。

という評がある。税制改革や物価統制など、仲麻呂の実施した政策の背景には数理的な発想があり、そこから彼の事績に着目することは奈良時代の政治史を考える切り口になる。

　豊成・仲麻呂は二年の時をはさんでともに二一歳で内舎人《うどねり》として官人デビューしている。興味深いのは同時に豊成が兵部大丞《ひょうぶだいじょう》を兼任し、仲麻呂がまもなく大学少允《だいがくしょうじょう》に任命されていることである。武智麻呂は温良な性格で事物に執着せず、物事を客観的にみることのできる人物であったといわれる（『藤氏家伝』武智麻呂伝）。二人に対する文武の対照的な任官は、両者の資質や性格を見抜いていた武智麻呂の推挙によるものであろう。これがその後の官人としての経歴につながっており、二人の兄弟をみる父親の目は正しかったといえる。さいわいにも、その二人の個性をうかがい知ることのできるそれぞれの自署が残っている。

豊成の筆跡は右上がりで勢いがあり、実直な人柄という印象をうける（図1）。「雄渾《ゆうこん》」で「精力的」、「飾りのない恬淡《てんたん》とした運筆」と評される（『書の古代史』第一巻、平凡社、一九七五年、一九八頁。『書と人物』第四巻、毎日新聞社、一九七八年、一六頁）。冒頭で紹介した薨伝の通り、ふところの深い温かな人物像がうかがえる。いっぽう、仲麻呂のそれは転折部が角張っており、おおらかというような印象は受けない（図2）。「委縮した感じ」で「傲岸《ごうがん》」という感想もうなずける（岸俊男『藤原仲麻呂』吉川弘文館、一九六九年、三三一頁。渡辺晃宏『平城京一三〇〇年「全検証」』柏書房、二〇一〇年、三四九頁）。豊成や藤原真楯《またて》（豊成・仲麻呂の従兄弟）の薨伝には、仲麻呂が彼らの人望や才能を妬んでこれを陥れようと機会をうかがっていたことが記されている（『続日本紀』）。仲麻呂は生真面目なゆえに猜疑心が強く、ひろく衆望をになうような人物ではなかった。

筆跡からうかがわれる対照的な個性はその後の二人の人生をおおきく分け、さらには奈良朝政治史にも影響を及ぼすこととなる。

二　律令官人として

豊成は温厚で争いを好まず、政治家としての資質に欠けるところがあった。対する仲麻呂は律令や算術に優れ、「秀才の良吏《りょうり》」「能吏《のうり》の典型」と評される（岸前掲書四二四頁、坂上康俊『平城京の時代』岩波新書、二〇一一年、一九五頁）。古代屈指の政治家といえる仲麻呂と比較されたのでは豊成も気の毒だが、その官歴をみると二人の政治家としての立ち位置がよくわかる。

豊成は天平九年（七三七）に三五歳で参議・兵部卿となったが、これは藤原四子の死去をうけてのことで、空白化した太政官を補充するために聖武《しょうむ》天皇が主導した人事と考えられる。その後、豊成は三八歳で参議のまま中衛大将《ちゅうえたいしょう》となる。中衛大将は天皇を守護する要職であり、前任は藤原房前《ふささき》である。豊成はこの前後にも複数回、留守官に任命されており、聖武の信頼を得ていたことがわかる。四〇歳のときに八省ではもっとも権威のある中務卿《なかつかさきょう》に任命され、翌年には中納言に昇進。四六歳で大納言、四七歳で右大臣となっている。豊成は権謀術数を駆使して政敵を倒し、権力を掌握するタイプの政治家ではない。しかし、与えられた任務は着実にこなしており、聖武からの信頼も厚い。先にみた学問の評判からしても、けっして凡庸な人物ではなかった。

いっぽうの仲麻呂は天平一二年、三五歳のときに聖武の伊勢行幸にさいして前騎兵大将軍《ぜんきへいたいしょうぐん》に任命され、これがその後の栄進のきっかけとなる。持ち前の才覚で如才なく業務をこなしたのが聖武や光明《こうみょう》皇后の目に止まったのであろう。翌年、三六歳で国家財政を担う民部卿《みんぶきょう》となり、このころより豊成と同じく頻繁に留守官に任命され、三八歳で参議となった。有名な墾田永年私財法（七四三年）は橘諸兄《たちばなのもろえ》政権による政策だが、その立案は民部卿の仲麻呂によるものとされる。ここまでの昇進の過程は豊成とほぼ同じであり、中衛大将は豊成の後任である。その後、四一歳で式部卿となり、四四歳で光明皇后の信頼を得て中衛大将のまま大納言、紫微令《しびれい》に任命された。この後、仲麻呂は孝《こう》謙《けん》天皇の信頼を獲得して権勢の絶頂を極めることとなる。

ここまで、豊成・仲麻呂は南家の長男・次男として連携している。その兄弟の関係に大きな変化をもたらしたのが天平勝宝八歳（七五六）の聖武太上天皇の死である。豊成の庇護者である聖武の死は仲麻呂にとって勢力拡大の好機となった。才に走り、独善的な傾向があった仲麻呂は豊成を排除する方向に動く。橘奈良麻呂《ならまろ》の変（七五七年）において、豊成は「仲麻呂はまだ若い。私が教え諭そう。殺すことはない」と言って、奈良麻呂らの謀反計画を穏便に収めようとした。これを仲麻呂は陰謀への関与とみなし、豊成の三男・乙縄《おとただ》と奈良麻呂との関係もあって豊成を大宰府に追いやる決定をした。

豊成が橘奈良麻呂らの動きに共鳴することはなかったという見解もあるが、謀反計画を暗に支持していたとみる理解の方が通説である。しかし、その殺害を明確に制止している先の言葉からすると、後者の理解は疑問である。豊成は陰謀には加担せず、両者の関係を修復すれば問題が解決すると考えたのであろう。このあたりは、仲麻呂をめぐる政治情況の深刻さを理解していない豊成の甘さである。

いっぽうの仲麻呂は奈良麻呂の謀反計画を自身の抵抗勢力を排除する絶好の機会とみた。四四三人にものぼる反対派の処罰は仲麻呂の権力を絶対的なものにするが、そのさい、自分より上位にある豊成の排除は必須だった。律令国家の明確な理想をもち、それを唐風政策というかたちで実現しようとした仲麻呂は、兄・豊成のバランスを重視した保守的な政治姿勢に不満を抱いていたと思われる。

大宰府への左遷を申し渡された豊成だが、その後は病と称して難波《なにわ》の別業《べつぎょう》（別宅）にとどまった。この豊成の行動の背後には、分裂による藤原氏勢力の減退を回避したい光明皇太后の意向があったと考えられる。仲麻呂としては豊成を太政官から排除すれば目的は達成されたのであり、そのため難波残留を黙認したのである。「難波大臣《なにわのおとど》」（『公卿《くぎょう》補任《ぶにん》』）と称された豊成は政局の外に身を置いて、その後の七年間を同地で過ごした。彼の眼には、弟の栄達と急転直下の没落はどのように映ったであろうか。

天平宝字二年、仲麻呂の私邸（田村第《たむらてい》）で育った淳仁《じゅんにん》天皇が即位し、藤原仲麻呂は恵美押勝《えみのおしかつ》という名を賜った。孝謙からやや距離を取りはじめた仲麻呂の権力は第二段階に入る。官名の唐風化に始まり、仲麻呂は学問・経済・地方行政などの分野で合理的な政策を次々と実施していく。これらの諸政策は仲麻呂の死後に停止されるが、桓武朝で復活するものが多い。仲麻呂は時代を先取りした優れた政治家だった。

その仲麻呂が敗死した天平宝字の内乱（七六四年）後、豊成は難波から平城京に呼び戻されて右大臣に復する。しかし、同時に孝謙太上天皇（称徳《しょうとく》天皇）が「己が師」とした道鏡《どうきょう》が大臣禅師《だいじんぜんじ》に任命されており、そこに豊成の実権を認めることはできない。そのわずか一年後、豊成は六三歳の生涯をとじる。これより前、豊成は弟・仲麻呂の「反乱」を謝罪して藤原氏の封戸二〇〇〇戸を朝廷に返納している。藤原氏の代表として最後まで配慮の行き届いた行動であった。

三　仏教とのかかわり

豊成と仲麻呂は仏教にもかかわりが深く、ともに大規模な写経事業をおこなっている。父・武智麻呂をふくむ藤原四子が天然痘で全員死亡したのが天平九年で、豊成はこの頃から写経を始めている。いっぽうの仲麻呂が写経を開始するのは天平勝宝元年以降である。そして、これを境にして豊成の写経事業が史料上、確認できなくなる。家産運営や人員の問題もふくめて、豊成・仲麻呂の写経事業は藤原氏を代表してのものだったと推定される。

長屋王家《ながやおうけ》の写経事業は朝廷から出仕した官人が担ったことがわかっている。当時は聖武天皇と光明皇后を中心とした国家仏教政策の時代で、豊成・仲麻呂らの写経は朝廷からの委託事業と考えられる。仲麻呂は孝謙天皇との結びつきが強い。豊成から仲麻呂への事業主の移行は、聖武の譲位と孝謙の即位を契機とした光明皇后の意向であろう。

また、豊成と仲麻呂は鑑真《がんじん》の入京にさいして共に行動している。天平勝宝六年、六度目の渡航で鑑真はようやく日本の地を踏むことができた。鑑真が河内国に到着すると、仲麻呂は使いを派遣し、これを慰問して歓迎した。その後、鑑真は平城京羅城門《らじょうもん》を通って東大寺に入り、「宰相《さいしょう》右大臣・大納言以下、官人百余人」の来礼を受ける（『唐大和《とうだいわ》上東征伝《じょうとうせいでん》』）。「宰相右大臣」が豊成、「大納言」が仲麻呂である。

鑑真により強い興味を示したのは、唐の先進文化に憧憬をいだき、学問に関心の強い仲麻呂のほうだった。仲麻呂は鑑真による唐招提寺《とうしょうだいじ》の建立にも援助を惜しまなかった。醍醐寺本『諸寺縁起集《しょじえんぎしゅう》』招提寺《しょうだいじ》建立縁起（一三世紀初め）には、

食堂一宇。障子を安置して、薬師如来《やくしにょらい》の浄土とする。（中略）右は、藤原仲麻呂の宝物庫を施入し、造立してそのようにしたものである。

とあって、仲麻呂が自身の宝物庫の資材を唐招提寺の食堂の建立にあてたことがわかる。天平宝字元年（七五七）には墾田一〇〇町が唐招提寺に寄進されたが、これも政権を獲得した仲麻呂の支援策とみられる。

さらに菅家本『諸寺縁起集』（一五世紀後半）には、

大刀あり。長さ三尺ほど、広さ一寸五分。藤原仲麻呂の宝物である。（仲麻呂が）鑑真和尚に帰依してこれらを献上したのである。

とある。仲麻呂が鑑真に帰依して宝物の「大刀」を奉納したことを記しており、先の宝物庫を資材として提供した記事に通じる。

唐招提寺が逆賊とされた仲麻呂の関与を創作したとは考えられず、後世のものではあるが、これらの史料は信用してよい。仲麻呂にとって、鑑真は最新の学術や文化を体現したあこがれの存在だった。その仲麻呂が妻子とともに琵琶湖のほとりで惨死したのは、尊敬する鑑真の遷化《せんげ》を見送った一年後である。享年は五九。

おわりに

天平一八年の正月某日。その日は大雪だった。太政官の首班である橘諸兄は諸王、諸臣をひきいて元正《げんしょう》太上天皇の住む平城宮内の中宮西院の雪かきを申し出た。寛仁《かんにん》で冷静な人柄と称された六七歳の元正は、諸兄たちの真意を読み取ったのであろう。正殿と細殿《ほそどの》の二ヵ所に会場を分けて酒宴を催し、雪にちなんだ和歌を詠ませた。そこに豊成・仲麻呂の兄弟も参加している（『万葉集』巻一七）。

当時、豊成は大納言、仲麻呂は参議・式部卿として諸兄政権を支える立場にあった。残念ながら、二人がこのときに詠んだ歌は伝わっていない。豊成は周囲の作歌と調和した穏やかな歌を、仲麻呂は技巧にすぐれた秀麗な歌を詠んだであろう。権力闘争にまみれることなく、それぞれの職務に励んでいた豊成と仲麻呂の関係は、この頃がもっとも良好であったかもしれない。その後の二人の兄弟の運命は、すでに述べた通りである。

〈参考文献〉

木本好信『藤原仲麻呂』（ミネルヴァ日本評伝選、ミネルヴァ書房、二〇一一年）
木本好信『藤原南家・北家官人の考察』（岩田書院、二〇一九年）
栄原永遠男「藤原豊成」（同編『古代の人物3　平城京の落日』清文堂、二〇〇五年）
仁藤敦史『藤原仲麻呂』（中公新書、二〇二一年）
林裕二『古代の政争と藤原四子』（同成社、二〇二三年）

平城天皇・嵯峨天皇・淳和天皇

吉川敏子

はじめに

七世紀末から八世紀半ばにかけて、草壁《くさかべ》系皇統維持への執念から、女帝の中継ぎを挟みつつ皇位の嫡系継承がおこなわれたが、その破綻ののちに擁立された光仁《こうにん》天皇、次の桓武《かんむ》天皇は次世代の兄弟継承を指向した。光仁の思惑は、その没後に桓武天皇が同父母弟の皇太弟早良《さわら》親王を廃し、死に至らしめたことで頓挫したが、桓武のあとは三人の兄弟が順に即位した。平城《へいぜい》天皇・嵯峨《さが》天皇・淳和《じゅんな》天皇の三代である。この三人は、平城と嵯峨が皇后藤原乙牟漏《おとむろ》所生、淳和は夫人《ぶにん》（贈妃）藤原旅子《たびこ》所生であるが、平城と嵯峨の同母兄弟が藤原薬子《くすこ》の変に象徴される対立の様相をみせたのに対し、嵯峨と淳和の異母兄弟は終始良好な関係を維持した。平城・嵯峨・淳和三代については、政争、制度、儀式、文芸、後院の成立、天皇の薄葬《はくそう》、山陵の怪異など幅広く関心が寄せられ、研究が蓄積されてきた。そのほとんどは彼らの成人後を論じているが、ここでは三兄弟の生い立ちにも目を向けてみようと思う。兄弟間での対立・調和の人間模様が織りなされる遠因の一つに、彼らの生育環境もあったと考えるからである（以下、出典を記さない場合、『続日本紀』『日本後紀』〈逸文を含む〉による）。

略系図（数字は即位の順）

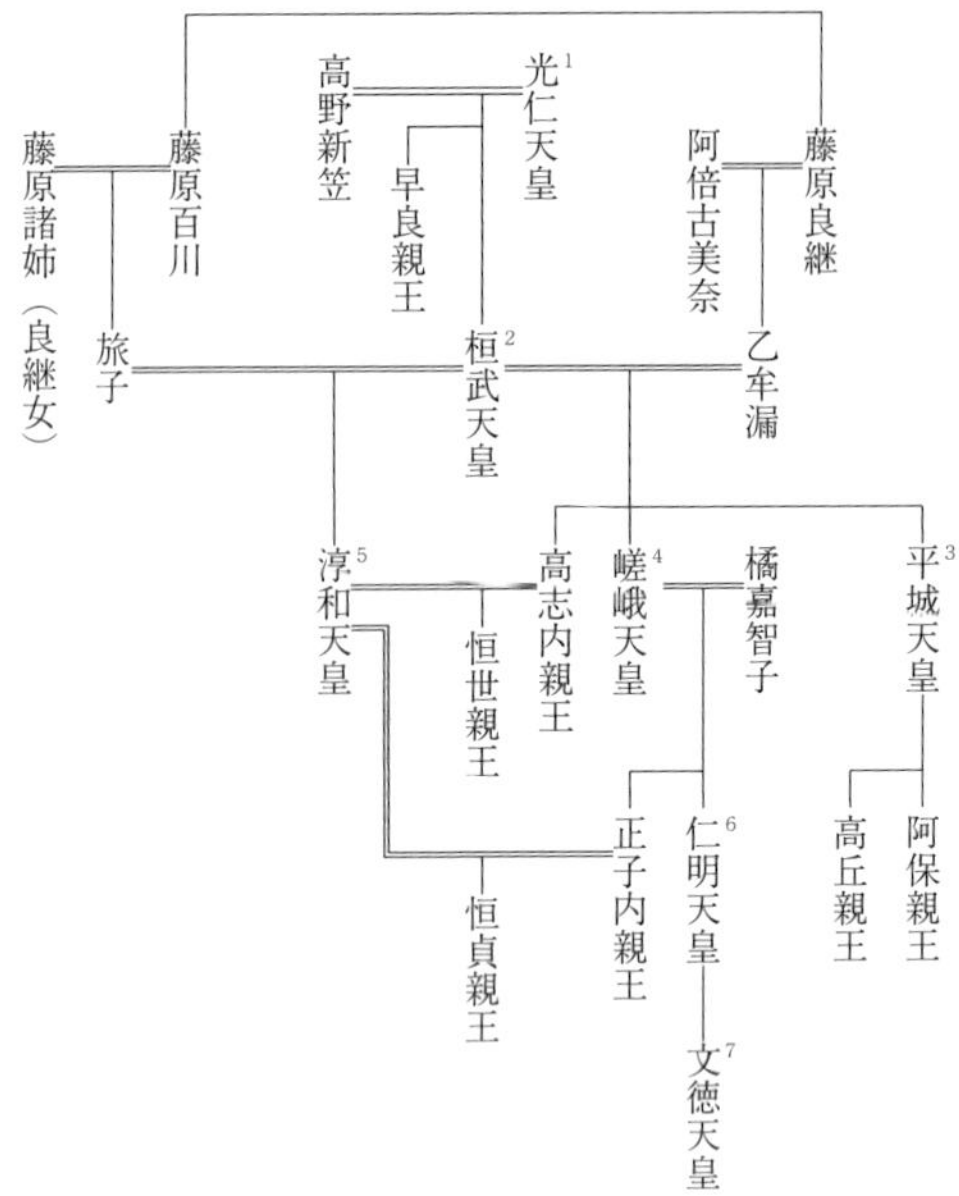

一　平城天皇の幼少期

平城と嵯峨は同母兄弟ながら、平城は宝亀五年（七七四）、嵯峨は延暦五年（七八六）の生まれで一二歳も離れている。平城は桓武が三八歳の時に授かった第一子とされるが、桓武は前年正月に立太子したばかりで、平城は二世王としての誕生であった。一方の嵯峨は天皇と皇后の子、皇太子の同母弟として生まれた。それぞれが生まれた時点での立場や幼少時の生育環境は大きく異なり、その相違は、二人の人格形成にも影響したはずである。

二人の母の乙牟漏は、藤原良継《よしつぐ》と阿倍古美奈《あべのこみな》の娘である。良継は光仁天皇の信任篤く、安殿《あて》親王（平城）の誕生時にはすでに従二位内臣《ないしん》に昇り、政《まつりごと》を専らにしていたと評される高官であった（宝亀八年九月一八日条）。妻の古美奈も宝亀六年八月に正五位上から従四位下に昇進していることから、すでに上級の宮人《くにん》として後宮に出仕していたらしい。初産のとき、一五歳で無位の乙牟漏は十分な経済力を持たなかったであろうから、誕生した安殿はこの外祖父母に守られて養育されたと考えてよいだろう。八世紀の皇子女がどこで養育されたのかを明記する史料はみられないが、当時の后妃は内裏外に居住していたから、母や外戚に財力があれば、その邸宅で養育されていたと考えるのが自然である。藤原光明子《こうみょうし》が生んだ、聖武《しょうむ》天皇の生後間もない皇太子が、外祖父の故藤原不比等《ふひと》邸において百官の拝謁を受けているのも（神亀四年〈七二七〉一一月一四日条）、かかる想定を傍証する（この後「東宮」に移ったらしい。同五年八月二三日条）。良継は宝亀八年に亡くなるが、外祖母の古美奈は出仕を続け、桓武朝に入って従三位尚蔵《くらのかみ》兼尚侍《ないしのかみ》に昇った（延暦三年〈七八四〉一〇月二八日条）。良継没後の状況についても、故県犬養橘三千代《あがたいぬかいのたちばなのみちよ》が、亡夫不比等の殿門を荒らし穢さず守ったことを聖武から賞賛され（天平勝宝元年〈七四九〉四月一日条）、その不比等邸は娘の光明子が相続していたのと同じような推移を推測できよう。

　天応元年（七八一）に父桓武が即位したが、立太子されたのは叔父の早良親王であり、八歳の安殿には皇位をめぐる大人たちの思惑などあずかり知るところではなかったはずである。古美奈は延暦三年に亡くなるが、前年二月に乙牟漏が正三位を直叙されて夫人となり、四月に立后しているので、安殿は継続して母の擁護を享受できたはずである。なお、安殿の本名は小殿であったが、この四月に安殿に改名されており、改名と立后とは一連のものであったらしい。乙牟漏の崩伝（延暦九年閏三月二八日条）には「母儀の徳有り」と、母としての儀容と徳が讃えられており、これはただ生んだだけではなく、養育もしていたことを語っているように思う。

　なお、鑑真《がんじん》の弟子の思託《したく》が延暦七年に著したとされる『延暦僧録《えんりゃくそうろく》』（『日本高僧伝要文抄』所引）によると、感神功《かんじんこう》臣大夫居士《しんたいふこじ》こと藤原良継は三宝を敬い、住宅に興法寺を造立したという。居士は在俗の信者であるから、本格的寺院としての純化は長岡京遷都を機とし、もとは邸宅内に営まれる仏教空間だったと推測するが、信仰篤い外祖父の構えた邸宅で、安殿は外祖父母や母に守られ穏やかに暮らしていたのであろう。後年、上皇となった彼は平城還都を企て、その頓挫後も出家して平城旧宮に住み続けるが、平城京への彼の愛着がその幼時への懐古に根ざすことは想像に難くない。外祖父母への追贈には光仁・桓武の前例があるが、新帝即位直後の贈位が平城に始まることにも着目したい。

二　安殿親王の立太子

延暦三年（七八四）に長岡遷都があるが、翌年五月一九日条の「赤雀《あかきすずめ》一隻《せき》有りて、皇后宮に集《つど》いたり。或《あるい》は庁上に翔止《しようし》し、或は庭中に跳梁《ちようりよう》す」との記事から、長岡京でも乙牟漏は内裏外に住み、庁舎を備えた皇后宮が営まれていたことが読み取れる。この赤雀の祥瑞を受け、右大臣藤原是公《これきみ》らが百官を率いて上奏した慶瑞の上表文（君主に奉る文書）でも、乙牟漏の「母儀」が賞賛されている。皇太子ではない一親王の母なのに、である。赤雀が現れたという皇后宮には、一二歳で元服前の安殿親王も住んでいたはずで、この祥瑞の扱いは、とりもなおさず乙牟漏が扶養する安殿のクローズアップを意図しており、桓武天皇による、皇太弟早良親王への圧迫が看取される。

果たして、同年九月に勃発した寵臣藤原種継《たねつぐ》の暗殺事件にかこつけて、桓武は早良を廃太子する。早良は餓死という悲惨な形で落命し、一一月に安殿が皇太子に立てられた。立太子と同時に東宮坊《とうぐうぼう》官人が任命され、安殿は東宮坊の主となる。皇太子傅《こうたいしふ》・東宮学士らから帝王学を学び、春宮大夫以下を従える皇嗣としての生活を始めた安殿にとっては、母との距離をひしと感じる転機であっただろう。しかも、乙牟漏は翌五年九月に賀美能《かみの》（神野）親王（嵯峨天皇）を出産する。つい最近まで自分がいた母の膝下《しつか》に、弟が入り込んだのである。同母兄弟ながら、平城と嵯峨は共に暮らした時間を持たなかった。父母の期待を一身に受けていたとはいえ、少年安殿としては、それまで独り占めにしていた母との距離をさらに強く感じずにいられなかったのではないかと憶測する。しかも、乙牟漏は延暦八年に高志《こし》内親王を出産し、九年閏三月に崩御してしまう。安殿はこのとき一七歳であった。

皇太子安殿は藤原薬子を重用するようになる。『日本後紀』によると、薬子は藤原縄主《ただぬし》との間に三男二女を生み、長女を皇太子の宮に入れるや、自身は東宮宣旨《とうぐうせんじ》となって安殿の臥内《がだい》に出入しはじめ、桓武が淫らさを憂慮し薬子を退けたものの、即位した平城は彼女を尚侍に取り立て、その言いなりになったという〈弘仁元年〈八一〇〉九月一二日条〉。同書は薬子の変〈後述〉の張本人とする立場から薬子を殊更に貶めており、寝所への出入が想像せしめる淫らな関係が実在したのかはわからない。ただ、父と暮らしたことがなく、母と一二歳で引き離された安殿の生い立ちを勘案すれば、配偶者の母に母性を求め頼る心情が生まれることは十分にあり得ただろう。

三　桓武天皇の崩御と平城天皇の即位

桓武は生前譲位をせず、安殿親王は皇太子として二〇年あまりを過ごしたが、いよいよ大同元年〈八〇六〉三月一七日に桓武が崩御し、五月一八日に平城が即位する。ときに三三歳。母たちの出自がさほど高くないとはいえ、長子阿保《あぼ》親王は一五歳になっており、高丘《たかおか》親王も生まれていたが、翌日に同母弟の賀美能親王が立太子される。これは桓武の遺志によるものであろう。先帝の指名による新帝の同母弟の立太子が悲劇を生み出す危険性を胎むことは桓武自身が身をもって学んでいるはずであるが、皇位継承争いの危惧よりも賀美能を鍾愛《しょうあい》する心〈『日本紀略』嵯峨即位前紀〉がまさったらしい。

嵯峨の次の淳和の即位までを桓武の意向とする言説がある。たとえば、一四世紀の『東宝記《とうぼうき》』巻三に次のような所伝が採録されている。桓武崩御のとき、平城・嵯峨・淳和が一〇年ずつ治世すべしとの勅があり、まず平城が即位し、嵯峨が皇太子になった。しかし、平城が高丘親王の立太子を謀り、嵯峨が桓武御廟に訴えたところ、天下が暗くなり霧で視界が遮られる怪異が起こる。そこで諸道勘文《かんもん》がおこなわれ、王位についての神々の憤りが怪異の原因と奏上されたため、平城は退位したという。これに類する話が『水鏡《みずかがみ》』『愚管抄《ぐかんしょう》』にもあるが、信用するのは躊躇される。おそらく、三代の兄弟継承があったこと、平城の在位が短いこと、大同元年に同様の怪異が発生したことなどからの連想で語られはじめたものだろう。なお、大同元年の怪異は桓武の山陵の地を賀茂神社の近くに定めたことが原因とされ（三月二三日条）、柏原《かしわばら》陵への改葬がおこなわれており（四月七日、一〇月一一日条）、皇位継承の陰謀とは無関係である。先帝の意向が影響力を持つのは、せいぜい二代先、すなわち次代の天皇とその皇太子までである。その二代先ですら立場は不安定で、聖武上皇が選んだ道祖《ふなど》王、光仁上皇が選んだ早良親王のように、前天皇が指名した皇太子が即位した前例はなかった（中継ぎの女帝を挟むケースは除く）。実際に大伴《おおとも》親王（淳和）の立太子は薬子の変による高丘親王の廃太子を経たものであって、桓武の構想と語られるものは、平城・嵯峨・淳和の兄弟継承という結果から派生した俗説と考えるのが穏当である。

即位した平城は、桓武が崩御直前に蝦夷征討策と平安京造営との終結、財政の立て直しへと舵を切る決断をしたのを受け、官司の統廃合や人員削減による政務のスリム化と、観察使の設置による政務の効率化推進などの政策を律儀に進めた。幼くして皇太子となり、みっちりと帝王学を学んだであろう平城は、その即位前紀に「精神聡敏」と評されるように聡明であったらしい。その一方、一二歳から東宮坊官人にかしずかれ、比類なき皇子として玉座への一本道を歩んだ彼は、性急な完璧主義者に育っていたかも知れず、在位三年での突然の退位や、拙速な平城還都の下命などがそれを示唆しているように思う。また、彼は猜疑心の強さを警戒されてもいた。平城即位直前の五月一日、大伴親王が臣籍降下を願い出て不許可となる出来事があったが、これは保身のための申し出と考えられる。翌年一一月には、謀反の疑いをかけられた異母兄弟の伊予《いよ》親王が、確たる証拠もないまま生母藤原吉子《よしこ》（桓武の夫人）ともども幽閉され、飲食を絶たれて服毒自殺に追い込まれた。のちに嵯峨から譲位の意思表明を受けたとき、淳和は、かつて禍を免れられないと思っていたところ、嵯峨天皇の世となり、生き返ったのと同じ思いであったと述べている（『類聚国史』二五、太上天皇、弘仁一四年〈八二三〉四月一六日条）。臣籍降下を認められないまま、伊予の悲劇を目の当たりにした淳和は、平城の治世下で戦々恐々としていたに相違ない。なお、淳和は即位後間もない弘仁一四年七月に、平城上皇の存命中にもかかわらず、伊予親王と吉子の地位を回復しており、ここにも兄弟間の複雑な心情が見て取れよう。

四　嵯峨天皇と淳和天皇

大同四年（八〇九）四月、平城からの譲位により嵯峨が即位し、平城の子の高丘親王が皇太子となった。譲位に関わり兄弟で交わされた慇懃な言葉とは裏腹に、二人の間には強い緊張感があり、それは皇位継承の翌年に、藤原薬子の変として顕現する。一方的に平城還都を宣言し、平城宮から兵士を従えて東国へ向かおうとする平城上皇の動きを阻止するべく、嵯峨天皇は伊勢・近江・美濃の国府と故《もと》の関（鈴鹿・逢坂・不破）の鎮護を命じ、大和に派兵するとともに、畿内の交通の要衝である宇治・山崎・与渡《よど》（淀）の軍備を固めた。大和国添上《そうのかみ》郡内で天皇方の兵に行く手を遮られた上皇は、平城宮に引き返して剃髪し、薬子は自殺した。天皇側の迅速な対応により戦闘に及ぶことはなかったが、あわや壬申の乱以来の畿内での戦乱が勃発しかねない大事件であった。事件を受けて高丘は廃太子され、出家した平城上皇は平城旧宮で隠棲することとなる。

新たな皇嗣として嵯峨が選んだのは、異母弟の大伴親王であった。平城が弟たちとの間に十分な信頼関係を築けなかったのとは対照的に、嵯峨と淳和は終始円満であった。平城から嵯峨への譲位の詔（四月一日条）が、風病の養生のために皇太弟に譲位するので皆輔《たす》け導くようにと淡泊なのに対し、嵯峨から淳和への譲位の意思表明では、自分と同い年の皇太弟とは年久しく行動をともにし、その賢明・仁孝を知っており、数年来の譲位の思いを果たそうとの趣旨が述べられている。嵯峨の淳和への信愛は、その次の皇太子の人事にも表れている。淳和の即位に伴い、嵯峨は淳和と同母妹高志内親王との間に生まれた恒世《つねよ》親王を皇太子に指名したのである。しかし本人が辞退し、淳和は正良《まさよし》親王（仁明《にんみょう》天皇）を皇太子とした。高丘の廃太子の時点で嵯峨にはまだ男子がなかったらしく、当座のこととして大伴を立太子し、順当に譲位したという解釈は可能であるが、それだけの理由なら恒世親王の指名は理解しがたいことになる。しかも、天長一〇年（八三三）に淳和が仁明に譲位したとき、皇太子に立てられたのは、淳和と嵯峨の娘の正《まさ》子内親王との間に生まれた恒貞《つねさだ》親王であった（『続日本後紀《しょくにほんこうき》』同年二月三〇日条。すでに恒世親王は薨去）。仁明の長子道康《みちやす》親王（文徳《もんとく》天皇）は七歳、恒貞親王は九歳で大きな年齢差はないが、それでも恒貞が選ばれたのである。この時点でも嵯峨は健在であり、自分と淳和の血を受けた恒貞の即位を願ったのであろう。ただし、両太上天皇崩御後の承和《じょうわ》の変（承和九年〈八四二〉）で恒貞が廃太子される結果は周知の通りである。嵯峨と淳和との信愛は、次世代の仁明が共有するものではなかった。

　異母兄弟の嵯峨と淳和に強い信頼関係が生まれたのはどのような事情によるのだろう。二人の絆の形成についても、幼少期に遡って考えることで推測が可能である。前述のように、賀美能親王は延暦五年に生まれ、初めは母乙牟漏の手元で養育されていたのであろうが、乙牟漏は同八年に高志内親王を出産し、翌年に崩御する。その時点で乙牟漏の両親・男兄弟は物故しており、寄るべき外戚を持たない五歳と二歳の賀美能と高志は、内裏に引き取られたと考える。宇多《うだ》天皇が記した『寛平《かんぴょうの》御遺誡《ごゆいかい》』に、桓武朝の内裏では幼い親王たちが天皇の御前で遊んでいる日常があったとの所伝が記されており、そこに賀美能・高志の姿があったことは十分に想像できる。内裏は数多の宮人によって支えられ、幼い親王の世話をする人員には事欠かない。そして賀美能・高志が内裏に引き取られたとき、賀美能と同年齢で、延暦七年に母藤原旅子を喪っていた大伴親王もそこにいたと考える。

桓武は母を喪った大伴のために、平田《ひらた》女王を母とした（『類聚国史』六六、薨卒、天長七年〈八三〇〉閏一二月一八日条）。彼女は二世王の蔭位《おんい》の従四位下を与えられていた宮人、その夫は当時従五位上の文室与伎《ふんやのよき》であり、贈正一位妃旅子の忘れ形見を自宅で養育するには夫妻とも見劣りする感を否めない。やはり平田女王は内裏において大伴を養育したと考えるのが穏当である。内裏で昇殿できるのは五位以上で、身分が低い乳母は殿上で過ごす幼親王を扶助できないため、養母が必要とされたのだろう。かかる事情から推せば、賀美能親王にも養母が指名されたはずで、藤原産《うぶ》子《こ》にその可能性がある。このように、成人前の賀美能と大伴は、父桓武の庇護下で宮人たちに養育されていたと推測する。

嵯峨と淳和は平城と嵯峨のような対立をみせなかったが、加えて、大伴と高志も夫婦円満であった。高志は二一歳で亡くなるまでに恒世親王を含む一男三女を生み、淳和の即位に伴い皇后を追贈されている。この嵯峨・淳和・高志の絆は、単に異母きょうだいというだけではなく、共に遊び、育った子ども時代に培われたものではないかと想像する。かたや、父の住む内裏で過ごす幼い弟妹を横目に、皇嗣としての期待を一身に背負い東宮坊で暮らしていた青年安殿の胸中はいかなるものであっただろうか。

おわりに

歴史を研究するとき、私たちは得てして当事者たちの血縁の濃淡で関係の親疎を判断しがちであるが、平城・嵯峨・淳和の関係をみると、それにまさる要素があることに気づかされる。また、時代が遡れば遡るほど、人びとの幼少時の史料が残されることは少なくなるが、歴史上の人物の人となりを考える際に、彼ら彼女らが成人して事績を構築しはじめる以前の生い立ちにも十分に目を向けることが重要であると思う。

〈参考文献〉

新古代史の会編『人物で学ぶ日本古代史3　平安時代編』（吉川弘文館、二〇二二年）
春名宏昭『人物叢書　平城天皇』（吉川弘文館、二〇〇九年）
吉川真司編『古代の人物4　平安の新京』（清文堂出版、二〇一五年）
吉川敏子「藤原産子考―桓武天皇の親王と養母―」（『続日本紀研究』四三二、二〇二三年）
吉川敏子「コラム　内裏保育園」（吉村武彦編『古代史をひらくⅡ　古代人の一生』岩波書店、二〇二三年）

宇多天皇の兄弟姉妹

古藤真平

標記のテーマについて、筆者は宇多《うだ》天皇の同母の兄弟姉妹たちを中心に考察したことがある（古藤二〇一六）。本稿では、天皇の誕生と兄弟姉妹を改めて概観したうえで、諸書が引く逸文として伝わる天皇の日記中に、彼らに注いだ眼差しを物語る記述があることを紹介したい。

一　宇多天皇の誕生と兄弟姉妹

宇多天皇（八六七～九三一。在位八八七～八九七）の日記『宇多天皇御記』（以下『宇多御記』）の逸文を紹介する前に、天皇の誕生についてと、兄弟姉妹すなわち光孝《こうこう》天皇（八三〇～八八七。在位八八四～八八七）の皇子女たちについて概観しておこう。

宇多天皇は貞観九年五月五日に誕生した。父の光孝天皇が時康《ときやす》親王であった時代のことである。月日は不明だが、定省《さだみ》と命名された。『礼記《らいき》』曲礼《きょくらい》の「昏定晨省《こんていしんせい》」（毎晩親の寝具を定め〈整え〉、毎朝機嫌を省みる〈伺う〉）を出典とし、孝行息子になることを望む両親の願いによったのだろう。時康親王は仁明《にんみょう》天皇（八一〇～八五〇。在位八三三～八五

○）の皇子で三八歳、母は仲野《なかの》親王（桓武《かんむ》皇子）の王女班子《はんし》《なかこ》女王（八三三〜九〇〇）で三五歳だった。二人の間に生まれた四人の男子と五人の女子の年齢関係から、結婚は仁明朝の末年か文徳《もんとく》天皇（八二七〜八五八。在位八五〇〜八五八）の治世の初年と考えられる。光孝の皇子女たちの母と知られる女性で、班子女王よりも身分の高い者は知られないので、彼女は結婚時から嫡妻の地位を保持し、もっとも愛された女性であったと思われる。

両親が結婚した頃、仁明—文徳—清和《せいわ》という皇位継承路線と、藤原良房《よしふさ》が清和天皇（八五〇〜八八〇。在位八五八〜八七六）の外祖父として摂政になることが同時進行していた。時康親王は皇位から遠い位置にあったのである。

『日本三代実録』（以下『三代実録』）の貞観一二年（八七〇）二月一四日条に、時康親王の王子たちに源朝臣《あそん》を賜姓した記事がある。元長《もとなが》（母班子女王。元慶七年卒）・兼善《かねよし》（元慶三年卒）・名実《なざね》・篤行《あつゆき》・最善《いやよし》・近善《ちかよし》・音恒《おとつね》・是恒《これつね》・旧鑑《もとみ》（母讃岐永直《さぬきのながなお》の女）・貞恒《さだつね》・成蔭《しげかげ》・清実《きよざね》（母布勢《ふせ》某の女）・是忠《これただ》（母班子）・是貞《これさだ》（母班子）の一四人（括弧内の付記には他書も用いた。以下同様）である。前年二月一日に貞明《さだあきら》親王（後の陽成《ようぜい》天皇）が二歳で立太子し、時康親王と皇位との距離がさらに遠のいたことが背景にあっただろう。

貞観一一・一二年に定省王は三・四歳であったが、賜姓の記事にはみえない。一三人目の是忠が一四歳と知られるので、一四人の兄たちは元服を済ませていて賜姓対象となり、元服前だった王子たち（定省王を含む。貞観一二年以後に誕生した王子たちも含む）は、諸王の身分のままで元慶八年（八八四）に至って賜姓を受けたと考えておく。

この後、貞観一八年一一月、清和天皇が子の陽成天皇（九歳）に譲位し、伯父の藤原基経《もとつね》（陽成母高子《たかいこ》の兄）が摂政となった。ここまでは既定路線の延長線上であった。ところが、元慶八年二月、基経は粗暴な振る舞いを重ねた陽成を退位に追い込み、時康親王を践祚させるに至る。基経には陽成の同母弟貞保《さだやす》親王・異母弟貞辰《さだとき》親王（母は基経の娘佳珠子《かずこ》）という有利な選択肢があったが、五五歳の時康親王を皇位に推戴したのである。親王の母藤原沢子《たくし》《さわこ》（仁明天皇女御）と、基経の母藤原乙春《おとはる》とが姉妹（父は藤原氏北家末茂《すえしげ》の子総継《ふさつぐ》）だったことが関係すると考えられている。

光孝天皇は即位後の四月九日、伊勢神宮に奉仕する斎宮繁子《はんし》《しげこ》（第四皇女。この年に斎宮卜定《ぼくじょう》。延喜一六年、三品で薨）と賀茂神社に奉仕する斎院穆子《ぼくし》（第七皇女とも第二皇女とも。母正躬《まさみ》王の女。陽成朝の元慶六年に斎院卜定。延喜三年薨）の二人を内親王とし、四日後、ほかの皇子女に朝臣の姓を与えると勅した。自身の皇子たちの皇位継承資格を停止するこの決定は、基経に将来の皇位継承者決定を委ねる意向を示すものだったのかもしれない。四月一三日の勅により、六月二日に源朝臣姓の皇子女二九人が左京一条の地（一坊の内裏を指す）で戸籍に登録され、位階を有していた近善・貞恒・是忠・忠子の四人を除く二五人が時服・月俸の支給を認められた（以上『三代実録』）。二九人（皇子九人・皇女二〇人）の中に定省（宇多天皇）は「源朝臣諱」とみえる。上述した内親王二人、僧空性（寛平八年に還俗して源是恒《これつね》〈延喜七年卒〉）、無姓の清実（仁和二年〈八八六〉に滋水《よしみず》朝臣を賜姓）を合わせた三三人が当時存命の光孝天皇の皇子女たちであった。

貞観一二年時点での王子たち一四人と元慶八年時点の皇子たち九人とを照合すると、一四人中の元長・兼善・名実・篤行・最善・音恒・成蔭ら七人の名が九人の皇子たちの中にはみえない。元長・兼善は上記の通り光孝天皇即位前に卒去し、名実・篤行・最善・音恒・成蔭についても天皇即位以前卒去のことが皇室関係史書にみえている。一四人中の近善（延喜一八年〈九一八〉薨）・旧鑑・貞恒・是忠・是貞は、九人の皇子たちの中にみえている。彼らは貞観一二年に源朝臣を賜姓されたが、光孝天皇の即位を承けて、改めて源朝臣を賜姓された（源朝臣の氏姓をそのままとすることを勅で定めた）のであろう。是恒・清実のことは上述した。一方、九人の皇子たちには、国紀《くにのり》・諱（宇多天皇）・香泉《かずみ》・友貞《ともさだ》四人の名がみえている。国紀を宇多天皇の兄、香泉・友貞を弟とみなしてよいだろう。

貞観一二年と元慶八年の史料を総合すると、元慶八年段階で、源朝臣で物故していた兄七人、存命で源朝臣を賜姓された兄六人、弟二人（寛平元年四月七日に光孝皇子として源氏賜姓を受けた是茂《これしげ》〈母藤原門宗《かどむね》女。八八五／八八六～九四一。権中納言従三位に至る〉を加えると、弟はのちに三人となる）、以外の兄二人（僧空性・無姓清実）、二一人の姉妹のいたことが知られる。

姉妹たちについて述べておこう。斎宮繁子・斎院穆子は卜定年からみて宇多天皇と年齢的に近いと思われる。源氏賜姓を受けた二〇人は、戸籍登録・給与文給記事の列挙順に疑問とすべき点があるので、戸籍記事によりつつ、給与記事で並子《へいし》・為子の間にみえる謙子《けんし》を補って掲げると以下の通り。遅子《ちし》・緩子《かんし》（母多治某の女。延喜八年卒）・麗子《れいし》・奇子《くすこ》（延喜一九年卒）・忠子《ただこ》（母班子）・簡子《かんし》《ふみこ》（母班子）・崇子《すうし》・連子《れんし》・綏子《すいし》《やすこ》（母班子）・礼子《あやこ》（延喜九年卒）・最子《いやこ》（仁和二年卒）・偕子《かいし》・黙子《もくし》（延喜二年卒）・是子《これこ》・並子（延喜六年卒）・謙子（延長二年卒）・為子《ためこ》（母班子）・深子《しんし》（延喜一七年卒）・周子《ちかこ》（延喜一二年卒）・密子《みつし》。天皇の同母姉妹四人の長幼関係については後述する。以上の二一人に、仁和元年に源氏賜姓を受けた和子《かずこ》（醍醐女御となる。天暦元年薨）、同三年に源氏賜姓を受けた袟子《ちつし》（快子《かいし》とも。延喜一〇年卒）を加えると二四人になる。

光孝天皇の皇子女について概観してきたが、嫡妻と目される班子女王所生の男子（宇多天皇の同母兄三人）と女子（同母姉妹五人）について略述しておく。詳細は、林陸朗氏・川合奈美氏の業績（林一九六九、川合二〇〇三）と拙稿をご参照願いたい。

元長は生年不詳。仮に仁明朝末年の嘉祥元年（八四八）に班子女王が一六歳で出産したとすると、一六歳の貞観五年に従四位下に叙され、二三歳で源氏賜姓を受け、三六歳の元慶七年に卒去したことになる。宇多天皇より二〇歳ほど年長。是忠は天安元年（八五七）に生まれ（母二五歳の子）、一四歳で源氏賜姓を受け、二八歳の元慶八年に参議に任命され、三五歳の寛平三年（八九一）に中納言から三品《さんぼん》親王とされ（後に一品）、延喜二〇年に出家、六六歳の延喜二二年に薨去。宇多天皇より一〇歳年長。是貞は元慶八年一一月、光孝天皇の大嘗祭にあたって無位から従四位上に叙され、寛平三年に四品親王とされ、延喜三年に三品大宰帥で薨去。国文学史上では是貞親王家歌合で著名である。

忠子は斉衡元年（八五四）に生まれ（忠子女王。母二二歳）、貞観一二年には清和《せいわ》天皇の女御となる（一七歳）。光孝朝に入り、元慶八年四月に源氏賜姓を受け、五月二九日に今上の皇女として従四位下から従三位に昇叙し、六月に左京一条に戸籍登録され（三一歳）、宇多朝の寛平三年に内親王とされた（三八歳）。延喜二年に出家し、四年に三品で薨去（五一歳）。簡子は延喜一四年に無品で薨去。綏子は延長三年（九二五）に入道三品で薨去。二女・三女であることがほぼ確かな姉妹だが、陽成天皇（上皇）との婚姻関係が問題となる。簡子は元慶元年正月九日の陽成即位儀で褰帳命婦《けんちょうのみょうぶ》役を勤めて従四位下に叙されたので、その後後宮に入った可能性はあるが、陽成上皇の院御所で「釣殿宮」と呼ばれたのは綏子だった可能性が高い。簡子は一〇歳で即位式に臨んだ陽成よりも年長だったろうから、宇多天皇（陽成の一歳年長）よりも年長であったか。綏子は両天皇とほぼ同年齢か年少であったろう。二人が源氏賜姓を受け、内親王とされた歩みは、忠子と同じである。為子も同様。三一歳の宇多天皇が一三歳の醍醐《だいご》天皇に譲位した寛平九年に彼女は入内し、三品に叙して妃とされたが、昌泰二年三月一四日に薨去、二一日に一品を贈られた。同年一二月に内親王とされた勧子《かんし》《ゆきこ》を出産した時に薨去したと考えられる。生年は不詳だが、宇多の妹であることはほぼ確かだろう。もう一人、宇多天皇の同母妹として源某（寛平元年卒）を数えることができる。『宇多御記』寛平元年一〇月壬午（二四日）条逸文（『大鏡裏書』「賀茂臨時祭事」所引）に「昨日の暮に同母の妹が卒去した。悲しく傷ましい思いでいっぱいだ」とみえる。元慶八年に源氏賜姓を受けた皇女二〇人中の人物であるのか、より年少の皇女だったのかが問題だが、不明である。

二　兄弟姉妹たちに注いだ眼差し

寛平元年九月二四日から四日間、宇多天皇は嘉祥寺《かしょうじ》で法華八講を修した。仁和三年閏一一月に基経が関白を辞したことへの勅答を端緒とする阿衡《あこう》事件は四年一〇月まで朝政を混乱させたが（所二〇〇三、米田二〇〇六、今二〇一三など）、翌寛平元年には平穏を取り戻す。八月五日には先帝に諡号光孝天皇が上《たてまつ》られ、西寺で三回忌が修されていた。この法華八講に関する『宇多御記』の逸文の中に、断片的なものではあるが、天皇の兄弟姉妹たちへの眼差しをうかがわせる記述がある。

光孝天皇は両親の仁明天皇・贈皇太后藤原沢子（?～八三九）のために『法華経』などの書写を発願したが、果たさないまま仁和三年八月二六日に崩じた。宇多天皇は夢の啓示で新子《しんし》内親王《にいこ》（父帝の姉妹）と僧正遍照《へんじょう》に尋ねてそのことを知り、内裏内で写経のための紺紙その他が見つかったことから、書写を完遂し、供養の八講を修するところまで漕ぎ着けた。仁明天皇深草陵側に造営された嘉祥寺は供養をおこなうのにもっともふさわしい場であった。

『大日本史料』第一編之一は、寛平元年九月二四日条に「光孝天皇ノ御為ニ、法華八講ヲ嘉祥寺ニ修ス、是日、律師祥勢ヲ少僧都ニ任ズ」の綱文を立て、以下の史料を集成する。『日本紀略』九月二四日条（嘉祥寺で法華八講が修された記事）、『花鳥余情《かちょうよせい》』が引用する『宇多御記』の記事、『扶桑略記』九月一五日条（「御法事」をおこなうべきことについて「議定」のあったことと、基経が当時の僧侶たちへの評価や、朝廷の仏事・灌頂についてさまざまに奏上したことからなる）、『願文集』所載の光孝天皇御願法華八講関係記事、『僧綱補任』寛平元年条（九月二五日に律師祥勢を少僧都に任じた記事）である。なお、末尾に「已上太政大臣詞」との注記を持つ『扶桑略記』の記事は、『宇多御記』に由来すると考えられる。これも含め、本章で取り上げる『宇多御記』の諸記事は、和田英松輯「御記纂」（列聖全集『宸記集上巻』、一九一七年）に『宇多天皇御記』として採録され、今日の研究に継承されている。

そして、『願文集』の記事は、『大日本史料』の翻刻によれば、『宇多御記』の逸文三条、『新国史』九月二四日条の逸文（嘉祥寺に僧侶たちを屈請《くっしょう》し、四日間の日程で法華八講を始めたことと、この日に律師法橋上人位祥勢を少僧都に任じ、法眼和尚位に叙したことを記す）、天皇の意を受けて橘《たちばなの》広相《ひろみ》が作った「嘉祥寺御願八講御願文」（上述した法華八講をおこなうに至った経緯の説明はこの文に依拠した）からなる。翻刻の末尾に「代々宸筆御八講願文等記同ジ」とあるので、『願文集』『代々宸筆御八講願文等記』共々調査を要するのだが、筆者は果たしていない。本稿では『大日本史料』に依拠することをご了解願いたい。

○九月癸巳（四日）条（『願文集』所引）

先帝（光孝天皇）は御願を遂げずに崩御してしまわれた。今朕はひたすらにその御願を修めるつもりだ。そのためにすべてのことを御願の通りに取り計らい、どんなに小さな物に対しても物惜しみするまいと思っている。必要なものはあまねく備えた。ただ、御願を遂げたことを示すために修する八講に屈請する僧侶たちに施す供料が準備できていない。中宮（班子女王）と諸公子（宇多天皇の兄弟姉妹）がその手配をしているところだ。

『大日本史料』寛平元年九月二四日条はこの後の部分について「○下略、八年九月二十二日ノ条ニ収ム」とする。第一編之二の寛平八年九月二二日条を参照すると、『宇多御記』の続きの文は陽成上皇の母后である皇太后藤原高子に関する醜聞であった。

○九月甲辰（一五日）条（『花鳥余情』第九、澪標《みおつくし》所引）

朕は夢で承った先帝のお言葉に従い、御八講が挙行されるように取り計らっている。

『花鳥余情』第九、澪標所引の「寛平御記」では、この後に「先帝遷化後……」の文が続くが、癸丑（二四日）条と解するのがよいと考え、ここで区切った。なお、一五日のこととして、『扶桑略記』同日条に書かれている「御法事議定」と基経がおこなった天皇への奏上がある。その「御法事議定」は嘉祥寺の法華八講に屈請する僧侶たちを定めるものだったと推定しておく。『大日本史料』が法華八講の記事の集成に『扶桑略記』同日条を入れたのもそう解釈したからであろう。『宇多御記』九月一五日条は、A　天皇が夢のお告げによって法華八講をおこなうこと、B　八講に屈請する僧侶たちを人選する議定がおこなわれたこと（おこなわせたこと）、C　議定の座で基経がさまざまに語ったこと、以上からなり、Aが『花鳥余情』、B・Cが『扶桑略記』に遺ったと解しておく。

○九月癸丑（二四日）条（『願文集』所引）

先帝の御願に基づく八講を今日から修しはじめた。仏器、請僧への供養、着用させる法服などは総じて朕が営造した。諸公子（皇子女たち）はただ捧物《ほうもち》を加え献じ、ささやかな供養を加えおこなうだけだった。〔先帝の崩御後、諸公子は力を合わせて御願を果たしおこなうべきなのだ。ところが、わがままな思いで遊猟に熱中し、御八講を（積極的に）勤仕しようとしない者がいたのは、甚だしい不忠不孝だと言わなければならない〕

〔〕内の文は、『花鳥余情』所引の九月甲辰（一五日）条引用に続く部分に、同文がみえる。一五日条の文と解することも不可能ではなく、その場合、法華八講の準備が進捗していないことを歎いた文として解釈することになる。ここでは、『花鳥余情』の『宇多御記』引用の甲辰条から癸丑条への切り替わり部分に脱落があったと考え、法華八講始修に漕ぎ着けた二四日に天皇が所感を記したと理解しておく。

○九月乙卯（二六日）条（『願文集』所引）

先帝の御願に基づく八講は、今日が五巻の講の日にあたる。（そこで）先帝に近侍していた者をして、薪を背負い、水を運び、菜を持つ役（提婆達多品《だいばだつたほん》の所説に由来する役）を勤めさせた。その捧物には、褂衣《うちき》・衾・綿布と袈裟百余条を充てた。

八講は二四日から四日間の日程で修され（『新国史』）、三日目の二六日が「五巻の日」（『法華経』第五巻の提婆達多品が講じられる日）となり、もっとも盛大な儀がおこなわれた。

『宇多御記』逸文四ヵ日の記事の内容は以上である。準備の初期段階で、天皇は屈請する僧侶たちに施す供料の手配について、中宮（母班子女王）と諸公子（兄弟姉妹たち）が相談し、良きに取り計らってくれるものと考えていたらしい（『宇多御記』四日条）。しかし、八講の初日に至り、諸公子たちが示した志は、捧物を加え献じ、ささやかな供養を加えることにとどまったと総括し、強い言葉で不満の思いを記している（二四日条）。

二四日条に込められた天皇の思いを言葉を補って表現すれば、「自分たち兄弟姉妹の父光孝天皇は両親のために『法華経』などの書写を発願していた。それが忘れられようとしていたところを朕が尋ね出し、書写の功を遂げるところまで漕ぎ着けたのだ。経を供養する法華八講は、皆で協力して執りおこなって当然ではないか。どうしてもっと進んで志を示してくれなかったのだろうか」ということだろう。ただし、とくに「わがままな思いで遊猟している」と非難した男兄弟が誰であったのか（一人ではなかっただろう）、同母兄の源是忠・是貞はどうであったのかなど、より具体的な模様まではうかがえない。

結びにかえて

第二節で『宇多御記』から読み取った事柄は宇多天皇側からの思いである。兄弟姉妹たちの側には彼らなりの思いがあったはずである。光孝天皇の即位は一家にとって元慶八年まで予測できないことだったろうし、即位後も一家内に皇位が伝えられる可能性は白紙状態だった。しかし、一家内に伝えられるとした場合に定省が一番優先されるであろうことを、彼らは家族内の雰囲気と宮廷社会の風聞から知っていたと思われる。

佐藤早樹子氏は光孝天皇の芹川野《せりかわの》行幸（仁和二年一二月一四日）を記す『三代実録』同日条と『光源氏物語抄』所引の記文を考察し、出発にあたって天皇が源定省に殊遇を与えたこと（帯剣を賜い、参議以上と同等の装束着用を二〇歳の定省と、基経息一六歳の藤原時平《ときひら》に許した）が、定省を後継者として印象付けようとしたものだと指摘した（佐藤二〇一五）。行幸には定省の兄の参議是忠も随行し、廷臣として兄として、天皇が弟定省に殊遇を与える場面に居合わせていたことを付言したい。また、筆者は、光孝天皇即位前、定省王時代の宇多天皇が実母班子女王に出家への思いを告白し、女王から思い止まるように諭されていたことを記す『宇多御記』寛平元年正月某日条逸文（『扶桑略記』所引）を解釈し、女王が定省に注いだ愛情の深さを物語ると述べたことがある（古藤二〇一八）。父母から深い愛情を受けていた宇多天皇は、父が末期に基経から同意を得て皇太子とされ、即位した。その背景について、角田文衞氏は基経の妹淑子《しゅくし よしこ》（八三八～九〇六）と定省王が養母・養子関係にあったことを重視する学説を提示していた（角田一九八四）。定省王が養母を持つ縁を得たのは、父母が兄たちに断然勝る愛情を定省に注いでいたことによると筆者は推定する。

法華八講の頃、兄弟姉妹たちは宇多天皇をどう思っていただろうか。天皇を兄あるいは弟に持つことは誇らしかったであろうが、光孝天皇と班子女王から特別に愛された宇多に羨望や依存心も持っていたのではなかろうか。兄弟として遊猟を楽しむことを大目にみてほしいと思ったり、兄弟姉妹として、法華八講の費用は天皇の権力と財力で調達し、自分たちの負担は軽くしてほしいと願ったとしても、不思議ではないだろう。

本稿は宇多天皇の兄弟姉妹の概観と断片的な日記の記事紹介にとどまった。天皇が彼ら・彼女らに注いだ眼差しを物語る史料の探索をこれからも続けたい。

〈参考文献〉

川合奈美「光孝皇女忠子内親王の生涯」(『学習院史学』四一、二〇〇三年)
古藤真平「宇多天皇とその同母兄弟姉妹」(『文化学年報』六五、二〇一六年)
古藤真平『宇多天皇の日記を読む』(臨川書店、二〇一八年)
今正秀『摂関政治と菅原道真』(吉川弘文館、二〇一三年)
佐藤早樹子「陽成・光孝・宇多をめぐる皇位継承問題」(『日本歴史』八〇六、二〇一五年)
角田文衞「尚侍藤原淑子」(角田文衞著作集第五巻『平安人物志　上』法蔵館、一九八四年、初出一九六六年)
所功「阿衡紛議と菅原道真」(和漢比較文学会編『菅原道真論集』勉誠出版、二〇〇三年)
林陸朗「賜姓源氏の成立事情」(『上代政治社会の研究』吉川弘文館、一九六九年)
米田雄介『摂関制の成立と展開』(吉川弘文館、二〇〇六年)

平安貴族社会のきょうだい関係

――藤原実資を例として――

澤田裕子

はじめに

一〇世紀後半から一一世紀前半を生きた公卿藤原実資《さねすけ》は、その日記『小右記《しょうゆうき》』にきょうだいを含めた親族との関わりを多く記している。実資の生きた平安中期は父子継承される「家」が成立しつつある時代であり、それゆえ実資をとりまく親族のありようは「家」の成立過程を解明する手がかりの一つとしてたびたび取り上げられてきた。なかでも注目されるのは、実資が「一家」と記す親族集団である。

実資が自らの「一家」と認識していたのは、祖父実頼《さねより》の男系子孫からなる父系の親族集団である。氏の分節であるこの「一家」集団については、政治的・経済的な機能をもっていたことが指摘されている（服藤一九九一a）。実資のきょうだいとイトコは、ともにこの「一家」集団に含まれる。また、実資は祖父実頼の養子となっていたから、実のきょうだいとイトコはどちらも擬制的にはオイにあたる（図1）。

ただ、『小右記』をみると、実資と実の兄である高遠《たかとお》・懐平《かねひら》との関係は、イトコの佐理《すけまさ》や公任《きんとう》よりも親しいものであったように思われる。そうしたきょうだい同士の親密さは、従来の研究ではなかば当然視され、ほとんど取り上げられてこなかった。父子継承される「家」の成立過程解明を主目的とするなかで、分析の中心におかれたのは「一家」集団のような親族集団や父子関係であって、その狭間にあるきょうだい相互の関係は取り立てて注目されてこなかったのである。

とはいえ、父子関係を軸とする「家」が徐々に成立しつつあるこの時代、同じ父をもつきょうだいの関係が果たす役割は少なからずあっただろうと推測される。実資が「一家」集団のなかでもとくに兄たちと親しい関係を築いていたのも、きょうだい相互の関係が意味をもっていたからではないか。そこで本稿では、実資とその親族の関わりを例として、平安中期にきょうだい同士の関係がどのような役割をもっていたかを考察していきたい。

一　親族の扶助・後見

実資は姉の尼君を自邸に隣接する西殿に迎え（『小右記』寛弘二年〈一〇〇五〉四月一四日条）、兄の子や孫を五人も養子とした（後述）。服藤早苗氏は、このような親族に対する扶助・後見を「一家」のような父系親族集団の長の義務であったとする（服藤一九九一b）。それに対し高橋秀樹氏は、そうした扶助・後見は父系親族だけでなく、母方や姻族などをも含んだ「親類」の役割だと指摘する（高橋一九九六）。このように親族に対する扶助・後見については対象となる親族の範囲が問題とされているが、この点に関連して『小右記』に気になる記述がある。

図1　藤原実資ときょうだい・イトコ

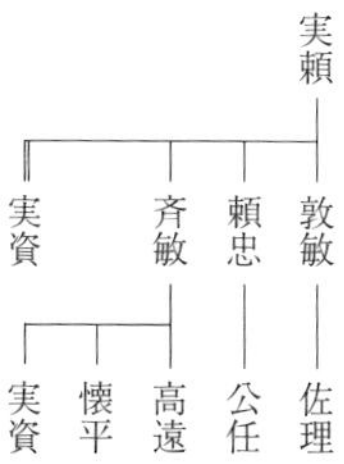

正暦四年（九九三）六月七日、実資はイトコの公任から手紙を受け取った。それによると、ここしばらくの体調不良がなかなか改善しないという。そして、自分にもしものことがあればあとのことはすべて実資に託す、ほかに頼る相手はいない、と書く。

父が亡くなったり出家したりして保護者を失った子どもは、父方の祖父やオジの養子となることが少なくない（澤田二〇一三）。養子となる子にとっての父方祖父・オジとは、子の父にとっては自分の父や男きょうだいであり、したがって父やきょうだいは自分に何かあったときにあとのことを託せる相手であったと考えられる。しかし、公任の父頼忠《よりただ》はこの四年前に亡くなっており、同母の男きょうだいもいない。同母の姉妹（円融《えんゆう》皇后遵子《じゅんし》・花山《かざん》女御諟子《しし》）はともに入内したが子はなく、夫天皇はすでに死去もしくは出家していて、公任が姉妹の後見役となっていた。『尊卑分脈』には異母きょうだいとして頼任《よりとう》の名があるものの、親族としての関わりは『小右記』にもみえず、公任との関係は不明である。この時点での公任には、頼りにできる父やきょうだいはいなかったのである。

一方、公任の母方親族には母厳子《げんし》女王のきょうだいである源重光《しげみつ》・保光《やすみつ》がおり、妻昭平《あきひら》親王女の養父藤原道兼《みちかね》もこの時点では健在であった。しかし、公任は実資に対してほかに頼る者はいないと書いていて、それらの母方親族や姻族はもしもの場合に頼るべき相手とはみなされていない。

ところで、公任はイトコたちとともに実資が「一家」と呼ぶ親族集団に含まれる。この親族集団が成員に対する扶助・後見の機能をもっていたとすれば、公任にとってイトコは後事を託せる相手であり、実資以外にも佐理・高遠・懐平がいる。にもかかわらず公任がほかに頼る相手はいないと実資に書き送ったのは、同じ「一家」集団に属するといってもイトコは本来頼るべき相手とは認識されていなかったためだろう。公任が実資を頼ったのは、あくまでも例外的な対応だったのである。

こうしたことから、親族に対する扶助・後見の対象範囲は、高橋氏がいう「親類」のように母方親族や姻族にまでは及ばず、また実資が「一家」と呼ぶ親族集団よりも狭く、きょうだいとその子孫に限られていたと考えられる。親族に対する扶助・後見の基本単位は、「一家」集団内の一分節であるきょうだいを軸とした小集団だったのである。

二　実資と養子

実子に恵まれなかった実資は、兄懐平の二男資平《すけひら》をはじめとして、五人の親族を養子とした（図2）。実資がこれらの親族を養子とした理由については、従来の研究でもさまざまに議論されている。実資ととくに近しい関係にあった資平については、後継とするための養子か、すなわち父子継承される「家」の成立を示すものかが問題とされてきた。一方、それ以外の養子については、生活の保障や親族関係の強化が目的とされる。

ただし、実資が養子とした親族は兄の子や孫のみであった。実資が「一家」と呼ぶ親族集団は祖父実頼の男系子孫からなるが、実資が養子とした親族はその一分節である斉敏《ただとし》の子孫だけだったのである。このことから高橋氏は「実資が資平や資高《すけたか》らを養子としたのは、彼らが「一門」である以上に甥や孫という、より身近な存在であったことによるのではないか」と指摘する（高橋一九九六）。きょうだいとその子孫からなる小集団のもつ扶助・後見の機能を考えると、「甥や孫という、より身近な存在」を養子としたのは子の保護が目的だろう。ただし、実資が養子とした五人は、いずれも実父が健在であるにもかかわらず実資の養子となっており、実父の死去や出

図2　藤原実資と養子たち（＊：実資養子）

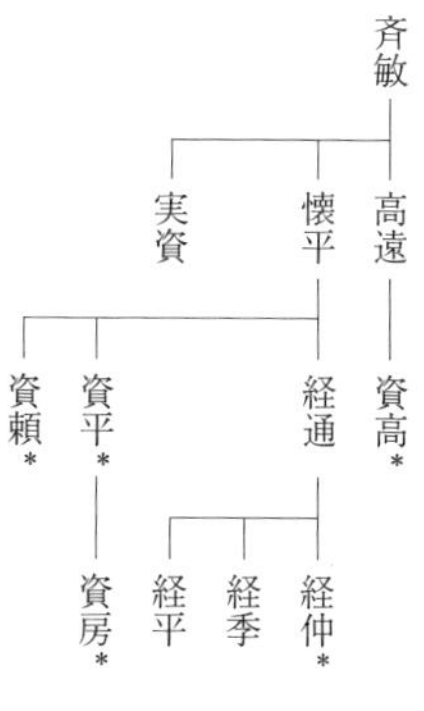

家により保護を必要としていたわけではない。では、実資が養子たちに対して提供した扶助・後見とは、どのようなものだったのだろう。

三　父子ときょうだい

実資の養子の一人、経通《つねみち》（兄懐平一男）の二男経季《つねすえ》は、万寿二年（一〇二五）一一月に一六歳で元服した（『小右記』万寿二年一一月二五日条）。経通はその二日後に実資のもとを訪れてその日から経季を実資の家に住まわせるよう申し入れており（『小右記』万寿二年一一月二七日条）、経季はこのときから実資の養子になったのだろうと高橋氏は推測する（高橋一九九六）。その後、経季は万寿四年の正月定例叙位日に、春宮《とうぐう》御給《ごきゅう》により従五位下に叙された（『公卿補任』永承二年〈一〇四七〉条）。

このような十代で五位に叙される若年叙爵は、一〇世紀の後半には公卿層の子息に定着し、一一世紀に入ると元服以前の子どもが叙爵される元服前叙爵も珍しくなくなる（澤田二〇一二）。経季の同母兄経仲《つねなか》も、元服と同日に従五位下に叙されていた（『小右記』寛仁三年〈一〇一九〉一〇月一九日条）。それに対して、経季の叙爵は先述のように元服後一年以上経ってからであり、経仲に比べて遅い。経季のように実父が健在であるのにより高位の人物の養子となるのは、蔭位《おんい》などを利用して出身を有利にすることが目的の一つとされる。経仲は源経房《つねふさ》の養子であったと『尊卑分脈』にはあるが、経季の養父実資はその経房よりも格上である。にもかかわらず、経季の叙爵のタイミングは経仲よりも遅く、実資の養子になったことで有利になったようにはみえない。

ただ、元服を機に実資の養子になったのであれば、それ以前に叙爵させるかどうかは実父の経通次第といえる。経季は、着袴《ちゃっこ》も元服も、四歳年少の同母弟経平《つねひら》と同時であった（『小右記』寛仁三年一〇月一九日条、同万寿二年一一月二五日条）。一〇歳での着袴、一六歳での元服は、当時としてはやや遅い。そのうえ、元服以前の叙爵も広まっているなかで、経通は経季を元服以前に叙爵させることもしていない。

このように経季が同母きょうだいのなかでやや不利な扱いを受けた背景には、当時の出身・昇進方式が関係していたと考えられる。一〇世紀後半から一一世紀前半には、父や祖父の地位によって子の出身やその後の昇進が左右されるようになっていた（笹山一九八五、澤田二〇一二）。公卿の子息は基本的に年爵や氏爵により任官以前に叙爵されるようになっていたから、官人としてのスタートラインに立つためにはまず年爵などを確保する必要がある。しかし、年爵などの権限は摂関周辺に集中しており、摂関と距離のある公卿が子息の元服に合わせて確保するのは難しい。

また、昇進ルートの固定化により、同じ父をもつきょうだいは似たような官職を経て昇進していくため、年の近いきょうだいは一つのポストをめぐって競合しかねない。さらに、きょうだいで同時に同じ官職に就くことを忌避する意識も存在した。たとえば、資平の任官に関連して、兄経通が弁官であるから資平は弁官にはなれない、という話が『小右記』には何度か出てくる（『小右記』長和元年〈一〇一二〉七月二一日条、同二年正月一八日条、同二月三日条）。資平は実資の養子であるから経通と実のきょうだいといえどもきょうだいとして扱うべきではないと実資は反論するが、それでも兄と弟が同じ官職に並ぶことへの抵抗感はあったようだ。

こうした状況を背景に、摂関と距離のある公卿はとくに、複数の子息を平等に出身・昇進させることが難しくなっていた。経季の叙爵が同母兄経仲に比べて遅れたのは、二人を平等に出身させるための年爵などを確保することが難しかったからだろう。年爵などによる任官以前の若年叙爵という出身方式ゆえに、きょうだいを平等に扱うことができず、年長の子が優先されて年少の子は後回しにされたのではないか。そして、そのように実父が十分に後見できない部分を補うためにに、実資は経季を養子にしたのではないかと考えられる。

ほかの実資養子をみると、資房は養子資平の一男で資平―資房という直系継承を意識した可能性を否定できないが、それ以外の養子では、資平は懐平の二男、資頼《すけより》は懐平の庶妻子で、実父による保護・後見が十分でなかった可能性がある。また、資高については、父高遠が大宰大弐《だざいのだいに》として赴任したことが養子となった契機ではないか、という指摘がある（高橋一九九六）。

これらの養子のうち、最年長の資平は実資の手足となり耳目となって活動しており、実資もその昇進を積極的に支援していた。そのおかげで資平は、四歳年長の同母兄経通よりも一年早く参議に任じられた（『公卿補任』寛仁元年条）。しかし、それ以外の養子の出身や昇進は、実父よりも高位にある実資の養子となったわりに、実のきょうだいに比べて有利になったようにはみえない。資平にしても、参議就任こそ兄に先んじたものの、その後の昇進には実資と懐平のような明確な差は生じなかった。出身などを有利にすることは養子となる目的の一つとされるが、実資の養子に対する支援は基本的に実父による後見を大きく超えるものではなく、足りない部分を補う程度だったのだろう。

おわりに

実資が生きた一〇世紀後半から一一世紀前半は、父子関係を軸とする「家」が成立しつつある時代である。そのなかで、父を同じくするきょうだいは、扶助・後見の基本的な単位として機能していた。この時代のきょうだい関係は、「一家」のような父系親族集団と父子関係の間にあって、ある種のセーフティネットとして機能していたのである。実資の養子の例では、この扶助・後見には、単に生活を保障するだけでなく、官人としての出身・昇進をサポートすることも含まれていた。
ただ、実資が兄の子や孫を後見するために、養子縁組という方法をとったことは興味深い。実父の役割を補完する機能は、きょうだい関係のもつ扶助・後見の機能から派生したものだろう。しかし、わざわざ養子縁組を結んだことからは、単なるオジ―オイなどの関係では実父に代わる後見ができなかった可能性も考えられる。
以上、藤原実資を例として平安中期のきょうだい関係について考察してきたが、このケースは同母きょうだいの場合であり、異母きょうだい間の関係については改めて検討する必要がある。また、一一世紀には父子継承される「家」が成立するとされるが、そのときにきょうだい相互の関係がどのように変化するかという点も、「家」というものを考えるうえで重要となる。こうした点については今後の課題としたい。

〈参考文献〉

笹山晴生「平安前期の左右近衛府に関する考察」(『日本古代衛府制度の研究』東京大学出版会、一九八五年、初出一九六二年)
澤田裕子「平安中期の叙爵と元服前叙爵の成立」(『歴史文化社会論講座紀要』九、二〇一二年)
澤田裕子「平安貴族社会における養子の展開―十・十一世紀を中心に―」(『古代文化』六三―三、二〇一三年)
高橋秀樹「平安貴族社会の中の養子」(『日本中世の家と親族』吉川弘文館、一九九六年)
服藤早苗a「摂関期における「氏」・「家」」(『家成立史の研究』校倉書房、一九九一年、初出一九八七年)
服藤早苗b『平安朝の母と子』(中央公論社、一九九一年)

中世

九条兼実と兼房・道円・慈円

――院政期摂関家の同母兄弟――

樋口健太郎

はじめに

摂関家九条《くじょう》流の始祖である九条兼実《かねざね》の兄弟には、貴族となった基実《もとざね》・基房《もとふさ》・兼房《かねふさ》のほか、出家した恵信《えしん》・覚忠《かくちゅう》・最忠《さいちゅう》・尊忠《そんちゅう》・信円《しんえん》・道円《どうえん》・慈円《じえん》（道快《どうかい》）がいた。いうまでもなくかれらの父は「法性寺関白《ほっしょうじ》」藤原忠通《ただみち》であるが、母は同じではない。兼実の同母兄弟にあたるのは、兼房・道円・慈円の三人である。

兼実は久安五年（一一四九）、道円は仁平元年（一一五一）、兼房は仁平三年、慈円は久寿二年（一一五五）の生まれなので、道円は兼実の二つ下、兼房は四つ下、慈円は六つ下の弟だった（なお、基実は康治二年〈一一四三〉生まれなので、兼実の六つ上、基房は天養元年〈一一四四〉生まれなので、五つ上の兄であった）。

かれらの母親は太皇太后宮大進《たいこうたいごうぐうだいしん》藤原仲光《なかみつ》の娘として忠通に仕えた加賀局《かがのつぼね》（加賀殿）という女房であったが、父忠通からは相当愛された女性であったらしい。加賀局は久寿三年（一一五六）二月一〇日、まだ幼い四人の子どもを残し、三三歳という若さで死去したが、『兵範記《へいはんき》』同年三月四日条によれば、忠通はその後しばらく彼女の死にショックを受けて朝廷への出仕ができなかったという。

加賀局の生んだ子息たちは、忠通の子どもたちのなかでも、とくに結びつきが強かったようである。たとえば、建久七年（一一九六）、兼実が源通親《みちちか》の策謀によって失脚したとき、弟の兼房・慈円も太政大臣《だいじょうだいじん》・天台座主《てんだいざす》の職を辞任した。また、慈円は『愚管抄《ぐかんしょう》』で兼実の九条流の正統性を主張し、兼実亡き後は孫の道家《みちいえ》の後見となって九条流を支えたことが知られる。父忠通と長兄基実の没後、摂関家は基実の遺児基通《もとみち》の近衛《このえ》流、次兄基房の松殿《まつどの》流、兼実の九条流に分かれたが、そのなかにあって兼房・慈円の兄弟は兼実と結び、九条流と一体化したのである。

では、かれらを結びつけたものとは一体何だったのだろうか。これまでのところ、平安貴族社会の家族に関する研究では、父子継承される中世的「家」の成立過程が問題とされてきたこともあり、父子関係に注目が集まり、母を同じくする兄弟の結集のあり方についてはあまり問題にされてこなかった。そこで、ここでは兼実の同母兄弟のあり方を通して、父子関係だけに収斂されない、多様な家族のあり方を提示してみたい。

一　法性寺光明院と道円

平安貴族社会における親族・家族の結集の核となるものとして、先祖によって建立された寺院やそこでの祖先祭祀があったことが知られる（服藤一九八七など）。親族・家族は寺院を互いに管理し、共同で忌日仏事などの祭祀を執りおこなったのである。院政期の摂関家では、父系直系の先祖によって建立された寺院として、法性寺・法興院《ほこいん》・法成寺《ほうじょうじ》・平等院などがあり、これらの寺院やそこでの仏事の執行権は家長位に附属して父から子へと継承された（佐藤一九九五、樋口二〇〇二）。

一方で、加賀局を母とする同母兄弟には、これらとは別にかれらによって管理され、仏事を執りおこなうべき仏堂が存在したようである。兼実の日記である『玉葉《ぎょくよう》』の建久六年九月一六日条には「光明院《こうみょういん》〈先母墓所なり〉」とあり、兼実の母である加賀局の墓所として、光明院という仏堂があったことがわかる。さらに『玉葉』をみると、兼実は毎年、二月一〇日の母の命日には、光明院に「仏経《ぶっきょう》」や「布施取《ふせとり》」を送っているが、安元三年（一一七七）の場合、これについて「法性寺堂」と記載されていることから、光明院は法性寺内にあったと考えられる。

この光明院については、その名称がみられるのが『玉葉』治承三年（一一七九）二月一〇日条が最初であることから、治承三年頃、兼実によって建立されたとの指摘がある（正木二〇〇七）。そうだとすると、光明院は同母兄弟の共同の仏堂ではなく、あくまで兼実個人の仏堂ということになってしまうが、これは事実ではない。

『玉葉』元暦元年（一一八四）七月二四日条には、次のような話がみえる。光明院の所領であった京内六条坊門《ろくじょうぼうもん》東洞院《ひがしのとういん》の土地について、「故寺法印《こてらほういん》」が「彼堂《かのどう》」を知行していたとき、乳母子である式部大夫敦親《しきぶのたいふあつちか》にその土地を宛行い、敦親はここに建物を建て住んでいた。ところが、「余」（兼実）が伝領した後になっても、なお変わりなくそこに住み、敦親の男子はこれを私領であると称して院に寄進してしまった。

この話は光明院領の問題なのだから、「彼堂」とあるのは光明院のことと理解して間違いあるまい。一方「故寺法印」であるが、これは兼実の同母弟で「三井寺《みいでら》法印」と称された道円（『玉葉』嘉応二年八月二四日条）のことと考えられる。道円は嘉応二年（一一七〇）八月二九日に没しており、「故寺法印」と呼ばれるのにもっともふさわしい。つまり右の史料に依る限り、光明院は兼実が建立したのではなく、道円が亡くなる嘉応二年までは道円が知行し、その後、兼実が伝領したものだったと考えられるのである。

また、道円が知行していたとすると、かれは没したとき二〇歳とかなり若かったから、道円自身が光明院を建立したとは考えにくい。前述のように忠通は加賀局のことをかなり寵愛していたから、おそらく光明院を建立したのは忠通であろう。光明院には右の土地のほか、大和国内に七ヵ所の所領も附属していた（『玉葉』治承五年三月三日条）。忠通はこれらを財源として光明院を建立して加賀局を供養し、その後、光明院の管理権は忠通から加賀局を母とする子息のうち、出家した道円に譲られた。そして、嘉応二年、道円が没すると、これは同母兄である兼実に譲られたのである。

光明院は以後、兼実によって管理され、のちにはかれが姉皇嘉門院《こうかもんいん》聖子《せいし》から伝領した最勝金剛院《さいしょうこんごういん》の末寺とされて、最勝金剛院領だった摂津国輪田庄《わだのしょう》が寺領とされるなど、兼実によって整備が進められた（正木二〇〇七）。だが、兼実が管理するようになってからも、光明院で仏事をおこなっていたのは兼実だけではなかった。建久六年九月一六日、慈円は光明院で小仏事をおこない、ここに経を埋めている（『玉葉』）。加賀局の墓所であり、道円を経て兼実に受け継がれた光明院は、忠通の子どもたちのなかでも、加賀局を母とする同母兄弟によって共同の仏事の場とされたのであり、かれらを親族集団として認識させ、結びつける役割を果たしていたと考えられるのである。

二　兼房・慈円の昇進と兼実

つづいて、ここでは同母兄弟の政治的な結びつきについてみていこう。加賀局を母とする同母兄弟のなかでも、とくに兼房・慈円については父忠通の晩年の子であった。忠通は長寛二年（一一六四）に没しているので、兼房は一二歳、慈円は一〇歳のときに父を亡くしたことになる。忠通ののち、摂関を継承して摂関家の家長となったのは、かれらにとっては異母兄の基実・基房であった。だが、父に代わってかれらの政治的な後ろ盾となり世話をしたのは、同母兄の兼実だったようである。

このことを示すものとして、まず兼房については次のような例がある。嘉応二年九月二七日、高倉《たかくら》天皇が閑院《かんいん》から大内《おおうち》に遷幸した。閑院は摂政基房の邸宅であったため、兼実は行幸の「家の賞」として、三位中将《さんみちゅうじょう》である兼房を二位に叙してほしいと、基房に再三申し出た。ところが、基房はこれを許さず、露骨にいやがった（『玉葉』には「不《ふ》請《しょう》の気有り」と記されている）。結局、兼房は二位に叙されず、かれが従二位になったのは四年後の承安四年（一一七四）のことであった。こうしたところから、同じ兄弟でも、異母兄弟である基房との関係と、同母兄弟である兼実との関係では、かなり温度差があったことがわかるだろう。

次に慈円（道快）については、右にみたように一〇歳のときに父を亡くしており、早い段階から六歳年上の兼実が父代わりになっていたようである。仁安二年（一一六七）一〇月一五日、覚快《かっかい》法親王の弟子として覚快の白川房で出家し、道快と名乗るのだが、『玉葉』同日条によれば、かれの出家の儀式に参加した兄弟は兼実のみであった。また、この三年後の嘉応二年一二月三〇日、道快は師である覚快の公家御祈《こうかおいのり》の賞として法眼《ほうげん》に叙され、初めて僧位を得たが、これについて兼実は「自分が申請したので任じられたものである」と述べている（『玉葉』）。兼実は慈円が仏門に入った当初から、後ろ盾となってサポートしていたのである。

『玉葉』をみると、兼実はこのあとも道快の昇進や門跡継承などを働きかけていることがたびたび確認される。そのなかでも、ここでは、基房との対応の違いがうかがえるものとして、治承二年の法性寺座主への就任について取り上げたい。

この前年四月に起こった延暦寺大衆《だいしゅ》の強訴《ごうそ》に反発した後白河《ごしらかわ》院は五月二一日、その首謀者として天台座主明雲《みょううん》を伊豆に流罪に処した。これに伴って道快の師である覚快が天台座主に任じられたため、それまで覚快が帯していた法性寺座主の後任人事が問題になった。すると、兼実は道快の座主補任《ぶにん》に向けて積極的に動いている。『玉葉』治承二年閏六月二八日条によれば、兼実は後白河院に再三奏聞《そうもん》し、関白基房に申し上げるとともに、師の覚快にも何度も書状を送ったという。そして、この結果、道快の法性寺座主就任は、覚快の座主就任から一年にしてようやく実現したのである。

だが、ここに至るまで、これに関する基房の対応はずっと消極的なものだったようである。『玉葉』安元三年六月一五日条によれば、基房は道快が適任といいながら、「世間が落ち着いたあとに沙汰する」というばかりで、自分で動こうとはしなかった。こうした態度にしびれを切らした兼実は、当時の最高実力者であった「入道相国《しょうこく》」平清盛《きよもり》にも使者を送り、法性寺座主のことを申し入れていたのである。

このように、兼実が弟たちの昇進を熱心に働きかけていたのに対し、異母兄である基房は、ほとんどかれらの昇進に関与せず、兼房のときには、いやがってさえいた。このことからは、同じ兄弟といっても、異母兄弟と同母兄弟では関係性が大きく異なることがうかがえるだろう。兼実は、単なる忠通の三男ではなく、加賀局を母とする同母兄弟の長男だったのである。このことは、兼実が摂関に就任し、やがて九条流を興していくことの背景としても、もう少し評価されてよいように思われる。

三　兼実政権と兼房・慈円

文治二年（一一八六）三月一二日、兼実は摂政に任じられた。といっても、しばらくは政治の実権は後白河院のもとにあり、兼実は「無権の執政《しっせい》」と歎くばかりであったが（『玉葉』建久二年一一月五日条）、建久三年三月一三日、後白河院が死去したことにより、改めて兼実政権が本格的に始動する（樋口二〇一八）。

こうしたなか、建久元年七月一七日、兼房は内大臣《ないだいじん》となり、さらに翌年三月二八日、内大臣から太政大臣に昇進した。兼房について、兼実は「才漢《さいかん》無く、労積《ろうせき》無し」と記して器ではないと批判しているが、かれの太政大臣昇進については「自分が推挙したのだ」と認めている（『玉葉』）。一方、慈円については、兼実の摂政就任とともに摂関家の寺院である法成寺・平等院の執印《しついん》に任じられた（『玉葉』文治二年八月一五日・文治三年五月二四日条。なお、慈円は養和元年〈一一八一〉一一月六日、法印昇叙とともに道快から慈円に改名している）。そして、兼実政権がスタートすると、建久三年一一月二九日、天台座主に任じられた。兼実は弟を優遇しているとの批判をかわすため、三大臣に諮問をおこなってから座主の人事を決定しているが、最高権力者となった兼実の意向が働いていないという方がむしろ不自然であろう。

では、弟たちは兼実の政権運営にどのような役割を果たしたのだろう。まず、兼房については、太政大臣昇進以前ではあるが、文治五年一〇月二八日には春日社行幸の上卿《しょうけい》、翌文治六年正月一日には正月節会の内弁《ないべん》、建久元年八月一四日には伊勢公卿勅使発遣の上卿といったように、重要な所役を任されている。兼房は散位《さんに》の時期が長く「籠居の人」といわれていたから（『玉葉』寿永二年一一月一九日条）、『玉葉』にはみえないものの、おそらく兼実が作法を指導したのであろう。

太政大臣になると、こうした所役を勤めることはなくなるが、建久二年四月二四日、太政大臣に任官した兼房が、拝賀のために兼実邸を訪れたことについて、兼実は延久二年（一〇七一）三月、藤原教通《のりみち》が太政大臣任官拝賀で、宇治の兄頼通《よりみち》邸を訪れた先例に重ね、「我が家の余慶」だと誇っている（『玉葉』）。兼房が太政大臣に任官したことで、兼実は先祖である頼通の先例を追うことができたのである。

一方、慈円については、兼実が摂政になってからも、また政権を主導するようになってからも、政治に関与するようなことはみられず、ただ祈禱や修法を命じられるばかりであったようである。とはいえ、かつて白河院が延暦寺の僧侶たち（山法師）を「天下三不如意」の一つに数えたように、当時、延暦寺はたびたび強訴をおこなって政権にも脅威を与える存在であった。したがって、その幹部たる慈円の存在は延暦寺を統制するためにも重要なものであったに違いない。慈円が天台座主になったのち、兼実は山門が慈円に「一向帰服」していることは間違いないと記している（『玉葉』建久四年四月八日条）。こうした慈円を通し、兼実は延暦寺を抑え、時には味方に付けようとしていたと考えられるのである。

四　兼実の兄弟関係からみた建久七年の政変

建久七年一一月二五日、兼実は関白を解任されて失脚した。この政変の原因に関しては、一般的には源通親を筆頭とする後白河院旧臣勢力との対立や、源頼朝《よりとも》娘大姫《おおひめ》の入内をめぐる頼朝との関係悪化があったと考えられている。だが、ここまでみてきた同母兄弟との関係からみると、興味深い事実に気づかされる。建久七年の政変については、兼実の家司であった藤原長兼《ながかね》の日記『三長記《さんちょうき》』にくわしいのだが、これには政変直前の一一月一九日から当日の二五日まで、次のように「座主房領」の問題と、兼房の子息兼良《かねよし》の昇進問題が記載されているのである。

この頃、五位蔵人でもあった長兼は一九日、兼実に召され、「座主房領」の件について奏上を命じられた。二〇日、参内して後鳥羽《ごとば》天皇にこの件を奏上すると、天皇からは宣下すべしとの命があった。この後、兼房に呼ばれ、その邸に参ると、兼房からは兼良の二位昇叙について要望があった。そこで、兼実邸に参上して、「座主房領」の件についての勅答と、兼房の要望を伝えた。二一日、参内し、天皇に兼良の二位昇叙について申し上げたが、天皇からは何の仰せもなかった。そして二五日、兼房邸に参り、勅答の内容を伝えたのだが、すでにこの時、長兼は兼実の失脚を知らされていたのである。

このうち「座主房領」の件についてはくわしい内容はわからないが、慈円の管下の荘園をめぐり何らかのトラブルがあったことがうかがえる。同月初めには、兼実が慈円を四天王寺別当《してんのうじべっとう》に任じようとして、反発した園城寺衆徒《おんじょうじしゅと》が訴訟を起こしており、このこととの関係も疑われる（『三長記』一一月二日条、『寺門高僧記』六）。一方、兼良の二位昇叙については、結局認められなかったのだが、二位中将の先例のほとんどが摂関の子息であることから考えれば、これも兼房によるゴリ押しと捉えられても仕方あるまい。

兼実の同母兄弟と建久七年の政変との関係としては、すでに兼実が兼房や慈円を厚遇し、太政大臣や天台座主といった重職に就けたことが反発を呼び、兼実失脚の一因となったとの指摘がある（遠城一九九四）。だが、右の事実から考えれば、それとは反対に、慈円をめぐる山門内での対立や、兼実の存在を笠に着た兼房の行動が、兼実の足を引っ張った側面もあるのではないだろうか。実際、『三長記』一一月一九日条は「座主房領」問題について「人々が非難することが、すでに露顕したのではないか。天が良弼《りょうひつ》（よい補佐の臣下）を滅ぼすのではないか」と記しており、この問題が兼実失脚への引き金になった可能性がある。

こうした政変直前の動きは、兼実政権の問題を物語っているように思われる。兼実と同母弟は強く結びついていたが、それゆえにこそ、弟たちの問題が兼実政権のネックにもなったと考えられるのである。

おわりに

以上、ここでは加賀局を母とする摂関家の同母兄弟についてみてきたが、かれらが同じ兄弟のなかでも独自に結集の核となる仏堂をもち、政治的にも昇進をサポートするなど、異母兄弟たちとは異なる独自の強い結びつきをもっていたことが明らかになった。

加賀局を母とする同母兄弟たちが、ほかの兄弟たちより独自で強固な関係を構築することができた最大の理由は、兼実の早い出世にあるだろう。兼実は母が死んだとき、わずか八歳に過ぎなかった。だが、母の死から四ヵ月後の久寿二年六月二一日、長兄基実の猶子とされると(『兵範記』)、永暦元年(一一六〇)、わずか一二歳で公卿となり、仁安元年、一八歳で右大臣となった。それゆえ、かれは若くして年少の弟たちの面倒をみることができたのである。

寿永二年、兼実は兼房の昇進を働きかけるにあたって「これは兼房のためではなく、先閤《せんこう》(忠通)の遺徳に報いるためである」と述べていた(『玉葉』正月二三日条)。忠通は寵愛する加賀局の子のために、意図的にその長男兼実を基実の猶子に設定してスピード昇進させ、弟たちの後ろ盾となるようにした。だからこそ、兼実は忠通の遺徳に報いるためとして、弟たちの面倒をみたのではないだろうか。これが正しいとすれば、忠通が晩年に生まれた子どもたちのために取った処置こそが、やがて兼実が摂関となり、九条流を形成する契機になったといえるかもしれない。

〈参考文献〉
遠城悦子「建久七年の九条兼実「関白辞職」」(『法政史学』四六、一九九四年)
佐藤健治「平安期の氏寺と御願寺」(『中世権門の成立と家政』吉川弘文館、二〇〇〇年)

樋口健太郎「院政期摂関家における大殿について」（『中世摂関家の家と権力』校倉書房、二〇一一年。初出二〇〇二年）
樋口健太郎『九条兼実―貴族がみた『平家物語』と内乱の時代―』（戎光祥出版、二〇一八年）
服藤早苗「摂関期における「氏」・「家」―『小右記』にみられる実資を中心として―」（『家成立史の研究』校倉書房、一九九一年。初出一九八七年）
正木有美「摂津国輪田荘の成立過程と内部構造」（『ヒストリア』二〇五、二〇〇七年）

北条政子・義時

――鎌倉幕府の礎を築いた姉弟――

山本みなみ

はじめに

中世女性史研究では、中世女性の地位・役割を考察するとき、娘・妻・母・後家それぞれの立場を家族・社会のなかに位置づけてきた。鎌倉時代の女性のなかでもっとも著名な北条政子《ほうじょうまさこ》についても、将軍の妻として、母として評価されることが多いが、姉としての政子は語られてこなかった。

そこで本稿では、政子と義時《よしとき》という姉と弟のきょうだい関係の実態を明らかにし、それぞれの役割について論じたい。

一　源頼朝・頼家の時代

1　北条氏の台頭

政子・義時は、伊豆国田方《たがた》郡北条の地に生まれた。父に伊豆の在庁官人である北条時政《ときまさ》、母に伊東《いとう》氏の娘をもつ同母姉弟と考えられ、義時は政子の六歳年下にあたる。

周知の通り、この姉弟が歴史の表舞台へと姿を現す契機は、源頼朝《よりとも》との出会いである。政子は、伊豆に流された頼朝と婚姻し、治承四年（一一八〇）一〇月、鎌倉に入ると、将軍御台所としての立場を得た。ここから、北条氏は、将軍の外戚であることを権力のよりどころとして台頭する。

翌養和元年（一一八一）四月には、義時が頼朝の近辺に伺候し、寝所を警固する一一名のうちの一人に選ばれている。『吾妻鏡《あずまかがみ》』によれば、選出の条件は、弓矢の上手で、頼朝の信頼を得ている者であった。ここで義時は、一一名の筆頭に名を連ねている。このことは、義時がとりわけ頼朝から目をかけられていたことをうかがわせるが、本人の器量もさることながら、御台所政子の弟であることが、選出理由として重要であったと考えられる。

また、建久三年（一一九二）には、頼朝の仲介で義時と比企朝宗《ひきともむね》の娘である姫の前の婚姻が成立している。頼朝は伊豆で二〇年に及ぶ流人生活を送ったが、その間、頼朝を支援していたのが、乳母をつとめる比企尼の一族であった。朝宗は比企尼の親類と考えられる。

『吾妻鏡』によれば、姫の前を見初めた義時は、一、二年もの間、艶書を送り続けたが、相手にされず、頼朝が義時に絶対に離別しない旨を誓う起請文を書かせて姫の前に渡し、婚姻に至ったという。

頼朝が義時の婚姻に関与したことは、重要な政治的意義をもつ。頼朝がもっとも頼りとしていたのは、流人時代を支えてくれた妻方の北条氏と乳母の比企氏であった。したがって、頼朝は、両氏の連携による幕府運営を期待していたと考えられる。頼朝が比企の娘と北条の息子の仲を取りもった背景には、両氏の結びつきを強固にする狙いがあったとみてよい。

加えて、頼朝は、義時に北条氏と比企氏をつなぐ架け橋としての役割を期待した可能性がある。頼朝が義時を信頼していたことは、寝所の警固に選ばれたことなどからも察せられるが、この婚姻こそ、義時への期待を顕著に示すものである。比企氏と北条氏を源氏将軍家の基盤として重視する頼朝は、御台所政子の弟である義時に、次世代の幕府を支える中心的な人物として期待を寄せていたと考えられる。

2　頼家政権の開始

建久一〇年正月、頼朝が急死すると、息子の頼家《よりいえ》が将軍となった。このとき、若き将軍を支えるため、草創期より幕府を支えてきた宿老一三名が選ばれている。これは、頼家が直に訴えを聴いて裁くことをやめ、一三名のうちの数名が合議し、頼家に最終的な判断を仰ぐという体制であった。一三名の顔触れは、大江広元《おおえのひろもと》ら文士四名と、北条時政・義時、比企能員《よしかず》ら武士九名であるが、『吾妻鏡』には、選出の経緯は明記されない。ただし、北条氏のみが親子で入っていること、また五、六十代の宿老たちのなかに一人だけ三七歳の義時が選ばれていることから、政子の関与がうかがわれる。

頼朝の死後、政子は出家し、後家となっていた。後家は夫の遺産を管理・領有し、子女に分配する役割を担う存在であり、次の家長への中継ぎとして亡き夫のもつ家長権を代行し、子どもたちを監督する権限をもつ。したがって、政子は、亡き夫頼朝の代行者として源氏将軍家の家長となり、頼朝の後家で将軍の母という立場から、幕府政治にも関与することができたと考えられる。

一三名の選出については、後家の政子が父時政と相談のうえ、有力御家人たちと弟義時を選び、頼家が訴訟を裁決する際の助けとしたのではないだろうか。

3　頼家の失脚と比企氏との対立

建仁三年（一二〇三）八月、将軍頼家が病に倒れると、次期将軍の問題が急浮上し、頼家の弟千幡《せんまん》（実朝）を推す北条氏と頼家の息子一幡《いちまん》を推す比企氏の対立は決定的となった。『吾妻鏡』によれば、北条氏は、比企能員が時政追討の謀反を企んだことを理由に、能員とその一族を滅ぼし、一幡をも殺めたという。いわゆる比企氏の乱である。しかし、天台座主慈円《じえん》の著した歴史書『愚管抄《ぐかんしょう》』に従えば、その実態は、一幡の擁立により権勢を増すと考えられる比企氏の存在を恐れた北条氏の軍事クーデターにほかならない。

重要なのは、政子が比企氏の追討を命令し、北条氏が勝利を収めている点である。『吾妻鏡』は、政子の命令により、北条義時・泰時《やすとき》、平《ひら》賀《が》朝雅《ともまさ》らが、比企氏の立て籠もる小御所を攻めたと記す。

これに従えば、頼朝の後家政子による公的な動員命令によって、北条氏は比企氏を攻め滅ぼしたことになる。政子の介入は、北条氏の行動に正当性を付与したといえよう。戦場では、政子の後家の力を背景に、大将軍をつとめる義時が現場の指揮をとったと考えられる。

4　父時政との決別

政子・義時姉弟の政治的な画期は、父時政の隠退である。比企氏滅亡後、時政は幼い実朝《さねとも》を擁立すると、執権（将軍の後見）として政治の主導権を握った。しかし、元久二年（一二〇五）閏七月一九日、実朝の廃位および、娘婿である平賀朝雅擁立の陰謀が露見し、隠退を余儀なくされる。

『吾妻鏡』によれば、政子の水際立った号令のもと、多くの御家人が時政邸に派遣され、実朝を守護して義時邸に送ったという。ただし、『愚管抄』は、実朝の身を案じ、慌てふためいた政子が三浦義村《みうらよしむら》に助けを求めたため、義村が実朝を義時邸に移し、武士を召集したとする。陰謀の報に接して動揺を隠せなかった政子の姿を描く『愚管抄』の方が史実に近いだろう。父時政の陰謀が発覚したものの、親権が絶対の中世において、実父を追放することは、不孝の誹りを免れない。そこで、政子は、『愚管抄』にみえるように、将軍実朝の命令という体裁をとることで、御家人たちからの信望を失うことを避けたと考えられる。

また、義時邸に実朝の身柄を移すことで、実朝の後見役が義時に移ったことを示したと考えられる。時政が伊豆に隠退した日の『吾妻鏡』は、義時が時政の跡を継ぎ、次の執権に就任したと記すが、これは『吾妻鏡』の編纂された鎌倉時代後期の認識である。義時の政所別当《まんどころべっとう》（執権就任への前提条件）への就任は、承元三年（一二〇九）一二月の政所下文で初めて確認できる。したがって、義時は時政隠退後すぐに執権に就任したわけではない。それでも義時が後見役として認められたのは、後家政子の意向である。義時は、将軍実朝の外戚で、後家政子の弟であることから政治を主導し、並行して制度的な裏づけを得る方針をとったといえよう。

二　源実朝の時代

1　政子・義時の二頭政治

時政隠退後の鎌倉について、『愚管抄』は、しっかりと実朝の時代となり、政子・義時姉弟が幕府を運営していくことになったと記している。まだ一四歳の実朝には、この姉弟の補佐が必要であったと考えられる。

時政の隠退後、政子・義時が最初に取り組んだのは、朝雅擁立未遂事件の後処理である。元久二年八月、宇都宮頼綱《うつのみやよりつな》の謀反が発覚し、頼綱が一族郎等などを率いて鎌倉を襲撃するとの風聞が伝わっている。頼綱は時政と牧の方夫妻の娘婿であったため、牧氏勢力の残党として、北条氏に歯向かう可能性があった。『吾妻鏡』によれば、義時は政子の邸宅に、大江広元や安達景盛《あだちかげもり》を集めて評議し、事態は終息をみたという。

時政・牧の方夫妻との一件は、北条一族の内部対立の側面も有したため、族長となった義時は一族の結束を促す意味でも、強硬な態度をとったと考えられるが、重要なのは、義時たちが政子の邸宅で評議をおこなっている点である。頼朝の後家政子が関与することによって、義時側が正当性を帯び、北条氏対宇都宮氏という私戦は、幕府軍による宇都宮氏追討にすり替わったといえよう。ここに、義時がほかの御家人とは一線を画し、幕府内に揺るぎない立場を得ることができた理由の一つがあると考える。

2　病弱な実朝

わずか一二歳で将軍となった実朝も、承元三年には一八歳を迎え、統治者としての自覚が芽生えるとともに、幕政を主導しうる年齢に成長していた。

ただし、実朝には病弱なところがあった。承元二年二月には、疱瘡（天然痘）に罹患し、生死を彷徨っている。一ヵ月ほどで快復はしたものの、疱瘡罹患は実朝に暗い影を落とした。『吾妻鏡』によれば、承元二年二月より建暦元年（一二一一）二月までおよそ三年ものあいだ、鶴岡八幡宮などへの公的な参詣を控えている。これは、実朝が疱瘡の跡を憚ったためという。顔面に傷痕が残ったのであろうか。

この間、奉幣使《ほうへいし》を務めたのは、義時や大江広元・親広《ちかひろ》父子であった。彼らが将軍の代理として参詣することで、将軍が寺社に参詣できないという特殊な状況を乗り切ったといえよう。

やはり、祭祀権を行使できない病弱な実朝に対し、義時は不安を禁じえなかったようである。承元三年一一月、実朝が弓馬への関心を棄ててしまうことを危惧した義時は切的《きりまと》を用いた競技と酒宴を開催し、実朝の御前で「武芸に励み、朝廷を警護することは、幕府が長く続いていくための基礎である」と述べ、鎌倉幕府の存在意義を説いている。義時は、実朝が武芸への関心をも失えば、御家人たちの信望を失いかねないと考え、幕府運営の安定に心を砕いているのである。

政子も実朝の体調を心配していた。実朝の疱瘡罹患から八ヵ月後の承元二年一〇月には、弟の時房《ときふさ》を連れて熊野詣に出発している。『吾妻鏡』はその理由を明記しないが、時期的に考えて、実朝の平癒祈願とみるのが妥当であろう。また、鎌倉の寿福寺に伝わる銅造薬師如来坐像は、建暦元年に鶴岡神宮寺に祀られた政子発願の銅造薬師三尊像の中尊にあたると推定されている。政子が実朝の病気平癒を祈って造像させたものとみてよい。

義時は実朝の後見役として、政子は母親として、それぞれの立場から実朝を支えていたのである。

三　尼将軍の時代

1　実朝の死と将軍下向の交渉

建保七年（一二一九）正月、実朝が甥の公暁《こうぎょう》の刃に倒れ、源氏将軍は途絶えた。この実朝の死を契機として、政子は政治の表舞台に登場するようになる。実朝が亡くなった日、政子は公暁一党を糾弾するよう御家人たちに命じ、翌月には、京に使者を発して後鳥羽院の皇子である六条宮《ろくじょうのみや》、または冷泉宮《れいぜいのみや》の下向を要請している。

さらに、阿野時元《あのときもと》による謀反の動きの情報を得ると、すぐに鎮圧を指示し、義時が家人の金窪行親《かなくぼゆきちか》らを駿河国に派遣して、時元の誅殺を命じている。

政子から皇子下向の要請を受けた朝廷では、卿二位藤原兼子《けんし》が冷泉宮下向の実現に向けて動いたが、後鳥羽院の了承を得ることができず、交渉は難航した。

後鳥羽院は使者として藤原忠綱《ただつな》を遣わしてきた。忠綱は、まず政子、次いで義時のもとを訪ね、実朝急逝を弔うと同時に、摂津国長柄《ながえ》・倉橋荘の地頭職を改補するよう命じてきた。これは、幕府の要人が政子・義時姉弟であったことをうかがわせるが、御家人の所領保護を大原則とする幕府がこのような要求を受け入れられるはずもなく、後鳥羽院の要求を拒否するとともに、再び将軍の下向を求めている。この結果、後鳥羽院は、摂関家の子弟の下向をしぶしぶ認め、最終的に、九条道家《くじょうみちいえ》の息子三寅《みとら》（のちの四代将軍九条頼経《よりつね》）の下向が決まった。

2　尼将軍政子の誕生と演説

同年七月一九日、三寅は鎌倉に到着すると、大倉の義時邸に入り、政所始めの儀式が執りおこなわれた。三寅はこれ以降、義時邸を居所としており、義時が後見役を務めていることがわかる。

当然、わずか二歳の三寅が政治を主導できるはずもなく、『吾妻鏡』によれば、幼少のあいだは、政子自らが幕政を主導することに決めたという。いわゆる尼将軍の誕生である。

承久三年（一二二一）五月には、承久の乱が勃発するが、このとき後鳥羽院挙兵の報せに接した政子が、御家人たちを集めて演説し、結束を促したことは有名である。

この演説については、『六代勝事記《ろくだいしょうじき》』を第一とし、これに『承久記』を併せて、おおよその演説の内容を知りうる。『六代勝事記』と慈光寺本『承久記』が、政子自らの演説と記すのに対し、『吾妻鏡』では、政子は簾中に控え、安達景盛を通して詞《ことば》を伝えたとする。また、軍記物語である慈光寺本『承久記』は、演説の冒頭で、大姫・頼朝・頼家・実朝に先立たれた不幸な身の上を嘆き、さらに弟の義時までも失えば、五度の悲しみを味わうことになるとして、武士たちの同情を引き、そののちに源氏将軍の恩を説いている。

『吾妻鏡』によれば、政子の演説後、義時の邸宅には、北条時房や大江広元らが集まり、軍議が開かれた。足柄・箱根の関で京方を迎え撃つ作戦とすぐに兵を集め上洛する作戦の二案が出されたが、ここで義時は結論を急がず、政子に相談している。政子は上洛しなければ官軍を破ることはできないとして、後者の主張を支持した。最終決定権は、実質的な将軍である政子にあり、義時がこれを補佐していたといえよう。

3　承久の乱の戦後処理

承久の乱の戦後処理は、政子・義時姉弟主導のもと、粛々とおこなわれた。仲恭《ちゅうきょう》天皇の廃位や後鳥羽院の配流のほか、京方の主力となった公卿たちについては、六波羅に引き渡されたのち、それぞれの身柄を御家人が預かり、斬首に処せられた。

このうち、慈光寺本『承久記』によれば、京方についた貴族の坊門忠信《ぼうもんただのぶ》は、千葉胤綱《ちばたねつな》がその身柄を預かっていたが、妹の西八条禅尼《にしはちじょうぜんに》（本覚尼《ほんがくに》とも、実朝の御台所）が忠信の助命を政子に嘆願したため、死刑を免れている。これは京方の公卿たちを処刑するか否かの権限を政子が握っていたことを示している。

また、処罰と同時に、京方についた貴族・武士たちの所領没収も進められ、新しく地頭が設置された。『吾妻鏡』によれば、三〇〇〇以上の所領に地頭を配することになり、誰をどこに割り当てるかは、政子がその勲功の度合いに従って指示し、執権の義時が具体的な差配をおこなったという。ここでも尼将軍政子を義時が補佐している。

4　義時の死と執権職の継承

承久の乱から三年後の貞応三年（一二二四）六月一三日、政子の片腕として政治的手腕を振るってきた弟の義時が六二年の生涯を終えた。

その死因については毒殺や他殺など諸説あるが、かつて拙稿で検討した通り、『吾妻鏡』の記す病死が妥当であると考える。

義時の死から五日後、鎌倉では葬礼が執りおこなわれた。『吾妻鏡』によれば、義時の子息たち（在京中の泰時を除く）や三浦泰村《やすむら》が参列し、源頼朝の墓所である法華堂の東の山上に墳墓が築かれたという。ここで注目すべきは、葬礼のいっさいを取り仕切るよう陰陽師に命じていることである。『吾妻鏡』には明記されないが、陰陽師に命じたのは、尼将軍政子をおいてほかにいないだろう。政子は、北条氏の「家」で執行されるべき葬礼・仏事を、幕府による沙汰という形で掌握し、義時の葬礼を公的な幕府行事に昇華させたのではないだろうか。

八月八日には、義時の法華堂の完成供養がおこなわれた。政子には、幕府創始者である頼朝の隣に義時の法華堂を建立することで、義時を権威化し、北条氏を別格の存在として位置づける意図があったと考えられる。

5　義時の後継者をめぐる争い

義時の死は、幕政にも大きな影響を及ぼした。『吾妻鏡』や『保暦間記《ほうりやくかんき》』によれば、義時がこの世を去ったとき、義時の長男泰時と弟の時房は在京していたが、訃報に接すると、まず時房が鎌倉に入って安全を確認し、翌日に泰時も鎌倉に入ったという。おそらく義時の死後、鎌倉は不穏な状況にあり、泰時は慎重に行動せざるをえなかったのであろう。

政子は、鎌倉に戻った泰時・時房に対し、将軍の後見役として、武家のことを執行するよう命じた。かくして執権職は泰時・時房に継承された。

しかし、鎌倉にはなおも不穏な空気が漂っていた。義時の死後、後妻の伊賀の方とその弟光宗《みつむね》は泰時の執権職就任に憤り、娘婿の一条実雅《いちじようさねまさ》を将軍に擁立し、義時と伊賀の方の息子である北条政村《まさむら》を執権として、幕政の実権を握ろうと企んでいた。光宗が三浦義村（政村の烏帽子親）や伊賀の方のもとを頻繁に訪れるなど、不審な動きをみせるなか、政子は三浦義村宅に赴き、ことを起こさぬよう釘を刺して、泰時への忠誠を誓わせている。

さらに、政子は有力御家人たちに対しても、自身が頼朝の権威を代行する存在であることを説いたうえで、結束してことに当たるよう命じている。その後、光宗らが一条実雅を将軍に擁立する策謀が露見したとして、その処罰を話し合い、伊賀の方と光宗を流罪に処した。

伊賀氏事件は、政治家政子にとって、泰時政権への道を拓き、北条氏の地位を安定に導くための最後の攻防であったといえよう。翌嘉禄元年（一二二五）七月、政子もその生涯を終えた。享年六九。

おわりに

本稿では、姉政子と弟義時のきょうだいの関係の実態を考察した。両者の関係を表すならば、政治的パートナーが適切である。頼朝の御台所、そして後家である政子の権威を背景に、弟の義時は実務に徹し、政争に身を投じて、北条氏の権力を伸長しながら、鎌倉幕府を守り抜いたといえよう。

両者が政治的パートナーの関係にあったことは、同時代の評価からもうかがうことができる。すなわち、政子と義時は、その死後、神功皇后《じんぐう》と武内宿禰《たけのうちのすくね》の再誕とされた。『古事記』『日本書紀』などによれば、武内宿禰は、数代の主君に仕えたのち、以前の主君の妻である偉大な女性神功皇后とともに、政権の本拠地から離れた地で誕生した幼い新主君を支え、その初政を乱す戦乱を平定したという。したがって、源氏将軍に仕えたのち、頼朝の妻である政子とともに、遠く京都で誕生した幼い三寅を支え、承久の乱を平定した義時に準《なぞら》えることができる。

また、『愚管抄』巻一の神功皇后条は、応神《おうじん》天皇を生み、武内宿禰を応神の「後見」とし、武内が応神の兄の起こした乱を平定したと記す。これも、政子が義時を三寅の後見＝執権とし、義時が政子を奉じて承久の乱を平定したのと通じる。

鎌倉時代の人々が、政子・義時を主君の妻である神功皇后とその忠臣である武内宿禰に準えて神格化したように、この二人はきょうだいの関係にありながら、政治的パートナーの関係にもあったと捉えることができる。

政子・義時が、頼朝の血を引く実朝を守り、武家政権を安定的に運営するという共通認識を有したことは、鎌倉幕府の礎を築くうえで重要であった。この姉弟が対立することなく、幕政を主導したからこそ、源氏将軍の断絶と承久の乱という未曽有の危機を乗り越えることができたと考える。

〈参考文献〉

飯沼賢司「後家の力」（峰岸純夫編『中世を考える　家族と女性』吉川弘文館、一九九二年）
岡田清一『北条義時』（ミネルヴァ日本評伝選、ミネルヴァ書房、二〇一九年）
奥健夫「寿福寺銅造薬師如来像（鶴岡八幡宮伝来）について」（『三浦古文化』三、一九九三年）
関幸彦『北条政子』（ミネルヴァ日本評伝選、ミネルヴァ書房、二〇〇四年）
野村育世『北条政子―尼将軍の時代―』（吉川弘文館、二〇〇〇年）
平田俊春「吾妻鏡と六代勝事記との関係」（『平家物語の批判的研究　下巻』国書刊行会、一九九〇年、初出一九三九年）
藤本頼人「源頼家像の再検討」（『鎌倉遺文研究』三三、二〇一四年）
細川重男「右京兆員外大尹」（『鎌倉北条氏の神話と歴史』日本史史料研究会、二〇〇七年、初出二〇〇一年）
元木泰雄「源頼朝」（野口実編『中世の人物　京・鎌倉の時代編第二巻　治承～文治の内乱と鎌倉幕府の成立』清文堂出版、二〇一四年）
山本みなみ「北条義時の死と前後の政情」（『鎌倉市教育委員会文化財部調査研究紀要』二、二〇二〇年）

南北朝～室町期武家の兄弟惣領

田中大喜

はじめに

南北朝期の武士の家では、惣領（家督）とその「特別な舎弟」が一族に対する裁判権や軍事指揮権などの惣領権を共有し、彼らを中核とする構造を形成した。かつて筆者は、このように惣領権を共有する兄弟を「兄弟惣領」と概念化し、その実態と出現の背景、そして克服の試みについて論じた（田中二〇〇五）。

兄弟惣領については、幸いにも好意的に受け止められたようであり、この概念を用いた研究を目にするようになった。また、筆者の研究を批判的に継承する研究も現れ、兄弟惣領に関する議論は深められつつある（呉座二〇一〇・二〇一二、植田二〇一六）。

そこで本章では、近年の兄弟惣領に関する議論を踏まえながら、その実態を改めて検討する。これにより、南北朝～室町期における武士の兄弟関係と家のあり方について追究してみたい。

一　南北朝の戦争と兄弟惣領

兄弟惣領は戦時においてもっとも顕著に観察できる。そこで本章では、南北朝の戦争を素材にして兄弟惣領の実態について考察する。

南北朝の戦争は、中央（畿内）での戦争と地方での戦争とが連動しながら、同時多発的に起きた。そのため武士たちは、一族で戦争を分業することでこの事態に対処したが、その中心となったのが兄弟惣領だった。まずは、奥州相《そう》馬《ま》氏の場合をみてみよう。

建武二年（一三三五）一一月、足利尊氏《あしかがたかうじ》・直義《ただよし》が鎌倉において建武政権に反旗を翻すと、相馬親胤《ちかたね》が吉良貞家《きらさだいえ》の配下に入って箱根坂水呑《みずのみ》での合戦に加わり（「相馬文書」観応三年〈一三五二〉一一月二一日付吉良貞家挙状、『南北朝遺文東北編』〈以下『南東』と略称〉一一九三号）、そのまま尊氏・直義に従って西上の途についた。親胤は、箱根での合戦の前におこなわれた下総国千葉城での合戦にも貞家の配下として加わっていることから（『南東』一一九三号）、同年八月に尊氏が北条時行《ほうじょうときゆき》を追討するべく京都から鎌倉へ下向した際、本領の陸奥国行方《なめかた》郡小高《おだか》から鎌倉へ参陣したとみられる。親胤が出陣している間、小高には親父の重胤《しげたね》と舎弟の光胤《みつたね》が残ったが、尊氏と直義の上洛に伴い斯波家長《しばいえなが》が陸奥国から鎌倉に入ると、重胤がこれに従った（「相馬文書」建武三年三月三日付相馬光胤着到状、『南東』二一四号）。重胤は小高を離れるにあたり、「屋形に城郭を構え」て光胤に守らせるという措置をとっている（「相馬岡田文書」〈年月日欠〉相馬竹鶴丸申状、『南東』三一一号）。

奥州相馬氏は、重胤・親胤・光胤の三者が一族を率いて鎌倉・畿内・本領に分散し、それぞれの戦争に従事するという分業体制をとったことが確認できるわけだが、本領の留守を預かるという重要な任務を担った光胤は、親胤の「特別な舎弟」とみられる。実際、重胤は鎌倉へ出陣するに際し、所領を親胤と光胤に分割して譲与し、子どもがいなければ互いにその跡所領を知行するように命じているが（「相馬文書」建武二年一一月二〇日付相馬重胤譲状、『南東』一八二号・一八四号）、これは兄弟惣領に特徴的な相続の仕方である。親胤・光胤兄弟は、兄弟惣領としてそれぞれ畿内と本領での戦争に従事し、奥州相馬氏の軍事活動の中心を担ったのである。

なお、上洛した親胤に代わって重胤が鎌倉に入ったことから、親父が生存している場合は、彼も兄弟惣領と並んで武士団の軍事活動の中心を担った様子がうかがえる。重胤は鎌倉滞在中、小高を守っていた光胤に対し、敵方になった一族と七郡の御家人たちの調略や城内の兵粮米の調達を指示する一方、京都・鎌倉の戦況を伝えるなどしている（「相馬文書」建武三年二月一八日付相馬重胤定書、『南東』二〇九号）。

下野茂木《もてぎ》氏でも同様の事例を確認できる。次にこれをみてみよう。

建武三年一一月、下野茂木氏は本拠の茂木城が南朝方の攻撃を受けて落城するという事態に見舞われた（「茂木文書」建武三年一一月一九日付茂木知貞《ともさだ》代祐恵《ゆうけい》言上状、『南北朝遺文　関東編』〈以下『南関』と略称〉五八九号）。このとき惣領の茂木知貞は、下野国内の南朝方の重要拠点だった宇都宮を攻めるために出陣中であり（「茂木文書」建武三年一一月日付茂木知貞代祐恵軍忠状、『南関』五九六号）、代官の祐恵が本領の西茂木保の留守を預かっていた。茂木城を失った祐恵は、すぐに代替地を要請する一方（『南関』五九六号）、「近憐（隣）の人々の合力」を募って茂木城の奪還に成功している（『南関』五八九号）。惣領の不在中に本領の留守を預かり、それを失うと代替地を要請するとともに近隣の武士たちの合力を募るという、本領の危機管理に関する裁量権を祐恵が保持していた事実に鑑みると、彼をたんなる家人と見ることは躊躇される。藤井達也氏は、祐恵を知貞の「特別な舎弟」に類する存在と評価しているが（藤井二〇二二)、城郭に拠って本領の留守を預かるという祐恵の姿は、奥州相馬氏の光胤と同じであることからも、知貞の「特別な舎弟」であった可能性が高いと考えられる。したがって、下野茂木氏も知貞と祐恵という兄弟惣領が戦争を分業し、その軍事活動の中心にいた様子がうかがえよう。

祐恵は南朝方から攻撃を受け、落城の憂き目に遭ったものの、無事に生き延びることができた。一方、光胤も南朝方から攻撃を受けたが、不運にも戦死してしまった（「相馬文書」建武四年正月日付相馬松鶴丸着到状、『南東』二八一号）。当然のことながら、本領の留守を預かる以上、「特別な舎弟」は敵方の攻撃対象になるという危険に晒されたのであり、その任務を果たすことは決して容易ではなかった。

ところで、「特別な舎弟」は常に惣領と協調していたわけではなかった。すなわち、惣領と袂を分かち、敵対することもあったのである。たとえば、三入《みり》新荘系の安芸熊谷氏では、惣領の熊谷直勝《なおかつ》が足利方に与したの対し、「特別な舎弟」である蓮覚《れんかく》（直行《なおゆき》）は南朝方に与して矢野城に拠り、周辺の足利方の武士たちと合戦におよんでいる（「吉川文書」建武三年五月一〇日付吉川経朝《きっかわつねとも》軍忠状、『南北朝遺文　中国四国編』三五三号など）。この背景には、直勝との対立があったことは間違いなく、蓮覚に同調する一族も現れたはずである。したがって、「特別な舎弟」は惣領と対立した場合、家の分裂を招く危険性のある存在だったといえる。

広域的に展開する南北朝の戦争に対処するために兄弟惣領は必要とされたが、一方でそれは家を分裂させかねない危険性を抱えていた。兄弟惣領は、南北朝期の武士にとって「諸刃の剣」ともいうべき体制だったのである。

二　兄弟惣領の構造化

兄弟惣領の一方を担う「特別な舎弟」は、惣領の舎弟であれば誰でもなれたわけではなかった。すなわち、惣領とともに一族の中心を担う以上、惣領と同等の器量が求められたことは想像に難くないが、その前提として惣領と同父母の兄弟であることが必要とされたのである。

たとえば、下野茂木氏の場合、明阿《みようあ》（知貞）は子の知世《ともよ》と知久《ともひさ》に所領を分割して与え、知世に実子がなければ知久の子を養子として所領を譲与し、知世に実子ができれば知久の子を次男とすることを命じた（「茂木文書」文和二年〈一三五三〉六月一〇日付明阿譲状案、『南関』二四六〇号）。そしてそのうえで、知世・知久兄弟に対し、「一腹一姓兄弟」であるので互いに父子と思い合い、一体となって家を守るように命じている（「茂木文書」文和二年六月一〇日付明阿置文案、『南関』二四五九号）。この所領相続の仕方からみて、知久が知世の「特別な舎弟」であることは間違いないが、知世と知久は「一腹一姓兄弟」＝父母を同じくする兄弟であった事実が注目される。当然のことながら、「一腹一姓兄弟」は必ずしも二人とは限らず、むしろ複数いる場合の方が多かっただろう。したがって「特別な舎弟」とは、惣領の「一腹一姓兄弟」のなかから、惣領と同等の器量と認められた者が選ばれたと考えられるのである。

この点に関して植田真平氏は、「特別な舎弟」は「一腹」＝同母という条件を満たせば一人とも限らなかったと指摘している（植田二〇一六）。確かに、惣領と「一腹」の兄弟は異腹の兄弟と区別される存在であるから、その意味でいずれも「特別な舎弟」といえるかもしれない。しかしながら、惣領権を共有し、惣領のスペアとなる舎弟とは、惣領と「一腹」の兄弟のなかから器量によって選ばれた特別な存在であったはずであり、「特別な舎弟」とはそうした存在を表す概念として使用するべきと考える。

　さて、前章において、兄弟惣領という体制は家を分裂させかねない危険性を抱えていたことを指摘した。かつて筆者は、南北朝期の武士は被相続人（親権）による選定を前提としながらも、次第に一族庶子と被官の合意に基づいてて惣領を決定する傾向を強めることで、こうした危険性を抱える兄弟惣領を克服するようになることを論じた。しかし、呉座勇一氏が主に安芸沼田《ぬた》小早川《こばやかわ》氏を事例として具体的に示したように、実際には室町期に至っても「特別な舎弟」は存在しており（この点は筆者も前稿で留意していた）、同時に複数箇所で戦争が勃発すると、惣領と分業してこれに対応するなど、依然として惣領とともに一族の中心を担った（呉座二〇一〇）。つまり、南北朝期に惣領の決定手続きに変化が生じたことなどを受けて、惣領のあり方は変容したものの（田中二〇一四）、兄弟惣領という体制自体は存続したのである。

　これにより、当然のことながら、家を二分する抗争が起こることもあった。だが、興味深いことに、武士たちはこの抗争を鎮めると再び兄弟惣領を復活させている。呉座氏も指摘するように（呉座二〇一〇）、兄弟惣領には家の分裂という危険性を補って余りあるメリットがあったのであり、室町期以降、兄弟惣領は武士の家において構造化したといえよう。ただし、一四世紀後半以降、戦争自体はなくならないものの著しく減少したことを受けて、「特別な舎弟」の役割は相対的に低下したと考えられる。

　ところで、このように室町期以降も兄弟惣領が存続したとすれば、武士の家は常に分裂の危険性を抱えていたことになる。それでは、室町期以降の武士の家は、兄弟惣領の構造化が抱える分裂のリスクをいかにして抑えようとしたのだろうか。このことを考えるうえで、植田氏が挙げた次の事例が注目される。

　すなわち、常陸真壁《まかべ》氏の庶流である長岡《ながおか》氏では、道法《どうほう》（政光《まさみつ》）が妻の妙心《みょうしん》とその間にもうけた四男二女に対し、長男の幹政《もとまさ》に男子がなければ宣政が、次男の宣政《のぶまさ》に男子がなければ幹政が所領を知行すること、ただし「男女子皆一腹」であるので、妙心の存命中はその処置に従い、背く者についてはその所領を妙心が別の子孫に譲与するように遺命した（「真壁長岡古宇田文書」延元二年〈一三三七〉一一月日付尼妙心申状、『南関』七六七号）。ここから道法は、幹政と宣政を長岡氏の兄弟惣領に設定したことがわかる。ところが、幹政は道法死去の翌年にあたる元徳二年（一三三〇）に跡継ぎがいないまま亡くなってしまい、まもなくして内乱が勃発した。すると、宣政は延元二年（一三三七）に足利方に転じ（「真壁長岡古宇田文書」興国元年〈一三四〇〉七月日付妙幹申状案、『南関』一一三五号）、南朝方だった母妙心に敵対した。これを受けて妙心は、四男の妙幹《みょうかん》を宣政に代わる長岡氏の惣領に指名したのである。

この事例で注目されるのは、道法は妙心との間にもうけた子どもたちに結束を求めるにあたり、その拠りどころとしたのが「一腹」であること、すなわち彼らの親母である妙心をその結束の要としたという点である。つまり、「一腹」の兄弟は母権に服すことが求められたのであり、このことから親父亡きあとの武士の家では、兄弟惣領の親母（後家）が親権によってこれを統制することで、家の分裂を防ごうとした様子がうかがえよう。

しかしながら、この事例が端的に示すように、実際のところ親母と子は敵対することもあり、親母による統制には限界があったようである。これは、母権が早くに一門による規制を加えられるようになるなど（田中二〇〇四）、父権よりも弱かったという実態と関係があるように思われる。すると、兄弟惣領の統制には父権が必要とされたと考えられるわけだが、そこで想起されるのが父子二頭体制の出現である。

武士の家における父子二頭体制とは、親父が早くに惣領の地位を嫡子に譲与して隠居するものの、嫡子の後見として引き続き政務に関与し、この両者によって家が統率される体制のことである（山室一九九一）。父子二頭体制は戦国期に顕著に観察されるが、安芸吉川氏や安芸竹原《たけはら》小早川氏のように、一五世紀前半から確認できる事例もある（木村

一九九九、田中二〇二一）。その目的は、惣領の相続をめぐる争いを回避することにあったと思われるが、一五世紀の武士の家では兄弟惣領が構造化されていたことを踏まえると、さらに次のように考えることもできるだろう。すなわち、親父は早くに惣領の地位を嫡子に譲ることで、その相続をめぐる争いを回避するとともに、惣領とその「特別な舎弟」を後見＝統制することで家の分裂の危険性を抑えようとしたのではないか。父子二頭体制の出現とは、兄弟惣領を構造化した室町期の武士の家のあり方から要請されたものだったと考えられるのである。

おわりに

以上、本章では、近年の兄弟惣領に関する議論を踏まえながら、その実態を改めて検討した。その結果、かつて筆者が提示した兄弟惣領に関わる私見のうち、①兄弟惣領の一方を担う「特別な舎弟」の選ばれ方、②室町期以降の兄弟惣領のあり方について、修正を施した。すなわち、前者については、惣領と同父母の兄弟であることを前提に、惣領と同等の器量と認められた者が選ばれたことを指摘した。一方、後者については、室町期以降も兄弟惣領は存続し、武士の家において構造化したことを指摘した。そして、これにより室町期以降の武士の家は常に分裂の危険性を抱えたため、父子二頭体制を構築することでこれに対処したことを論じた。

本章では、室町期の武士の家における兄弟惣領の構造化を父子二頭体制の成立背景に措定したが、紙幅の都合もあり充分に論じられなかった。この点については別稿を期し、ひとまず擱筆したい。

〈参考文献〉

植田真平「「一腹兄弟」論」（佐藤博信編『中世東国の社会と文化　中世東国論7』岩田書院、二〇一六年）
木村信幸「国人領主吉川氏の権力編成」（『史学研究』二二五、一九九九年）
呉座勇一「室町期武家の一族分業」（阿部猛編『日本史史料研究会論文集1　中世政治史の研究』日本史史料研究会、二〇一〇年）
呉座勇一「南北朝～室町期の戦争と在地領主」（『日本中世の領主一揆』思文閣出版、二〇一四年、初出二〇一二年）
田中大喜「一門評定の展開と幕府裁判」（『中世武士団構造の研究』校倉書房、二〇一一年、初出二〇〇四年）
田中大喜「南北朝期武家の兄弟たち」（同右、初出二〇〇五年）
田中大喜「家督と惣領」（高橋秀樹編『生活と文化の歴史学四　婚姻と教育』竹林舎、二〇一四年）
田中大喜「中世武家の置文と譲状」（『国立歴史民俗博物館研究報告』二二四、二〇二一年）
藤井達也「南北朝内乱と茂木氏」（ふみの森もてぎ監修・高橋修編『戦う茂木一族』高志書院、二〇二二年）
山室恭子『中世のなかに生まれた近世』（吉川弘文館、一九九一年）

室町殿の兄弟という難問
――足利義政・義視兄弟――

末柄　豊

はじめに

室町幕府の将軍とその兄弟として最初に立ち現れたのは、尊氏《たかうじ》とその弟直義《ただよし》である。ふたりは協力して幕府を築いたが、やがて対立を余儀なくされ、そのなかで直義は死を迎えた（山家二〇一八）。この対立は、南北両朝の抗争とも絡まって幕府を分裂に追い込み、秩序の回復に多大な時間と労力を要するものになった。それだけに、後継者に定められた者の兄弟をいかに処遇するのかは、幕府の歴代首長にとって大きな課題として強く意識されたに違いない。

三代将軍義満《よしみつ》のもとで足利家の家格は摂関家を超えるまでに上昇し、その子弟が門跡寺院に入室する道が開かれた。これは兄弟の処遇という難問に対するひとつの回答でもあった。生母の出自が低い場合などは禅律の寺院に入ることも少なくなかったが、義満の子どもの世代以降、山門・寺門・東密の諸門跡に入室して僧侶になった者が多い（髙鳥二〇二二）。

とはいえ、僧籍に入ればすべてが解決されるわけではない。四代将軍義持《よしもち》の弟義嗣《よしつぐ》は、梶井《かじい》門跡に入室したが、応永一五年（一四〇八）、最晩年の義満がこれを取り戻して元服させている。将軍とは異なる北山殿《きたやまどの》という義満独自の地位を継承させるための措置であったとみられる。ところが元服の一一日後に義満が急死し、この構想は霧散してしまう。義持が室町殿として地位を確立したことで義嗣の存在意義は失われた。権大納言まで昇った義嗣は、応永二三年、突如京都北郊の高雄《たかお》に出奔して出家を遂げ、関東における上杉禅秀《うえすぎぜんしゅう》の乱と連繫したとの嫌疑をうけて幽閉されてしまう。結局、一年あまりのちに殺害された。

義嗣は得度の直前に父の手で俗界に引き戻されたのだが、出家したのちに還俗におよぶ事例も現れる。子の義量《よしかず》に先立たれていた義持は、応永三五年、自らの死に臨んで後継者を指名しなかった。その結果、僧籍にあった義持の弟四人のなかから鬮《くじ》によって後継者が選ばれ、青蓮院《しょうれんいん》門主義円《ぎえん》が引き当てられた。還俗して六代将軍義教《よしのり》（初名義宣《よしのぶ》）になる。天台座主をつとめた僧侶が室町殿の地位に就くのだから、出家が難問の最終的な解決になりえなかったことは明白である。

さらに、候補者四人のうちの大覚寺《だいかくじ》門主義昭《ぎしょう》は、兄義教との関係を悪化させ、永享九年（一四三七）、後南朝と呼応して大和に出奔、そののち九州に逃れ、嘉吉元年（一四四一）、日向で自害に追い込まれる。室町殿の兄弟という立場は、高僧の身にありながら、当の室町殿に刃向かおうとする諸勢力から接触をうける場合があり、対抗勢力の結集核にもなりえたのだ。室町殿にとって警戒すべき存在であることに変わりがなく、兄弟の処遇は依然難問でありつづけた。

一　義視の還俗

嘉吉の変において義教が殺害された翌日、遺児八名（家永二〇一四）のなかから後継者に定められたのは、日野《ひの》重《しげ》子《こ》の所生で、当時八歳の義勝《よしかつ》であった。ところが、翌年に将軍宣下をうけた義勝は、それから一年も経たずに病死する。ここで新たに後継者に定められたのが、義勝の同母弟で、当時八歳の義政（初名義成《よししげ》）である。義勝・義政の同母弟としては、聖護院《しょうごいん》に入室した義観《ぎかん》、梶井門跡に入室した義尭《ぎぎょう》のふたりがいる。義勝の夭逝がなければ、義政もいずれかの門跡に入室したものと考えられる。

義政は享徳四年（一四五五）二一歳で右近衛大将《うこのえだいしょう》に任ぜられ、生母重子の大姪にあたる日野富子《とみこ》を正室に迎えた。多数の側妾も抱え、寛正五年（一四六四）までの一〇年間で少なくとも四人の女子を儲けた（『大日本史料』第八編之三十四、二二一～二二九頁）。にもかかわらず、男子には恵まれなかった。

さらに義政の兄弟には早世した者が多かった。寛正五年四月、同母兄弟として唯一残った義観が病死した時点において、生存していた異母兄弟は、はじめ禅僧として香厳院《きょうげんいん》主清久《せいきゅう》といい、長禄元年（一四五七）に義政の命を承けて還俗し、関東に派遣されて伊豆に政庁を構えた堀越《ほりごえ》公方《くぼう》政知《まさとも》、および還俗して義視を名乗ることになる浄土寺《じょうどじ》新門主義尋《ぎじん》のふたりだけであった。

ちょうど三〇歳を迎えた義政にはもちろん、還俗から七年を経た庶兄政知にもまだ男子がなかった。義教が還俗以降の一三年間で一一人の男子を儲けていたことを想起すれば、将軍家は後継者問題において危機的な状況にあるという認識が生まれたのも不思議ではない。義尋の還俗がはかられた理由はここにある。室町殿の兄弟は、後継者候補の不在という難問に対応するための貴重な人材でもあった。

義視の還俗について、東大寺法華堂の僧侶はその日記につぎのような伝聞を記している（『東大寺法華堂要録』寛正五年一二月条）。

一、公方様《（足利義政）》の御舎弟〈生母は別〉であり、浄土寺門《（持弁）》跡の御弟子になっていらっしゃった方を、御猶子になされて、新御所とお呼びすることになった。

いかがせん心の月のすめる世に　わりなき雲のかかる迷□

このように和歌をお詠みになったということが聞こえてきた。御本心であるならば出来た人だ。実のところは、どうなのであろうか。猶子を迎えると実子がお生まれになると世間でよく言うからだということのようだ。今後どうなるのだろうか。（〈　〉内は原文では小字、以下同）

還俗に際しての困惑を詠んだ義尋の和歌が本心に由来するものか疑いながら、猶子を迎えると、そのあとで実子が生まれがちだ、という危惧が困惑の理由だと聞き伝えたのである。義尋が男子のない義政の後継者候補として迎えられたことは世に知られ、当初から当事者である義尋をふくめ、危惧を抱く者は少なくなかったのである。

義尋は義教の一〇男にあたり、この時二六歳、義教の正室正親町三条尹子《おおぎまちさんじょうただこ》の侍女小宰相局《こさいしょうのつぼね》を生母とする。浄土寺門主持弁《じえん》（足利満詮《みつあきら》の子）のもとに入室し、新門主と称されていた。同年一一月二五日、浄土寺を出て前管領細川《ほそかわ》勝元《かつもと》の邸に移り、一二月二日に還俗する。義視を名乗り、今出川殿《いまでがわどの》と称され、従五位下左馬頭《さまのかみ》に叙任された。武家伝《ぶけてん》奏広橋綱光《そうひろはしつなみつ》は還俗の日の日記につぎのように記している（『綱光公記暦記』）。

今日、浄土寺の新門主《（義尋）》〈室町殿《（足利義政）》の御弟。生年は二六歳〉について、小河殿《（足利満詮）》の御例に基づいて御還俗のことがあった。今出河殿とお呼び申し上げることになった。三条入道内府《（正親町三条実雅）》が養育の担当者だったので、同人の邸宅を御所になされたのである。日野大納言（勝光）および伊勢守（伊勢貞親）の両人が諸事を取り計らった。官位の御昇進については予（広橋綱光）が担当するところである。御名字は義視といい、前菅大納言益長（東坊城）卿の提案になる。

叙位任官は綱光が担当したが、還俗に至る道筋は、富子の兄勝光《かつみつ》、および幕府政所《まんどころ》の執事で義政の親裁を支えた伊勢《いせ》貞親《さだちか》が共同して調《ととの》えたといい、義政の意を受け、富子および義政の側近が主導して実現したものと解される。ただし、ここで「小河殿《おがわどの》の御例」に基づいて還俗がはかられたとあるのは不審である。小河殿こと満詮は義満の弟であったが、一三歳で従五位下に叙されたのち、そのまま官位の上昇をとげており、一貫して俗人であったと解される。いったん僧侶になったのちに還俗したものとは考えがたいのである。この点を確認するため、同じく綱光が残した別記（『綱光公記』寛正五年一一月一二月別記）の同日条を参照したい。

> おおよそ今回の経緯は、（義政が）熟慮のうえ御準備をなされ、このタイミングで御決定に及んだのだという。鹿苑院殿（足利義満）と御兄弟の小河殿とが御一緒に活躍された御吉例によるものだという。さらにまた勝定院殿（足利義持）の御代に林光院殿（足利義嗣）が御一緒に出仕されたので、来年の（即位に伴う）行幸に供奉をなされようとお考えになったともいう。大変よいことだ。御名字は義視という。（中略）小河殿の御先例によるのであれば、「政」の字を一文字目とするはずだ。にもかかわらず、（義政の）御意向によって「義」の字を一文字目とするのがよいということで御決定に至ったのである。

義政は熟慮を重ねて義視の還俗を果たしたが、これは義満とその弟満詮とがともに世俗にあって活動した佳例に基づき、翌年に予定された後土御門《ごつちみかど》天皇の即位を見据えたものであった。満詮の例からすれば政の字を上に置いた名前となるはずだが、義政の意向で義の字を用い、義視という名が選ばれた。「小河殿の御例」に基づく還俗とは、兄弟が揃って俗人として活動し、公武を支えた状況を再現するために還俗するという意味であり、還俗という行為の先《せん》蹤《しょう》として満詮の名が掲げられたわけではなかった。つまり、先の記文は舌足らずなのである。

満詮は、義満より六歳年少の同母弟で、室町幕府将軍の兄弟として僧籍に入ることがないまま京都で無事に生涯を終えた唯一の人物である。ただし、満詮の男子五人はみな僧侶になり、その血統は残らなかった。満詮の長子、実相《じっそう》院《いん》門主義運《ぎうん》（初名増詮《ぞうせん》）の得度は一八歳と遅めであり、最初から出家が決まっていたのではあるまい。義満の猶子として実相院門跡に入室し、その際に三河国神戸郷《かんべごう》を与えられており、入室には義満の意向が大きく関わったとみられる（末柄二〇一九）。かかる満詮のありようを再現するというのだから、義視には陰に陽に義政を支える役割が求められたと解される。義政が引退し、すぐさまこれに替わる室町殿として立つことを期待されたわけではなかった。

それでも、諱に政の字ではなく義の字を用いるように義政が指示したのは、義視が将軍職を継ぎ、義政が男子を得ないままに終わった場合、義視が幕府の首長となることが想定されたからであろう。堀越公方政知が政の字を冠したことにくらべると、後継者候補として厚遇されていたことも明白である。

二　義政の構想と義視の立場

日野富子が義視の還俗に積極的に関与したとみられると述べたが、義視の正室として富子の妹良子《よしこ》（『実隆公記』延徳三年七月九日条、『拾芥記』同月一一日条）が配されたこともその証左になる。寛正六年七月二六日、良子は義視に嫁ぎ、約一年後の文正元年（一四六六）七月二〇日に義稙《よしたね》（初名義材《よしき》、ついで義尹《よしただ》）を産んだ。この婚姻には、室町殿の正室の地位を確保し続けようとする日野家、およびそれと提携する義政の側近勢力の意図を見て取ることができる。

良子が義視に嫁ぐ六日前、経師某の娘茶阿《ちゃあ》を生母とする義政の男子が誕生した。のちの香厳院主同山等賢《どうざんとうげん》である。

さらに一一月二三日に日野富子を生母として義尚《よしひさ》（のち義熙《よしひろ》）が誕生する。一年前に東大寺法華堂の僧侶が「どうなるのだろうか」と述べたとおりになった。ここに義尚対義視という後継者争いが生じ、応仁の乱の原因になったという説はよく知られるが、これを乱の主因とみなすのが適当でないことは、すでに論じられており、筆者も論じた（家永二〇〇一、同二〇一一、末柄二〇一四）。むしろ、義尚の誕生によって、義視に期待される役割が義政から義尚への中継ぎとして明確化され、義視の将軍位就任が近づいたとみることさえ可能である。

文正元年五月、義政は、かつて義教の御成《おなり》があった「公武・御門跡・諸寺」四〇ヵ所以上のうち、まだ自身が御成に及んでいない場所について、年内に御成をおこなうとの意思を示した（『東寺廿一口方供僧評定引付』文正元年五月一六日条）。これは『新撰長禄寛正記』に、数年内に義視に将軍位を譲ろうと考えた義政が、それまでに「方々御遊興有るべし」と発起し、寛正六年に花頂・大原野の花見、南都下向をおこなったとみえるのと同根の挙動だとみなせる。さらに、寛正六年一〇月に東山恵雲院《えうんいん》の地に山荘を設けることを定め、翌文正元年一一月に用材を調達するために奉行人を美濃に派遣した（馬部二〇二〇）。応仁の乱が起こらなければ山荘の造営が始まり、やがて義政はそこに居を移し、その前後には将軍位が義視に譲られたに違いあるまい。

この動きのなか、義視にかかわって満詮の名がもう一度浮上してくる。文正元年五月一二日、蔭凉職《いんりょうしき》季瓊真蘂《きけいしんずい》は、幕府政所執事伊勢貞親に対し、自らが相国寺雲頂院《うんちょういん》のなかに創《はじ》めた雲沢軒という寮舎の所領、丹波国須智《しゅうち》村について、義教から雲松庵という寺院の旧領を与えられたものであり、満詮の旧領として拝領したものではないと語った。義視の料所とするために満詮の旧領を書き上げていることを聞きおよんだ季瓊が、貞親に経緯の理解を求め、対象外として扱ってもらおうとしたのである（『蔭凉軒日録』文正元年五月一二日条）。

さらに七月一七日、前関白近衛房嗣《このえふさつぐ》が家礼である日野勝光の邸第《ていだい》にわざわざ赴いたのも、季瓊の動きと同じく、義視の近臣に充行う所領を確保するために満詮の旧領を収公しようとする動きへの対処であった。房嗣の子息増運《ぞううん》が門主であった実相院門跡の所領のなかには満詮の旧領があり、勝光を介して除外を申請しようとしたのだ。富子を通じて除外を許された者がいるとの情報に基づく行動であった（『後法興院関白記』同年七月一七日条）。前門主義運は満詮の長子であり、満詮およびその妻室妙雲院は実相院に少なからぬ所領を寄進していた（『実相院文書』八九号、長禄三年一〇月二五日実相院門跡領目録）。その行方は実相院にとって死活問題であったのだ。

貞親に近しい季瓊はいち早く聞きつけて対応したに違いないから、料所化のための調査は五月に始まったのであろう。義尚の誕生から半年後、義視の将軍位への就任が見えた段階で義視に用意された料所が満詮の旧領であったことは、義政の義視に対する扱いをよく示している。義政が後年義尚に将軍位を譲りながら政務のすべては譲らなかったことを参照すれば、義政は室町殿義持の上に立った北山殿義満のありようの再現を志向していたとみられる。義視が義政に譲られて将軍位に就いたとしても、実権は乏しいものにとどまったに違いない。義視はあくまでも義政の政権構想の齣のひとつにすぎなかった。

このような義政と義視との関係は、義政による大名抑制策に対する山名持豊《やまなもちとよ》（法名宗全《そうぜん》）らの反撥から生起した文正の政変によって変化するかにみえた。文正元年九月五日、伊勢貞親から謀叛の嫌疑をかけられた義視が細川勝元邸に逃げ込んだのを契機に、諸大名が一揆して貞親の処断を求めると、翌日には義政の執政が停止され、義視が勝元・持豊の両名に支えられる体制が成立した。しかし、わずか五日後、貞親の処分を諸大名に約束した義政が政務に復帰すると両者の関係はもとに戻った。ただし、いったん義政の執政停止という状況が現出したことは、日野富子や義政の側近勢力に義視に対する強い警戒心を生じさせた。

さらに翌応仁元年、勝元との二〇年来の連繫を断ち切った持豊が、畠山義就《はたけやまよしひろ》・大内政弘《おおうちまさひろ》をはじめとする反細川氏勢力と結んで幕政の壟断《ろうだん》を企図したことを契機に、応仁の乱が生起する。乱の当初、義視は室町亭にあって東軍の総大将として積極的に活動した。これに警戒心を抱いた富子らが西軍に接近する動きをみせたため、勝元から自重を求められた義視は、ついには京都を逃れて伊勢に隠遁した。

翌年、義政の求めに応じて帰京した義視は、義政に日野勝光の排斥を求めたが容れられず、義政はかえって、先に義視に謀叛の嫌疑をかけた伊勢貞親の幕府復帰をはかる。義政にとっては、義視の帰京と貞親の復帰とはいずれも自らの政務運営の安定に資する策であり、そこに矛盾は存在していない。しかし、義視にあっては到底許容できるものではなかった。結果、義視はいったん比叡山に落ちたのち西軍の陣に入った。言い換えれば、争乱のなか、義政に敵対する大名によってもうひとつの幕府の将軍にかつぎあげられたのである。

ここに至る両者の関係をうかがわせるのが、応仁の乱の終結を模索するなかで義政が義視に送った御内書である（『蜷川家文書』一、八九号、〈文明八年〉一二月二〇日足利義政御内書案）。

別心なきにつき委細承り候。もっとももって神妙に候。世上無為の儀、早々に落居の段、本意たるべく候。よって先年身上雑説の次第承らず候のあいだ、糾明に及ばず候。向後においては、諸篇つぶさにうけたまわり成敗すべく候。已後は等閑の儀なく候。その意を得べく候。謹言。

（文明八年）十二月廿日　（足利義政）御判

（足利義視）今出川殿

義視が義政に対して「別心」がないと述べたことへの返信で、応仁の乱終結の希望を伝えている。そのうえで、「先年」義視の「身上」に関する「雑説」について義視の言い分を聞かず、事実関係の究明に及ばなかったが、今後は諸事くわしく聞いたうえで措置する。おろそかにはしない、と述べており、義政が謝罪したものといえる。先行した義視の書状には、応仁二年に伊勢から戻った際の対応を非難するような言葉があったと考えられる。義視は義政の不作為によって追い込まれたと主張していたことになり、義政の構想自体を否定する意図はないというのが「別心」がないという言葉の意味するところなのであろう。

三　応仁の乱後

文明九年（一四七七）、応仁の乱が終結すると、義視は土岐成頼《ときしげより》に伴われて美濃に下向した。翌年には義政と義視とのあいだに正式な和睦が成立する。義視の子義稙は長享元年（一四八七）正月に美濃で元服し、八月に義尚の執奏で叙爵して左馬頭に任じられた。この時、二三歳の義尚にはまだ子どもがなく（同年閏一一月に女子が生まれる）、義尚の兄弟二人（庶兄同山、同母弟三宝院門主義覚《ぎかく》）はすでに病死し、義政の血をうける男子は義尚だけになっていた。義稙は義尚の後継者候補として貴重な存在であった。

はたして、義尚は男子に恵まれないまま、長享三年三月二六日、二五歳の若さで近江鈎《まがり》の陣で病死した。義稙の生母は富子の妹良子であり、義政・富子の両人から後継者として認められることになる。ただし、良子はすでに没しており（慈照寺所蔵『耳塵集』、『蔭涼軒日録』延徳三年七月一一日、一二月二九日条）、富子と義稙との紐帯にはなりえなかった。四月一五日、義稙を伴って上洛した義視は、娘の祝渓聖寿《しゅくけいしょうじゅ》尼（高島二〇一二）が院主をつとめる尼寺の通《つう》玄寺《げんじ》曇華院《どんげいん》に入り、二七日に出家した。義政も文明一七年に出家しており、ここに義政・義視兄弟は出家の姿で同じ幕府のうちに二〇年ぶりに相並ぶことになった。ただし、このあり方は長く続かなかった。

翌延徳二年（一四九〇）正月七日に義政が五六歳で病死すると、義稙が政務を執る態勢の模索がはじまり、義視が義稙を後見するに至った。その一方で、義視が後見することを嫌う富子との関係は悪化する。四月二七日、富子は義政から譲られた小川御所を嵯峨香厳院の喝食清晃《かっしきせいこう》（のち義遐《よしとお》、義高《よしたか》、義澄《よしずみ》）に譲渡している。清晃は堀越公方政知の子で、義尚が没した際、細川政元《まさもと》（勝元の子）の支持を得ていまひとりの後継者候補になっていた。将軍家の家督改替の風聞が立ったことに反応し、五月一九日、義視は河原者を用いて小川御所を破却させる。ここに義視と富子との対立は抜き差しならないものになった。

細川政元の抵抗もあって義稙の将軍宣下は遅れ、七月五日にようやくおこなわれたが、義政の政務を支えた幕臣たちとの関係構築は容易ではなかった。政務にあたっては、美濃滞在時から関係のあった公卿葉室光忠《はむろみつただ》が側近として仲介にあたったほか、義視の娘曇華院主祝渓、あるいは義視の妻室二条殿も仲介をつとめることがあり、「女中公事」（『北野社家引付紙背文書』延徳二年一二月一日至三日裏、波々伯部《ほうかべ》盛郷《もりさと》書状〈『大日本史料』第八編之四十四、二二一～二二三頁〉）とも称された。

そのうえ、一〇月の初めから病臥が目立った義視の病状が次第に重篤化し、政務の停滞を来すようになる。義稙は御所内の小さな物音にさえ神経質になり、治療に効験《こうげん》のみられない医師竹田《たけだ》定盛《じょうせい》をしりぞける一方、古くから所縁がある者の下人の縁者だという近江の百姓が進上した付薬を用いるなど、医療にも混迷した状態があらわれる。義視の病状は回復しないままで、翌延徳三年正月七日に没してしまう。義政の死亡からちょうど一年後にあたり、享年は三つ下の五三であった。なお、伊豆堀越にあった政知も同三年四月三日に病死している。

おわりに

義政・義視兄弟の関係は、室町殿の兄弟が抱えた困難さを集約するものであった。望まれる男子直系の相承は偶然に左右される要素が大きく、必ずしも容易ではない。鎌倉幕府にくらべて将軍の役割がはるかに大きく、公武双方において超越した家としての足利将軍家が確立されてしまったことで、直系による相承ができない場合、家内で傍系による相承をはかる必要があった。安定的に血統のスペアを確保する方法がないまま、いったん僧籍に入った男子の還俗という方途が採られた。一方で、傍系の男子の存在は敵対する者に乗じられる可能性を常に孕んでいた。しかも傍系による相承は権力の継承にあたって不安定をきたすおそれが相対的に高い。かかる条件の下、義政は困難な構想の実現をめざしたわけだが、義政・義視は両人ながらその困難さを十分に理解できていなかったということになるだろう。

さらに、義政らが死亡して間もなく明応の政変によって将軍権力が分裂すると、室町殿の兄弟の困難さは新たな性格を帯びることになる。一〇代将軍義稙の弟である実相院門主義忠《ぎちゅう》は、従兄弟にあたる一一代将軍義澄の命令で殺害された。また、一三代将軍義輝《よしてる》が三好《みよし》三人衆によって殺害されると、その弟一乗院《いちじょういん》門主覚慶《がくけい》(のち義秋《よしあき》、義昭《よしあき》)は松永久秀《まつながひさひで》の監視下に置かれた。すなわち、二人の将軍が常態化すると、将軍の兄弟は、たとえ門跡僧であっても、敵対する将軍から危険な存在として警戒され、時に命を狙われたのである。結局、問題はより複雑化し、難問を解消できないまま、室町幕府は滅亡の時を迎えるのであった。

〈参考文献〉

家永遵嗣「軍記『応仁記』と応仁の乱」(学習院大学文学部史学科編『歴史遊学』山川出版社、二〇〇一年)
家永遵嗣「再論・軍記『応仁記』と応仁の乱」(学習院大学文学部史学科編『増補 歴史遊学』山川出版社、二〇一一年)
家永遵嗣「足利義視と文正元年の政変」(『学習院大学文学部研究年報』六一、二〇一四年)
末柄豊「応仁の乱」(『岩波講座日本歴史』八、岩波書店、二〇一四年)
末柄豊「解題」(『実相院文書』東京大学史料編纂所研究成果報告二〇一八—三、二〇一九年)
髙鳥廉「室町・戦国期の大徳寺と尼寺」(『仏教史学研究』六三—二、二〇二二年)
髙鳥廉「足利将軍家子弟・室町殿猶子の寺院入室とその意義」(『足利将軍家の政治秩序と寺院』吉川弘文館、二〇二三年、初出二〇二一年)
馬部隆弘「京都永観堂禅林寺文書補遺」(『大阪大谷大学歴史文化研究』二〇、二〇二〇年)
山家浩樹『足利尊氏と足利直義—動乱のなかの権威確立—』(日本史リブレット人、山川出版社、二〇一八年)

織田信雄・信孝

——権力継承をめぐる相剋のもとでの「きょうだい関係」——

柴　裕之

はじめに

人間が生活を営むにあたり、家族の存在は重要であることはいうまでもない。とくに前近代において家は経営体としてあり、その存立のためにも家族関係は役割を果たしていった。そのなかでも「きょうだい」は、家族のうちでも身近な存在で、ともに支え合っていく一方、時にはもっとも対立を招く関係にあった。とくに、その対立関係は、権力の動揺時における継承に際してみられやすい。

織田信雄《おだのぶかつ》・信孝《のぶたか》の兄弟関係も、権力の動揺時における継承をめぐる対立関係の部類で知られる。そこで、まずはこの兄弟の歩みを確認しつつ、権力継承をめぐる対立の発端となった「清須《きよす》会議」の実態、そしてこの兄弟の対立が招いた事態をたどっていき、この兄弟におけるあり方＝「きょうだい関係」についてみていきたい。

一　織田権力下の信雄・信孝兄弟

尾張国の戦国大名から足利《あしかが》将軍家に代わる天下人へとなった織田信長《のぶなが》には、男子が一二人いたとされる。しかし、その多くは、信長の生前時はいずれも幼少であったため、信長の子息として活動していたのは、信忠《のぶただ》、信雄、信孝、信房《のぶふさ》、秀勝《ひでかつ》の五人に限られる。なお、信忠より先に生まれた庶長子とされる信正《のぶまさ》が存在するが（前述の一二人には彼を含めている）、信正は信長の子として認知されなかったとされるうえ、経歴については不明なことが多いため加えない。このため、信忠を長男として数えることにする。

この五人のうち二男の信雄以降は、いずれも他家の養子となっていた（信雄・信孝については後述、信房は東美濃の国衆・岩村遠山《いわむらとおやま》家へ養嗣子、秀勝は織田家重臣・羽柴秀吉《はしばひでよし》の養子）。これは、信長が信忠を自身の立場を継承する嫡男に位置づけ、その系統の後裔（この系統を「信長嫡系」とする）のみが天下人の立場を引き継いだ織田家当主として君臨することを構想として進めていたことによる。このため、信雄以降の男子は、織田家御一門衆の立場ではあっても、織田家の家督を継承する可能性はなかったのだ。この点を押さえたうえで、信雄・信孝の本能寺の変までの経歴を確認しよう。

織田信雄は、永禄元年（一五五八）に信長の二男として生まれた。母は生駒《いこま》氏で、一説には兄で嫡男の立場にあった信忠と同じであったとされる。幼名は茶筅《ちゃせん》。永禄一二年に信長が、伊勢国司北畠《きたばたけ》家の居城である大河内《おおこうち》城（三重県松坂市）を攻撃し、苦戦の果て一〇月に北畠氏と和睦した際に、当主・具房《ともふさ》の養嗣子に一二歳の茶筅を入れた（『信長公記』〈『角川日本古典文庫　信長公記』〉）。その後、茶筅は具房の父である具教の息女と婚姻のうえ、元服を遂げて、

実名「具豊《ともとよ》」を名乗る（「大湊《おおみなと》古文書」『三重県史』資料編中世2、五六五頁）。

天正三年（一五七五）六月、北畠家の家督を継承し、同年中には正五位下左近衛権中将《さこのえごんのちゅうじょう》となり（『歴名土代《りゃくみょうどだい》』〈続群書類従完成会刊〉）、実名を織田家御一門衆としての立場を示した「信意《のぶもと》」に改め、北畠領国の支配を進めていった。この信意を中心とした政治運営に、具教らが対立した結果、天正四年一〇月頃に具教・具房父子や重臣を粛正、また一二月には北畠家への入嗣以来の補佐役・津田一安《つだかずやす》を対立の果て殺害して、北畠家当主の立場を確固たるものとし、天正六〜七年頃に実名を「信直《のぶなお》」に改めたうえ（「真田宝物館所蔵文書」『三重県史』資料編中世3上、五九五頁）、伊勢松ヶ島城（三重県松坂市）を築いて居城とした。

その後、伊勢国から逃れた反信直方に応じた勢力の討滅のため、天正七年九月に伊賀国へ出兵するが敗北、父の信長から命令に背いておこなったことも含め強い譴責を受ける（『信長公記』）。このことが契機となったのか、実名を「信勝《のぶかつ》」に改め（「福島文書」『三重県史』資料編中世2、六三八頁）、さらに「勝」の字を改めて「信雄」を名乗る。天正九年二月、正親町《おおぎまち》天皇の面前でおこなわれた京都での馬揃《うまぞろえ》に、信雄は織田家当主で天下人後継者の立場にあった兄の信忠に次ぐ織田家御一門衆として参列、九月にはいまだ従わずにいた伊賀国を平定して、信長から同国阿拝《あべ》・阿《あ》我《が》・名張《なばり》の三郡（三重県名張市・伊賀市など）を与えられた（『信長公記』）。なお信雄は、信長生前時の織田権力（天下人信長を主導者に中央政権として活動した領域権力としての織田家）下では、織田名字を名乗らず、「北畠信雄」として活動した。つまり、彼は織田家御一門衆には列しながらも、北畠家の当主としての立場を貫いていたのである。

一方、織田信孝も、信雄と同じく永禄元年に生まれた。母は坂氏で、一説によると、信雄より先に誕生したが、母親の立場の差から、三男にされたとも伝わる（『勢州軍記《せいしゅうぐんき》』〈『続群書類従』第二一輯上〉）。幼名は不明で、仮名は三七郎を名乗る。永禄一一年二月、信長が北伊勢を攻め、国衆の神戸《かんべ》氏を従わせた際に、一一歳にて当主・具盛《ともより》の養嗣子となった。その後、具盛が織田家に不忠の態度を示したことから、元亀《げんき》二年（一五七一）正月に信長によって隠居に追い込まれ、信孝が神戸家の当主となった（『勢州軍記』）。

そして、天正二年七月の伊勢長島一向一揆への攻撃を最初に各地を転戦する一方、天正三年五月頃から名字として「織田」を称しはじめる（「高野文書」『三重県史』資料編近世1、二〇〇頁）。また信孝は、天正五年一一月一日に従五位下侍従《じじゅう》となるが、その際も「織田平信孝」（『歴名土代』）としてみられることなどから、信孝の織田名字への復姓は信長生前時からなされていたことは間違いない。実際、慶長七年（一六〇二）二月一二日付の久保倉大夫《くぼくらたゆう》申状写（「九鬼家隆氏所蔵文書」『三重県史』資料編中世3〈中〉、四四五頁）に、「織田上野（信兼）様・同三七郎（信孝）様の御事、公（工）藤の御家・神戸の御家へ御猶子になされ候へども、織田の御名字を御名乗りなさられ候儀は、信長様の御威光を以て、御名乗なさられ候」（織田信兼〈信包、信長の同母弟〉様・同信孝様は、それぞれ長野工藤家・神戸家の猶子となったが、信長様の威光から織田の名字を名乗られた）との記述がみられる。この記述もまた、信孝が信長生前時に織田名字を名乗っていたという裏付けとして注目されよう。このように、信孝は織田家御一門衆としての立場に重点を強めていったが、その順は兄の信忠、信雄、叔父の信兼に次ぐ四番目に位置した（『信長公記』）。

そうした織田家御一門衆のなかでの立場上昇を試みてか、信孝は四国情勢をめぐって織田・長宗我部《ちょうそかべ》両家間での関係が悪化すると、天正一〇年五月には三好康慶《やすよし》（康長《やすなが》）の養子となり、自らが四国討伐にあたることを望んだ（「神宮文庫所蔵文書」『三重県史』資料編中世1〈下〉、一四七頁）。信長は、信孝の望みを受けて、彼を総大将に四国出兵を進めていく（「寺尾菊子氏所蔵文書」『増訂織田信長文書の研究』一〇五二号文書）。

このように信雄・信孝兄弟は、いずれも他家に養子に出された織田家御一門衆であったが、その立場は母の違いや嫡男・信忠に次ぐ位置づけ、名門である伊勢北畠家の継承と信雄が優位にあり、信孝はそれに対抗する関係にあった。

こうした信雄・信孝兄弟の対抗がより鮮烈になってくるのが、本能寺の変後のことで、天正一〇年六月二七日におこなわれた「清須会議」はこの兄弟関係が大きく関係してくることになる。

二　清須会議と信雄・信孝兄弟

天正一〇年六月二日に起きた「本能寺の変」は、天下人信長と後継者信忠の喪失という、織田権力に大きな影響を与えた。この時、織田信孝は四国出兵を前に、摂津国住吉《すみよし》（大阪府大阪市）に軍勢を配していたが、本能寺の変の報せを受けての動揺に態勢を立て直すため、惟住《これずみ》（丹羽《にわ》）長秀《ながひで》とともに、摂津大坂《おおざか》城（大阪府大阪市）に入ったうえ、惟任《これとう》（明智《あけち》）方との対決に備えていった。その後、信孝は池田恒興《いけだつねおき》ら摂津衆と中国地方の戦線を片付け駆けつけた羽柴秀吉の軍勢に合流し、織田軍の総大将として、六月一三日の山崎合戦で惟任光秀《みつひで》の軍勢を破った。さらに惟任方勢力を討滅させ、信孝はこの功績のうえ父・信長死後の織田権力を主導していくことを目指していく。

一方、伊勢国にいた北畠信雄は伊賀国の政情不安に追われ、惟任方への対応は近江安土城（滋賀県近江八幡市）の奪還にとどまってしまう。

六月二七日、尾張清須城（愛知県清須市）で、今後の織田権力の政治運営と所領配分を決めるための協議（「清須会議」）がおこなわれた。この時、清須城には信雄・信孝兄弟のほかに、柴田勝家《しばたかついえ》・羽柴秀吉・惟住長秀・池田恒興といった四人の宿老が集結した。彼らが清須城に集結したのは、この時、信長の嫡孫・三法師《さんぼうし》（のちの織田秀信《ひでのぶ》）が、美濃国内における惟任方勢力の蜂起から難を避けて、清須城に滞在していたからである。一般的に清須会議は、織田家の家督を信雄・信孝兄弟が争い、信孝を推す柴田勝家に対して、山崎合戦の功績によって権勢を強める羽柴秀吉が、この時数えでわずか三歳の三法師を強引に家督に据え、天下人に飛躍していくことになった契機として知られている。しかしながら、信長が生前時から信忠に織田家の当主を継がせ、さらには天下人の後継者にするとして進めてきた、信長嫡系が天下人を後継するという方針が依然と織田家中に影響力をもち残り続けた。そのため、信長・信忠を失ったいま、嫡孫の三法師が織田家の正統な家督継承者になりえるという状況にあった。

しかし、まだ数えで三歳という幼少の三法師では、当主として信長・信忠父子という中核を失った動揺から再興を図る織田権力を率いていくことは難しい。そこで三法師が成人となるまでの間、彼の代理として当主を務め、織田権力を率いていく「名代」の役割が求められた。「清須会議」での最大の争点は、この「名代」を三法師の叔父である信雄・信孝兄弟のどちらが務めるかであった。それは、信雄・信孝兄弟のこれまでの関係に加え、三法師が属する信長嫡系に次ぐ織田家御一門衆としての立場の死守を図ろうとする信雄と、信長の子息として仇敵を討滅させた功績で立場上昇を目指す信孝とが、三法師「名代」の役割獲得をめぐって譲り合わず、この場に臨んでいたことによる。

この信雄・信孝兄弟の三法師「名代」の役割獲得をめぐる葛藤は、これから再興を図る織田権力の運営にとって支障を招く恐れが伴った。その事態を憂慮したうえで、柴田勝家・羽柴秀吉・惟住長秀・池田恒興の四人の宿老は、信雄・信孝を「名代」に据えることをせず、幼少の三法師を当主とし、勝家・秀吉・長秀・恒興の四人の宿老による合議のもとで、織田権力を運営していくことに決めた（『多聞院日記《たもんいんにっき》』〈『増補続史料大成 多聞院日記』〉ほか）。この運営のあり方の決定は所領配分とともに、信雄・信孝に伝えられ、二人から承諾の証として誓紙が出された。そのうえで四人の宿老同士でも、この協議の決定に従うという誓紙が交わされた（「金井文書」『戦国史研究会史料集4 丹羽長秀文書集』〈以下、『丹羽』と略す〉参考五二号文書）。そして四人の宿老は、本能寺の変後の動向における諸将への恩賞の授与（「本居宣長《もとおりのりなが》記念館所蔵文書」、「塚本文書」『丹羽』一一六号文書・一一七号文書）と、織田家の蔵入地を確保し経営維持を図った（「大坂城天守閣所蔵延岡堀家文書」『丹羽』一一八号文書）うえで、帰国した。その後七月八日に、三法師が宿老・羽柴秀吉の同伴のもとで上洛し、諸将や僧侶らから拝礼を受けて、織田家当主として公認を得た（『多聞院日記』）。

このように、本能寺の変による信長・信忠父子の死去は織田権力の運営に大きな動揺をもたらし、唯一の正統な後継者の立場にいた三法師が幼年であったことから、信雄・信孝兄弟に「名代」の役割獲得をめぐって、葛藤を生じさせた。しかし結局、二人はともに三法師「名代」の就任することなく、織田権力の運営は三法師を当主に四人の宿老による談合のもとでおこなわれていくことになる。

三　兄弟の対立がもたらした織田権力内部の政争と秀吉の台頭

三法師「名代」にはなれなかったが、清須会議での所領配分によって、信雄は尾張国、信孝は美濃国を得た。信雄は、これによりそれまでの南伊勢と伊賀国三郡に加えて、尾張国を領有することになり、居城を伊勢松ヶ島城から尾張清須城へと移した。それに伴い、信雄は北畠名字を改め、織田名字を名乗りはじめる（以下、「織田信雄」とする）。つまり、伊勢北畠家の当主より当主・三法師との関係深い織田家御一門衆としての立場をこれまで以上に示しだしたのである。

一方、美濃国を得て岐阜城（岐阜県岐阜市）を新たな居城とした信孝は、本能寺の変後の惟任方勢力との対立のなかで主郭部分を焼失した織田権力の政庁である近江安土城の修築の間、当主・三法師を預かることになった。三法師を預かりその後見を務めることになった信孝は、次第に信長後継の天下人として振る舞いはじめていった。

この時、信雄と信孝は、それぞれが治めることになった尾張・美濃両国の国境をめぐって、信雄が尾張・美濃両国の区画に基づいた「国切」を主張したのに対し、信孝は木曽川の流路に基づいた「大河切」での設定を求め、対立していた。そのうえ信孝の信長後継の天下人としての振る舞いに、信雄は反発を強めていく。さらに清須会議での所領配分によって山城国を治めることになり、山崎（京都府大山崎町）の地に城を築いて、京都の支配にも携わっていた宿老の羽柴秀吉も、信孝の振る舞いを危惧しはじめる。一方、信孝は秀吉が山崎城を築き、清須会議で取り決めた宿老らの合議を経ずに織田権力の運営を主導していこうとした態度を批判、同じく秀吉に反感を持っていた宿老の柴田勝家と関係を深め、秀吉に対抗していく。この秀吉と信孝・勝家との関係悪化は、一〇月一五日に秀吉が信長の葬儀を山城大徳寺《だいとくじ》（京都府京都市北区）にて強行したことから、一層深まってしまう。

葬儀後、秀吉は惟住長秀・池田恒興を味方につけたうえ、長秀・恒興とともに、三法師を掌中に置く信孝・勝家に対抗するために、信雄を三法師の「名代」としての当主に擁立する（「真田宝物館所蔵小川文書」『丹羽』参考五五号文書ほか）。ここに織田権力内部は、三法師を掌中にして織田権力の運営を主導しようとする信孝と、当主・信雄を擁立しその補佐のもとに運営を進めようとする秀吉らとに分裂し、やがて対立をはじめていった。そしてこの政争は、最終的に天正一一年四月に当主・信雄を擁した秀吉らが対立する織田信孝・柴田勝家らを破り決着する。信雄によって尾張国内海《うつみ》（愛知県美浜町）の大御堂寺《おおみどうじ》に連行されていた信孝は、五月二日に自刃し、二六歳の生涯を閉じる（『多聞院日記』ほか）。ここに対立を続けていた信雄・信孝兄弟の関係は、信雄の勝利で収束となった。

その後、織田権力の運営は当主の信雄を、宿老の羽柴秀吉が万事を補佐（「指南」）することで進められていく（「石坂孫四郎氏所蔵文書」『愛知県史』資料編12織豊2、二四六号史料）。しかし、秀吉が織田権力内で勢威を伸張し実質的な天下人として行動しだすと、信雄は尾張・伊勢・伊賀三ヵ国の領有を認められた一方、天下人の立場から降ろされてしまう。この事態に復権を求め徳川家康《とくがわいえやす》と協働して秀吉打倒に挙兵、「小牧《こまき》・長久手《ながくて》合戦」に至る。だが、最終的に信雄は、秀吉の軍勢によって、この頃の居城であった伊勢長島城（三重県桑名市）の周辺まで攻勢を受ける戦況に講和（実質的降伏）へ追い込まれた（「伊木文書」『愛知県史』資料編12織豊2、六八八号史料ほか）。この講和を経て、信雄は秀吉に臣従し正式な織田家当主の立場と尾張国・北伊勢地域の領有を許された。その後、豊臣政権下では正二位内《ない》大臣《だいじん》になり、天下人の秀吉に次ぐ高位の臣従大名にあったが、天正一八年の小田原合戦時に秀吉の「国替」指示を拒絶したため、戦後に改易され、下野国那須《なす》（栃木県那須烏山市）に配流となった（『当代記《とうだいき》』〈『史籍雑纂 当代記・駿府《すんぷ》記《き》』〉）。

このように兄弟対立に勝利した信雄も、その後秀吉の勢威伸張を前に織田権力を率いていくことができず、天下人の立場を引き渡すことになってしまった。そして、天下人の立場から凋落した織田家は以後、豊臣政権・徳川政権のもとで家の存続を図っていくことになる。

おわりに

以上、織田信雄・信孝兄弟の関係とその歩みを追ってきた。この兄弟は、父・信長生存時から織田権力内での立場をめぐる競合から、本能寺の変後は織田権力の動揺のなかで主導権をめぐる対立を続けてきた。この兄弟のあり方＝「きょうだい関係」は、まさに権力をめぐる対立関係としてあり、「清須会議」でも今後の織田権力の運営において争点となる状態だった。結局、彼らは織田家の正統な家督継承者・三法師「名代」の立場を得ることはできず、その後も主導権をめぐる争いを続ける。しかし、いずれも織田権力を率いていくことが叶わず、その政争のなかで勢威を伸張していった宿老の羽柴秀吉が織田家に代わって天下人へと歩んでいってしまうことになる。

戦国・織豊期における各地の大名家でも、権力動揺のなかでの継承時に、兄弟のライバル関係から生じた相剋が家中間の主導権争いも絡んで政争へと発展し、その後の家の盛衰に大きく影響をもたらしていた。この兄弟の対立も、織田権力の実体が戦国大名ときわめて同質性をもつ、戦国・織豊期の時代状況に基づいた政治権力であったことから、同様の「事例」としてとらえられる。したがって、この兄弟におけるあり方＝「きょうだい関係」もまた、決して特異なものではなく、戦国・織豊期の政治権力における時代的特質をもって展開していたとみることができよう。

〈参考文献〉

柴裕之『シリーズ実像に迫る017　清須会議―秀吉天下取りへの調略戦―』（戎光祥出版、二〇一八年）
柴裕之「織田信雄の改易と出家」（『日本歴史』八五九、二〇一九年）
柴裕之『織田信長―戦国時代の「正義」を貫く―』（中世から近世へ、平凡社、二〇二〇年）
柴裕之編『論集　戦国大名と国衆20　織田氏一門』（岩田書院、二〇一六年）

最上義光と義姫

遠藤ゆり子

はじめに

ここでは、中世末期から近世初期という戦乱の時代に生きた、東北の戦国大名家に生まれた最上義光《もがみよしあき》と義姫《よしひめ》のきょうだいを取り上げる。

最上義光は、山形城主（現山形県山形市）義守《よしもり》の長男として、天文一五年（一五四六）に誕生した。母は小野少将の娘とされる（「宝幢寺《ほうどうじ》本最上家系図」）。妹の義姫の母は定かではないが、天文一七年生まれと義光の二歳年下であり、その年齢差から同母の可能性も考えられる。

義姫は、米沢の伊達輝宗《だててるむね》に嫁し、永禄一〇年（一五六七）に二〇歳で政宗《まさむね》を生んだ（『伊達治家記録』）。しばしば対立していた最上氏と伊達氏であったが、これ以前にも婚姻を結んでおり、最上義守の義父義定《よしさだ》（実父は中野義清《なかのよしきよ》）は、伊達尚宗《ひさむね》の娘を正妻としていた。戦国大名家同士の婚姻は、和睦や同盟時の条件として約束されることが多く、時期は不明だが伊達輝宗と義姫の結婚も同様の理由によると思われる。

そこでこの章では、最上義光と義姫を事例に、戦国大名家当主の姉妹が、しばしば敵対するほかの戦国大名家へ嫁いだことで何が起きたのか、またどのようなことが可能になったのかについて考えてみることとしたい。

とくに、戦国末期に起きた大崎《おおさき》氏の内乱（大崎合戦）では、最上氏と伊達氏が介入し、義光と義姫の間で多くの書状がやり取りされており、二人が残した言葉から、この問題を考えることができる。また、いわゆる「北の関ヶ原」の戦いにおいても、上杉《うえすぎ》氏の攻撃を受ける実家最上家に戻っていた義姫が、義弟伊達政景《まさかげ》へ何度も手紙を送っており、これも興味深い内容である。すでに、これら二つの大きな政治的できごとについては、筆者も検討を加えたことがある。ただ、伊達家における義姫の位置づけを含めていくつか見直すべき点があり、また前稿は義光と義姫の関係を明らかにすることを目的にしたわけではなかった。そこで、改めて義光・義姫きょうだいの書状を読み直し、この問題を検討してみたいと思う。

なお、当時の史料には義姫の名はみえず、「御東様」「米沢御東うへさま」などの呼び名や、晩年に「保春院殿《ほしゅんいん》」の院号を得たことを確認できる。だがここでは、よく知られた義姫の名を用いておくこととしたい。

一 和睦交渉──大崎氏の内乱──

天正一四年（一五八六）、大崎氏で内乱が起きた。かつて奥州探題《おうしゅうたんだい》家であった大崎氏も、この頃には現在の宮城県北部地域を支配する一領主となっていた。

内乱の発端は、当主大崎義隆の小姓同士の争いだったと伝わるが、しだいに大崎家を二分する義隆《よしたか》と執事氏家吉継《うじいえよしつぐ》の対立へと発展していった。翌一五年には、米沢の伊達氏との外交を担当してきた氏家吉継が伊達政宗に援軍を求め、一方の大崎義隆は最上義光を頼り、近隣を巻き込む大問題へと展開していく。隣国の最上氏がこれに介入したのは、義光の妻が大崎氏出身であったことも関係すると思われる。

　援軍を送った伊達氏であったが、従属していた黒川晴氏《くろかわはるうじ》（陸奥国黒川郡、伊達領と大崎領の中間地帯の国衆）が離反したこともあり、苦境に立たされる。同一六年二月には、援軍もないまま雪積もる新沼城（現宮城県大崎市）に籠城していた伊達軍は、泉田重光《いずみだしげみつ》らを人質として差し出すことで、ようやく帰陣することができた。しばらく領国境目付近などで争いが続くが、五月頃に伊達氏と最上氏は和睦を模索しはじめる。

　当初この和睦交渉は、それぞれの家臣同士によって進められていた。しかし、条件をめぐって両家の主張が食い違い、和睦締結にはいたらず交渉は難航する。そのようななか、義姫が交渉役として登場することとなる（『伊達家文書』三二八、以下『伊達』三二八と略記）。

　この頃の義姫は、息子の政宗とともに伊達家を担い、同家の女性を代表する立場にあった（『伊達天正日記』）。そのため、領国境目の中山（現山形県中山町）へ輿を寄せた際も、出陣中であった政宗の留守を預かる米沢の伊達家臣と連携を取っており、伊達方の要求である人質の早期返還を主張していた（『伊達』三七九）。六月末の段階で、政宗には人質返還が決まったとの知らせが届いていたようだが（「遠藤家文書」『仙台市史』資料編一〇巻、二九五、以下、『仙台』一〇―二九五と略記）、最上方は和睦締結後に義光の「味立て（粋な計らい）」として人質を返すという考えであった（『伊達家文書』三七九）。しかも最上方は、伊達氏「膝下」の黒川晴氏が離反したことを政宗に詫びているにもかかわらず、赦免していないことを指摘し、今回の和睦条件に黒川氏の進退保障を加えたい、と伊達方を代表する義姫へ持ちかけてきた。

　そこで義姫は、人質の泉田を早々に受け取り、かつ黒川氏の件なども詳細に説明しようと考え、山形へ輿を寄せる覚悟だと最上方へ伝えた。政宗と同じく陣中にあった片倉景綱《かたくらかげつな》は、政宗から最上氏への対応を任されていた米沢の片倉景親《かげちか》や平渡土佐《ひらわた》らに対し、義姫が輿を寄せても無駄だと伝えてきたようだが、義姫は自らがここを退き交渉を辞めてしまえば、和睦は成立しないと自覚していた。また、片倉景親からは「少しのことならばこちらへ問い合わせをしなくても、気遣いなどは不要」と聞かされていたため、「その御言葉に従い」この判断をしたという。義姫は交渉をある程度任されており、自らの山形入りはその範疇と考えていた。そこで片倉景綱に使者を送って断りを入れ、「政宗が不平を言うことは絶対にない」とも述べて交渉を進めることを決める(『伊達』三七九)。

義姫が片倉景綱宛の書状を認めた二日後の七月八日付で、義光から義姫に手紙が届く(『伊達』三八一)。これはおそらく、義姫が使者若狭に託した義光宛書状に対する返書だと思われる。書き出しに「今まであなたからも、こちらからも直接お手紙を送ることはありませんでしたが、早々に和睦が成立しそうなので、このたび自筆にて書状を差し上げます」とあるので、義光と義姫が直接書状をやり取りするのは、意外にもこの時が初めてであったとわかる。すでに義姫が伊達家に入って二〇年以上が経っていたが、家臣を通じた交流はあっても、直接手紙を送ることはなかったようだ。

義光は続けて「このたび、この和睦を結ぶつもりはなかったのですが、(義姫が)こちらまでおいでになったので、このように取りなすことにしました。諸方(大崎氏や黒川氏)へ相談して和睦することは、我ら一代におけるこの上ない恥辱ですが、あなた様(義姫)のため無視することはできません」と記している。閏五月末の段階で、伊達政宗が「(最上義光から義姫に)内々に和睦を懇望」してきたと述べていることとは異なるが(「高橋家文書」『仙台』一〇―二八五)、義光も条件さえ整えば和睦を締結する意向だったということであろう。

だが、人質返還時期と黒川晴氏の進退保障問題で、伊達・最上両家の意見が対立し、交渉は膠着状態になっていた。そのようななか、義姫が山形へ出向くと言い出したことは、片倉景綱の見立てとは異なり、義光が妥協する有用な口実になったようだ。家臣などではなく、伊達家の女性を代表する立場の義姫であったからこそ、わざわざ山形へ来てまで要求したことに応じても、最上義光の面目が保たれ、自身を頼ってきた大崎義隆や黒川晴氏に相談しつつ妥協点を探ることができたと考えられる。

さらに義光は、黒川晴氏の進退保障を盛りこんだ起請文を先に送ってほしいと主張する理由について、「深い理由があるわけではなく、その起請文を示して大崎氏と黒川氏へ和睦（を受け入れること）の催促をするため」であり、このままでは大崎義隆が納得せず、伊達と最上の和睦も成立しない、と自らの苦しい立場を吐露しつつ説明している。大崎義隆は弟を黒川晴氏の養子としており、伊達氏を裏切ってまで自身を支援してくれた晴氏を見捨てては義隆の面子も立たず、晴氏の進退が保障されなければ義隆も納得できなかったのである。

義光は「別の牛王宝印《ごおうほういん》でもよいから」黒川氏の進退を保障してくれれば、「大崎義隆へ無理にでも和睦を押しつけるつもりです」「この和睦が成立すれば、必ずや翌日に黒川晴氏が政宗の陣所へ、これまで伊達氏が命じていたように（兵や武器を）お届けをします」と述べ、強い姿勢で大崎氏に臨むこと、黒川氏の保障で伊達氏がメリットを得られることを約束し、説得を試みている（『伊達』三八一）。

このように、義姫自身の決断によって義光と直接書状が交わされ、二人は対面も果たした（『伊達』三三八）。具体的な事情を説明して話し合いが進められ、わざわざ輿を寄せた義姫を無視することはできないという名目で、義光もそれほど面目を失うことなく、妥協することが可能になった。結局、両家間でどのような起請文が交わされたのかは不明だが、七月二六日には最上・伊達間の和睦は成立し、人質になっていた泉田重光らは無事帰国することができたのである（「高橋家文書」『仙台』一〇―三〇二）。

二　水面下の外交交渉――再び戦争か――

和睦が成立してから三ヵ月後の一〇月二四日、伊達政宗は大崎氏の執事氏家吉継に書状を送る。そこには、「最上方からの裏切りでもあったのでしょうか」「最上氏が大崎領への進軍の準備をしているとか、言語道断で驚くばかりです」とみえ、すでに争いが再燃しそうな状況になっていたことがうかがえる（「仙台市博物館所蔵文書」『仙台』一〇―三三四）。翌天正一七年正月末には、近隣の葛西《かさい》氏が伊達氏の大崎領出陣は「必定」とみていた（「菊池家文書」）。

そのような折に、氏家吉継が伊達氏の米沢城へ登城する。ただ、政宗にとってもこれは思いがけないことだったらしい。米沢までやって来た吉継が立ちゆくように色々と気を配ると同時に（「引証記」八『仙台』一〇―三七五）、二月五日には、大崎領に近い大松沢（現宮城県大郷町）の宮沢氏に出陣の準備を命じている（「引証記」八『仙台』一〇―三七三）。義光も同月一日には氏家吉継の米沢登城の情報を摑んでいた（「石川文書」『山形県史』上巻、四四〇頁）。

再び大崎氏をめぐる情勢が緊迫するなか、義姫侍女である少納言から義光に内々の手紙が届く。しかもそれは「今時分、お手紙など（が届いて）見ることはないであろうと思っていたところ」のできごとであった。義光は、二月一二日付で義姫に返書を送り、丁寧に御礼を述べている。この氏家吉継の登城について、義光は政宗の判断によるものと考え、大崎領が伊達氏の支配下に置かれてしまうことを恐れていたようだ。そのため義光は、義姫による和睦仲裁は「すでに関白（豊臣秀吉《とよとみひでよし》）様、三河（徳川《とくがわ》）家康《いえやす》までお聞きになって承知しています」、苦労して締結したものであり、政宗・義姫・義光のうち誰かが死んでもこの名誉は朽ちることがありません、とさまざまな理由を付けて和睦を破るべきではないと訴えている（『伊達』三二八）。

義姫はすぐに返事を送ったらしく、翌日にも義光は義姫に書状を書いている（『伊達』三二五）。ここには「政宗の自筆書状を添えていただきました。初めの（お手紙の）ことも大崎へ送り、返事がありました。すぐに大崎義隆のお手紙をそちらへお送りしたところ、重ねて（義姫から）お手紙をいただきました。そのお手紙も大崎へ片便りとして送りました」とみえる。義姫は、義光に政宗の自筆書状を送り、義姫と政宗の書状は義光から大崎義隆へも回送され、義隆書状が義光から義姫へ送られていたことをうかがえる。また、義姫は政宗書状だけではなく、伊達家臣である土佐不入斎《ふにゆうさい》の書状も送り届けていたらしい。義光は、それらの書状は「まったく覚えがないことばかり書かれている」と述べているので、義姫は伊達方が義光に抱く疑いを問いただすために、これらの書状を添えたようだ。

おそらく、この伊達方の義光に対する疑いとは、氏家吉継と大崎義隆の関係が再び悪化した背景に、義光から義隆への働きかけがあったというものだと思われる。義姫は「氏家を義隆に従わせるように（義光から）ご意見をしてほしい」とも依頼し、義光もその頼みを受けて努めたようだが、義隆は吉継が従わないのだと返答してきたらしい。

五日後の一八日付義光書状では、大崎義隆と氏家吉継の主従関係に義光が介入しているとの伊達方の疑いに対して、「最上家中のことでさえ、家臣の家のことに無用の意見などすることは決してありません」「大崎でもこちらでも、（伊達から）人をそっとお遣りになりお聞きになって下さい」と反論している（『伊達』四〇八）。この書状では、政宗から義姫侍女の少納言へ届いた手紙や、義姫へ届いたばかりの政宗の手紙を送ってほしい、米沢に登城した氏家に「脇よりお尋ねになって、（義光に）聞かせてほしい」とも依頼している。

さらに、一二日後の三月一日付義光書状も興味深い。これによれば、義姫からの書状に「大崎義隆が和睦条件に違反し、氏家吉継を切腹させようとしている」とあったため、すぐに義隆に使者を送った。だが、義隆からは自身は違反しておらず、家臣も集めて彼らにも状況を確認したとの返事があったという。しかもこの書状は大崎義隆の使者が見ている目の前で書いており、義隆の自筆書状も添えて送るとも記している（『伊達』三二七）。

このように氏家吉継の米沢登城をきっかけとして、義光と義姫は連日のように書状をやり取りすることとなる。伊達・最上双方が抱く疑念を伝え、それを払拭するためにも義姫は政宗や伊達家臣からの書状を、義光は大崎義隆からの書状を回送した。義光は、義姫を通して氏家吉継の情報を、義姫（伊達氏）は義光を通して大崎義隆の情報を得ることができた。二人のきょうだいの交渉は、互いの家臣同士の交渉では難しい踏み込んだことも可能であったといえるだろう。

文面も家臣同士の書状とはやや趣が異なっている。義光は、時には和睦のあり方に対する不満（和睦後の挨拶がなく両者がまとまらず、仲裁の証が薄弱）を漏らし、和睦の仲裁をした義姫の許へ息子を挨拶に行かせようとしたが言うことを聞かないと吐露し、義光を疑うならば大崎でもこちらへでも使者を遣って確認すればよいと苛立ちを露わにした。時には、「それがしの（書状の）文言はおもしろく」「政宗の文体はそうでもない」と最上方で話題になっていると冗談めいた話も交え、「一度お目にかかり、嘘も真も語りたい」と願う言葉で書状を結んでいる（『伊達』四〇八）。義姫の返書が残っていないのは残念だが、感情が乗った長文の義光書状からは、二人の親密な関係性がうかがえると同時に、言葉を尽くして義姫に訴えかけ、事態の打開を図ろうとする義光の強い意志も感じとれる。

義光と義姫のやり取りでは、大崎義隆と氏家吉継の行き違いを糺していく様子もみられ、両者は、互いにわだかまりを残しつつも対立を避ける道を選んでいくこととなる。二月後半、黒川晴氏が伊達政宗へ従属することを決めて起請文を提出したこともあり、四月半ばには大崎義隆が伊達氏への従属を選択した（『伊達』四一二）。その際は、義隆から氏家方への進退保障も担保され、大崎氏が最上氏との婚姻関係を解消し、伊達氏と新たに婚姻関係を結ぶことが約束された。

最上義光としては不本意な結果であったが、義光と義姫の努力によって、大崎領を戦場とする最上氏と伊達氏の直接対決は回避することができたといえるだろう。

三 「北の関ヶ原」

慶長五年（一六〇〇）九月一五日、山形との距離わずか四〇キロほどに位置する最上氏の長谷堂城（現山形市）が、直江《なおえ》兼続《かねつぐ》率いる上杉軍の攻撃を受けた。いわゆる「北の関ヶ原」の戦いで、最上氏は危機的状況に置かれていた。この頃、義姫が最上氏の山形城に帰っていたこともあり、最上方の求めを受けた伊達政宗は、叔父の政景を援軍として山形へ向かわせることを決めた。

だが、後詰めを待つとして政景はなかなか山形へ入ってこない。そのようななか、義姫は義弟政景に一刻でも早い到着を求めて書状を送る。そこには「修理《しゅり》親子（最上義康《よしやす》・義光）も待ち望んでいます」（九月一九日卯の刻の書状「留守家文書」『仙台』一―五九）、「こちらへ御越しになってご意見をいただければ、義光親子も満足でしょう」「（義光らは）急いでお越しになればなおよいのに、と待ち望んでいます」（九月二〇日寅の刻の書状、同前書六〇）と記されている。早朝の書状は、その日の戦闘前に政景が山形へ入ることを望んだものであろう。義姫は義光と密な連絡を取りつつ書状を書いていることを示し、義光の心中を慮った言葉をつづったのである。

政景が山形に入ってからは、「戦下で取り乱しているうえ、義光親子も何のお構いもしませんので本当に心許なく思っています。けれども私どもは親しい間柄なのですから、義光の前でも本当にお気遣いなくと（義光も）申しております」（同前書六六）と述べ、義光に代わって政景に心を配り、義光が政景と近しい関係だと認識しているということを、義光からの言伝として記している。

さらに、石田三成《いしだみつなり》方の敗北が奥羽にも伝わり上杉軍が撤退しはじめ、政景も上杉景勝《かげかつ》の本拠会津へ向かうことになった時には、義姫はしばらく山形に在陣してほしいと政景に求め、政景宛書状に「義光も内心はそう（山形に在陣してほしいと）思っています。昨夜も直々に相談を受けました」と書いた（同前書八一）。つまり、義姫は義光から直接相談を受ける関係にあることを示したうえで、義光が言葉にできない「山形に在陣していてほしい」という心の内を伝え、政景を在陣させることで最上領国の安全を図る役割を果たしたのである。

おわりに

最上義光と義姫の書状から、戦国大名当主と他家へ嫁いだ姉妹というきょうだいの実態を追究してきた。他家へ嫁いだきょうだいとは、直接的な書状のやり取りは少ないようだが、両家がかかわる和睦交渉などの危機的状況下では、かなり頻繁に書状を送り合っていた。ともに家の代表者として、また「きょうだい」という近しい間柄を活かして、家臣同士では困難な踏み込んだやり取りを交わしている。「北の関ヶ原」では、義光が言葉にできない心の内を義姫がくみ取る形で政景に伝えていた。その結果、和睦の締結、戦争回避、援軍の獲得や維持につながることがあったのである。戦争が繰り返される時代においては、このきょうだいのように、危機に対応する場面も多くみられたのではないだろうか。彼らが戦国社会に果たした役割は、決して小さくなかったといえるだろう。

〈参考文献〉
古川市史編さん委員会編『古川市史』第一巻　通史Ⅰ（大崎市、二〇〇八年）
遠藤ゆり子『戦国時代の南奥羽社会—伊達・大崎・最上氏—』（吉川弘文館、二〇一六年）
伊藤清郎『人物叢書　最上義光』（吉川弘文館、二〇一六年）

※本稿はJSPS科研費20K00961による研究成果の一部である。

近世

徳川家光と忠長・保科正之

―「葵三兄弟」その明暗と愛憎劇―

小池　進

はじめに

江戸幕府二代将軍徳川秀忠《とくがわひでただ》には、男子四人、女子五人の都合九人の子がいた。このうち男子は、長丸、三代将軍となった家光《いえみつ》、駿河大納言と呼ばれた忠長《ただなが》、そして会津松平家の祖となった保科正之《ほしなまさゆき》である。

本稿では、長丸をのぞき、「葵三兄弟」ともいうべき家光以下の三人の兄弟について、あまりにも明暗分かれたその生涯と、秀忠夫妻もふくめた彼ら兄弟の愛憎劇とを、家光を軸に据えて記してみたい。

一　家光と忠長

徳川家光は慶長九年（一六〇四）七月一七日、江戸城西の丸で誕生した。この時点で長子の長丸はすでに夭折していたので、家光が秀忠の事実上の長男となった。三男の忠長は、家光より二年おそい同一一年六月朔日、やはり江戸城で生まれた。二人とも生母は秀忠の正室お江与《えよ》の方（浅井氏・崇源院《すうげんいん》）である。

江戸時代において、家光と忠長といえば仲の悪い兄弟の代表格ではないかと思われるが、この二人の関係について、家光の乳母だった春日局《かすがのつぼね》の筆になり、寛永一七年（一六四〇）に日光東照宮に奉納された「東照大権現祝詞《のりと》」にはつぎのように記されている。

駿河大納言殿《（忠長）》は、たま〳〵神国に生まれて、神仏が見守っていることも弁《わきま》えず、ほしいまゝに君《（家光）》に反逆の気持ちをいだき、庶子なのに惣領を継ごうとお企みになりました、このようなことが、どうして天道にかないましょうか……

春日の思い込みがやや強い点は否めないが、この史料によれば、やはり家光と忠長との確執はあったようで、それは父秀忠の世継すなわち将軍職をめぐるものであった。一般に、武家社会における相続は長幼の序が重視されており、その在り方からすれば、世継の優先権はとうぜん兄の家光にあったはずである。しかし幼少期の二人はほぼ対等に養育されており、家光が優遇・優先された形跡はほとんどなかった。

その最大の原因は、秀忠夫妻の情愛が忠長により厚かったことにあった。とくにお江与は家光を憎みさえもしたという。くわえて忠長のほうにより聡明・利発な資質がみえたことも、要因のひとつだったかも知れない。世継の決定には、戦国以来の能力優先の風潮がいまだ強かったからである。忠長の心に、兄家光への対抗心が芽生えたとしても不思議ではない。

だが、結局は家光が世継に決まった。順当といえば順当な結果である。これには大御所家康《いえやす》の意向が決定的に重きをなしており、それは大坂の陣が終わった元和元年（一六一五）末頃のことだったとされる。家康からすれば、徳川治世の永続を考えたとき、能力主義によるよりも、長幼の序に基づいた長子相続を優先した方が、これ以後も混乱なく将軍職が継承され、ひいては社会の安定にもつながると考えたのだろう。

家康死後の元和二年九月、秀忠は甲斐において二〇万石を忠長に与えた。忠長の最初の領知である。このことは家光と忠長との関係という点では決定的に重要で、これによって忠長は、はっきりと家光の家臣に位置づけられたのである。それは、家康の意向があったとはいえ、父秀忠みずからの意思の表明でもあった。

その後、元和九年七月に家光は征夷大将軍に任じられ江戸幕府三代将軍となった。いっぽうの忠長は翌寛永元年八月、駿府《すんぷ》城を与えられ同時に駿河・遠江《とおとうみ》・甲斐・信濃《しなの》で五〇万石を領する親藩大名となった。さらに同三年八月には従二位権大納言に叙任して、以後忠長は「駿河大納言」と呼ばれるようになったのである。家康も住んだ東海道の要衝駿府に、後の「御三家」の尾張大納言家・紀伊大納言家にならぶ駿河大納言家が創設されたのであり、そこには、忠長に対する父秀忠の信頼と期待の大きさとをうかがうことができる。

一般に、家光と忠長は終世不仲だったとみられている。だが、決してそのようなことはない。たとえば、松平忠直《まつだいらただなお》の不参問題で不穏な情勢がつづく元和八年八月、このとき家光は難を逃れるように江戸を離れて武蔵川越に滞在していたが、同二九日江戸に帰城した際、板橋まで家光を出迎えたのはほかならぬ忠長であった。また後水尾《ごみずのお》天皇に二条城行幸を仰いだ寛永三年七月の秀忠と家光の上洛では、忠長は上洛途上の家光を駿府城に迎え歓待するとともに、そのまま家光に供奉して入京した。八月一八日には参内して、後水尾天皇の中宮となっていた実妹の和子《まさこ》（東福門院《とうふくもんいん》）とも兄弟二人そろって対面している。

このほかにも寛永六年二月に家光が疱瘡を患ったとき、忠長は直書でその容体を見舞っていたし、また家光がおこなった大名邸への御成《おな》り（数寄屋《すきや》御成り）に、忠長はほとんど相伴していた。くわえて忠長邸への御成りが、同じ親藩である三家をふくめても、もっとも多くの回数おこなわれていた。このように家光と忠長とのあいだには、不仲・

確執があった様子はほとんどみられず、とくに秀忠の大御所時代にはむしろ蜜月ともいうべき関係にあった。忠長は、三家とならぶ親藩大名としての立場を着々と固めつつあったのである。

ところが寛永八年二月になると、忠長は酒に酔っては側近の家臣や女中たちへの手討ちを繰り返し、また辻斬りさえもおこなうようになっていた。この様子を聞いた父秀忠は、即座に忠長を勘当し二度と会うことはなかった。これに対して、家光は土井利勝《どいとしかつ》ら年寄《としより》（老中）を三度も忠長のもとに遣わして異見をさせ、またみずからも二度にわたって異見して忠長に更生を促していた。忠長はそのつど同意するものの、しばらくするとまた凶行におよんだのである。

もし、家光と忠長との関係が巷間いわれるとおりだったならば、忠長の最大の庇護者だったお江与は、五年も前の寛永三年九月に死去していたし、秀忠も見放したのだから、家光は即座に改易など思うままの処分ができたはずである。だが、家光はそうはしなかった。この年（寛永八）五月、家光は忠長を病気療養を名目にして、まずは甲府に謹慎させることにしたのである。そのときの条件は、行動が改まらなければ改易とするが、改善されれば駿府藩主として復帰を許すというものであった。家光は忠長への極刑を猶予し、立ち直りの余地を残したのである。

甲府に蟄居した忠長は、父秀忠の病が重篤になった寛永八年冬、金地院崇伝《こんちいんすうでん》や南光坊天海《なんこうぼうてんかい》らの僧侶を通じて、後悔の旨と秀忠への見舞いの取り成しを何度も懇願した。しかし忠長の望みが叶うことはなかった。秀忠は最期まで忠長を許さぬまま、寛永九年正月、江戸城西の丸で息を引きとったのである。大御所秀忠が死去すると、将軍家光による本格的な政治が開始された。その当初、家光政権はかなり不安定な面もあったが、それでも五月には、「御代始めの御法度」として肥後熊本五四万石の加藤忠広《かとうただひろ》を改易するなど、家光は自身の権威を諸大名以下に示すことに成功した。

むかえた同九年一〇月一二日、忠長に上野《こうずけ》高崎への逼塞《ひっそく》が伝えられ、同時に五〇万石の所領も没収となった。改易処分である。甲府謹慎後の忠長が手討ちをおこなった形跡はなく、今回の処分の理由は忠長の「作法」にあった。この「作法」に関しては、家光の側近稲葉正勝《いなばまさかつ》が細川忠利《ほそかわただとし》に宛てた一一月五日付の書状に「今度、駿河大納言殿が高崎に遣わされ、駿河・遠江の両国を召し上げられたことですが、以前から御作法が悪く、万事についてそのままでは済まされないような御振る舞いでした」（『綿考輯録《めんこうしゆうろく》』）とあるように、忠長には以前から兄家光の権威を傷つけるような、不遜な態度が目立っていたのであり、それが改善されなかったのである。

それでも忠長へのこの処分については、島津家の江戸家老伊勢貞昌《いせさだまさ》らが国元に宛てた一一月二日付の書状（「旧記《きゅうき》雑録《ざつろく》後編」）で、

物じては遠国に遣わすところですが、（上様にとって）御連枝《これんし》のことでもあり、万一御心持ちが直ることもあるかと、先ずは上野国内の高崎に置かれることになった、とのことです……

と報じたように、家光は、忠長を本来ならば遠国に配流するところだが、「連枝（兄弟）」のことでもあり、万一「心持ち」が改善するかもしれないと期待して、まずは（江戸からもほど近い）高崎に置くことにしたのである。いまだ弟忠長を見捨てられない家光の心情が読み取れるとともに、父秀忠が、やはり将軍の権威を損ねた弟の松平忠輝《ただてる》を伊勢朝熊《あさま》に、甥の松平忠直を豊後府内に配流したのとは対照的である。

寛永一〇年一二月八日、忠長は逼塞先の高崎城で自害し二八年の生涯を閉じた。遺骸は同地大信寺に葬られ、法名は峰巌院殿晴徹暁雲大居士《ほうげんいんどのせいてつぎょううんだいこじ》とつけられた。これまで幾度となく忠長への極刑を猶予し、その更生に期待していた家光だったが、この自害についてはどうやら家光が強要したようである。その原因は家光自身の健康状態と、いまだ家光に世継が生まれていないことにあった。忠長が自害する二ヵ月前の一〇月一四日、翌日に増上寺《ぞうじょうじ》への御成りをひかえた家光は、行水を浴び月代《さかやき》を剃ったところ、つぎの朝に悪寒を感じ風邪をひいた。この病は意外に重く、一時は危険な状態となり、そのとき家光は自分のつぎの将軍職のことまで口にしたとされる。いまだ男子はおろか子のいな

い家光にとって、これまで幾度となく恩情を施してきたといっても、さすがにあの凶行を考えると、自分に万一のことがあったとき、将軍になりうる血脈を持つ忠長の存在は、どうしても消し去る以外なかったのであろう。

この頃、江戸にいたオランダ商館の上級商館員（のちに商館長）フランソワ・カロンの記録によれば、家光は腕の立つ刺客数人を忠長のもとに送り、同席した折に話のはずみから諍《いさか》いに持ち込んで忠長を殺害する手筈であった。しかし、これを返り討ちにした忠長は、兄家光の自分を亡き者にしようとする意図を察し、みずから命を絶ったという（『オランダ商館長日記』）。この記述を全面的に信用するにはなお検討を要するが、少なくとも家光が忠長を自害に追い込んだとの認識を、当時の人々が持っていたことは間違いないところであろう。

なぜ忠長はあのような凶行に走ったのか。おそらく、幼少期に培った兄家光への対抗心が、将軍になれなかったことで潜在的な不満として忠長の心の奥底に蓄積され、それに酒の力が加わったとき、ああした凶行におよんでいたのであろう。このほかにも何か病的な原因があったかもしれないが、それは今後の課題としておきたい。

二　家光と保科正之

保科正之は慶長一六年五月七日、武蔵足立《あだち》郡大牧《おおまき》村で誕生した。家光とは七つ違いである。生母はお江与の方ではなく、小田原北条《おだわらほうじょう》氏の牢人神尾栄加なる人物の娘で静《しず》（浄光院《じょうこういん》）といった。静が秀忠の乳母（岡部《おかべ》氏）に女中奉公に上がっていたとき、秀忠の寵を受け正之を身ごもったのである。この前後の経緯については、拙著『保科正之』に譲るが、正之は武田信玄《たけだしんげん》の娘見性院《けんしょういん》の庇護のもとで七歳まで養育された。誕生の地である大牧村も、見性院が家康から拝領した知行所の村であった。

元和三年一一月、七歳になった正之は、信濃高遠藩主保科正光《まさみつ》の養育を受けることになった。正光は旧主が武田信玄だった縁で見性院の屋敷に出入りしており、見性院から正之の養育を依頼されたのである。これは父秀忠の意思でもあった。というのは、家康の異父妹（多却《たけ》姫）が、正光の父正直《まさなお》の後室に収まっていたという俗縁があったからである。翌元和四年、高遠藩は信濃筑摩《つかま》郡洗馬《せば》郷において五〇〇〇石の加増を受け三万石となった。これは父秀忠から正之への養育料とみて間違いない。

だが、秀忠が正之に対して父親らしいことをしたのはこれだけだった。秀忠は正之をまったく無視したのである。たしかに秀忠が死去した際、正之は秀忠の遺物として銀五〇〇枚を受け取っている。しかし、五万石前後の譜代《ふだい》・外《と》様《ざま》大名はほぼ一律に同額を与えられており、とくべつに正之が秀忠の実子だったからというわけではなかった。また、正之は寛永七年六月二三日、将軍家光に初見の礼をとっていたが、このときの模様を土佐山内家の江戸家老が国元に宛てた六月二五日付の書状で、つぎのように報じていた（「山内家文書」）。

一、保科肥後殿（正光）が御養育なされている香松様（正之）ですが、一昨日二十二日（ママ）に将軍様（家光）へ御目見えなされ、その日の晩には大炊殿（土井利勝）へ御振る舞いのためお出でになったとのことです。相国様（秀忠）へは将軍様から御目見えなされるよう仰せ上げられました、そのため、大名衆からも御祝いの使者が（相国様のところへ）参るのではないかと立ち聞きしていましたが、今の時分、相国様には御取り上げになろうとは、まったくお思いになっていない、とのことです……

この日（六月二三日）、正之と対面した家光は、おそらく西の丸にいたであろう秀忠に正之との「御目見え」を勧めていた。ところが、あろうことか秀忠はこれを断っていたのである。秀忠は、私的な場ではわからないが、少なくとも公の場では終世正之と会わなかった、つまり我が子として認めなかったのである。

冷徹な父親にみえるが、秀忠にしてみれば、正之は初めから徳川家を継ぐ候補者の一人として誕生した子ではなかった。正之の存在は、その処遇如何によっては世継を決めるときの火種にもなりかねなかったし、たとえ世継が決まったあとでも、将軍家の権威を損ねる可能性も否定できなかった。秀忠としては、そうした懸念を未然に防ぐという政治的な判断もあって、正之に対して生活の保障はしても、実子として認知することはできなかったのであろう。年上の妻お江与の嫉妬が恐ろしかっただけではなかったのである。

寛永八年一〇月養父正光が死ぬと、正之は高遠藩三万石を継いで大名となった。そして翌年正月の実父秀忠の死後、いよいよ兄である将軍家光によって取り立てられてゆく。

寛永一一年七月、家光は自身三度目の上洛をおこなった。正之も家光に供奉して初めての上洛を果たしていたが、このとき家光は正之の官位を四品《しほん》から侍従《じじゅう》とした。わずか三万石の譜代大名としては異例の昇進である。この頃、正之が家光の実弟であることを知らぬ大名もおり、家光は正之を侍従とすることで、自分の弟であることを諸大名に周知させたのである。ついで同一三年七月、家光は正之に一挙に一七万石を加増して二〇万石を与え、出羽山形城主とした。さらに同二〇年七月、加藤明成《かとうあきなり》が改易となった後の陸奥会津に、正之を二三万石で移したのである。江戸幕府成立からおよそ四〇年、初期の軍事的緊張が薄れていたといっても、会津は奥羽の要の地であり、忠長亡きあと、家光はその会津に唯一の肉親である正之を置いたのである。この転封は、家光が正之を十分に信頼に足る人物と見込んでいたからにほかならない。

これよりさき寛永一八年八月、家光に待望の男子が誕生した。のちの四代将軍家綱《いえつな》である。その家綱の元服式は正保二年（一六四五）四月二三日におこなわれた。家綱はこのとき五歳だった。かつてない規模でおこなわれたこの元服式では、加冠《かかん》役を彦根三〇万石の井伊直孝《いいなおたか》がつとめ、それにつぐ重要な役である理髪《りはつ》役を任されたのが正之であった。加冠役をつとめた井伊直孝は、譜代筆頭の家格とともに強力な軍団を持ち、秀忠の遺言で幕政に参与した、いわば家光の後見的存在であり、もちろん来たるべき家綱政権をも支えることのできる有力な家臣だった。ただ直孝はこのとき五六歳で、幼い家綱の行く末を考えたとき、その後ろ盾として、より若く相応の家格と実力を備えた人物が必要であった。保科正之はこのとき三五歳であり、年齢からいっても、また家綱の叔父という血筋からいっても不足はなかった。家光にとって正之は、直孝とともに家綱の身を託すにはもっとも信頼に足る人物だったのである。

家光と正之との関係という点において、決して無視できないのが、いわゆる「託孤《たつこ》の遺命」（『会津松平家譜』）である。会津藩が編纂した『家世実紀』によれば、慶安四年（一六五一）四月二〇日、家光の死の直前、最後の上意が大老酒井忠勝《さかいただかつ》から三家や一門大名に伝えられた後、家光はひとり正之を寝所に呼び、みずから正之の手を取って「大納言《(家綱)》事頼むぞ」と語りかけ、正之も涙ながらに身命を抛《なげう》って家綱に奉公する旨を応えた。家光はこれを聞くと安堵の表情を浮かべ、間もなく息を引き取ったという。しかし、家光の最後の上意が三家以下に伝えられていた時刻には、家光はすでに死去していたか、あるいは言葉を発せられる状態にはなく、ひとり正之を寝所に呼び云々の下りは事実ではない。おそらくは「こうあってほしい」という会津藩の願望であったろう。

ただし寛文一二年（一六七二）一二月一八日の正之の死直後に、正之の側近儒者である友松氏興《ともまつうじおき》が稲葉正往《まさゆき》（正之の婿）に提出した書付（「友松氏興辞役願書」）に、

一、大猷院《(家光)》様が御他界する日の少し前、肥後守《(正之)》を御前に召しだされ、若君様《(家綱)》の御事を御頼みになったのだ、と

（肥後守様が）御意なされました、

とあるように、「託孤の遺命」じたいがなかったとはいいきれず、それは正之みずからも語るように「御他界する日」ではなく、その「少し前」におこなわれていたのである。

その後、正之は兄家光の「遺命」をよく守り、幼将軍家綱の後見として家綱を守り立てた。とくに井伊直孝の死（万治二年〈一六五九〉）後は、武家諸法度の改訂に伴う殉死の禁の決定や、証人制（陪臣証人制）の廃止など、いわゆる「寛文の二大美事」をはじめとする家綱政権の諸政策に「大老」として関与し、幕府政治に重きをなしたのである。死の直前に正之が会津藩に遺した「家訓《かきん》十五条」の第一条目に、正之は「大君ノ義一心大切ニ忠勤ニ存ズベシ（原漢文）」（「土津霊神《はにつれいしん》事実」）と定め、のちの会津藩主以下に将軍への絶対忠誠を厳命した。これは、みずからを取り立ててくれた兄家光への恩義に報いようとする、正之の衷心からの思いだったに違いない。

三　忠長と正之

忠長と正之との接点はきわめて少ない。『家世実紀』によれば、ただいちど寛永六年九月に、正之が養父正光とともに忠長の居城駿府城におもむき、忠長と対面したとされる。これは正之の存在が、実父秀忠によって諸大名に披露されることを願った正光が、秀忠への取り成しを忠長に依頼して実現したものであった。このとき正之は饗応を受け、守家《もりいえ》の刀、弟《だい》鷹一据、黒毛馬一疋、白銀五〇〇枚と家康が召した小袖などを忠長から拝領したという。

このときのこととして、忠長と正之をめぐってつぎのような逸話がある。正之が登城する際、忠長は所々の番人の出座を無用とした。家臣たちが不審に思っていると、退出のときは通常どおり詰所に控えるようにとの指示であった。のちに忠長は「幸松（正之）は高遠の田舎で成長したため諸事不作法だろうから、その様子を見せたくないために番人たちを退かせたのだ。だが実際に会ってみると、ずいぶんと利発な振る舞いであった。だから帰りの際には安心していつも通りに番人を配したのだ」と近習たちに語ったとされる（『家世実紀』）。

正之が忠長と会って馳走を受けていたことは事実である。だが、それは駿府城ではなく江戸であり、その日付も寛永六年九月ではなく、おそらくは寛永七年一二月八日だった可能性が高い。よって、とくに後段の話はにわかに信じることはできない。ただ、この対面が寛永七年一二月八日で、かつ右の逸話にあるように正之の聡明さを忠長が見抜いたとすれば、心の奥底に兄家光への対抗心を持つ忠長が、兄に重用される正之の姿を想像して自暴自棄となり、その結果が、直後の翌八年初頭からのあの凶行につながっていたのかもしれない。

おわりに

徳川家光と忠長は、幼少期にはほとんど対等な兄弟として育てられた。しかし、兄家光が将軍となったのに対して、弟忠長は駿府五〇万石の大名となったものの凶行に走り、ついにはみずから命を絶っていた。二人の人生は、まさに明暗分かれるものとなったが、とくに忠長の悲惨な結末の遠因が、幼少期における両親（とくに母親の）の偏愛だったとすれば、よくある話とはいえ、それはそれで悲劇というほかない。

いっぽうで保科正之は、兄たちと同じ秀忠の子だったにもかかわらず、母親が違うというだけで、父からは子として認知されずに不遇な少年時代を送った。しかし、父の死後に兄家光に取り立てられ、最後は会津二三万石の大名となり、「大老」として家光の遺児家綱を支え、幕府政治に重きをなす存在となった。忠長と正之、これまた対照的な生涯を送った兄弟だった。

〈参考文献〉

小池進「保科正之と徳川忠長の対面をめぐって」(『信濃』六五―五、二〇一三年)
小池進『人物叢書　保科正之』(吉川弘文館、二〇一七年)
小池進『徳川忠長』(吉川弘文館、二〇二一年)
藤井讓治『人物叢書　徳川家光』(吉川弘文館、一九九七年)

三井家擬制の兄弟

下向井紀彦

はじめに

享保七年（一七二二）、三井《みつい》家では、家と事業を規定するための家法「宗竺遺書《そうちくいしょ》」を制定した。宗竺とは三井高利《たかとし》の長男・高平《たかひら》の法名である。「宗竺遺書」は、高平晩年にその遺書のかたちで定めたもので、高利の子どもたちである高平とともに、高治《たかはる》（三男・宗印《そういん》）、高伴《たかとも》（四男・宗利《そうり》）の三兄弟の奥書・連判をもって三井同族に提示され、一二名の同族もこの内容に従う旨を誓って連判して成立した。

このなかでは三井家の範囲を定め、「身上一致」という表現で財産共有制の実施を成文化している。以後の三井ではこの原則に従って家と事業を継承していく。三井各家の当主の関係が世代を経るごとに希薄になりうるなかで、三井一一家を兄弟同様に扱う枠組みを作り上げたといえる。

以下本章では、三井家黎明期のさまざまな兄弟に注目し、三井の事業や「宗竺遺書」の成立にいたる経緯を概観したい。なお、本章の内容は本章末に列記した参考文献に依拠している。これらの文献もあわせてご参照いただきたい。

一　創業者・三井高利

まず、三井家の概略について触れておきたい。三井家の元祖・高利は、近世を代表する商人の一人として知られる。高利は、父高俊《たかとし》と母珠法《しゅほう》の末子として、元和八年（一六二二）に伊勢松坂に生まれた（図1）。一四歳のとき、すでに江戸に小間物店・呉服店を出店して成功を収めていた長兄俊次《としつぐ》の店（江戸・本町四丁目店）に働きに出る。俊次は京都に居所を移して京都の商品の仕入にあたっており、高利は三兄重俊《しげとし》（当時江戸の俊次店を差配していた）とともに江戸の店を支えた。二〇歳のとき、重俊が母の世話のために松坂に戻ると、高利は俊次の江戸の店を任され、店を繁盛させた。次兄の弘重《ひろしげ》は桐生の商家・櫻井家の養子となっており、高利兄弟たちはいずれも有能な商人であった。

なお、高利らの両親は松坂で酒・味噌の商売と質屋を営んでいたが、父高俊は文化活動に入れ込んでいたため、母珠法が商売に励み店をもり立てていた。そのため高利三男高治の著した「商売記」（三井黎明期の商売の記録）では、殊法をして「三井家商の元祖」と評している。高利兄弟がいずれも商人として成長したのは、母珠法の影響もあっただろう。

高利が二八歳のとき、兄重俊が亡くなる。高利は重俊にかわり母の世話をすることとなって帰郷する。松坂において母の面倒を見つつ自ら金融業を始め、のちの江戸出店の準備を進めた。また松坂に戻った際に寿讃《じゅさん》（かね）と結婚し、多くの子どもを生み育てる。そして、延宝元年（一六七三）、五二歳のときに子どもたちとともに江戸・本町一丁目に呉服店「越後屋」を開業した。越後屋の基本的な商売形態は、京都で西陣織などの呉服物を仕入れて江戸で販売するもので、越後屋では創業時点から江戸に呉服物の販売店を、京都にその仕入店を置いていた。高利自身は京都

図1　三井高利関係系図

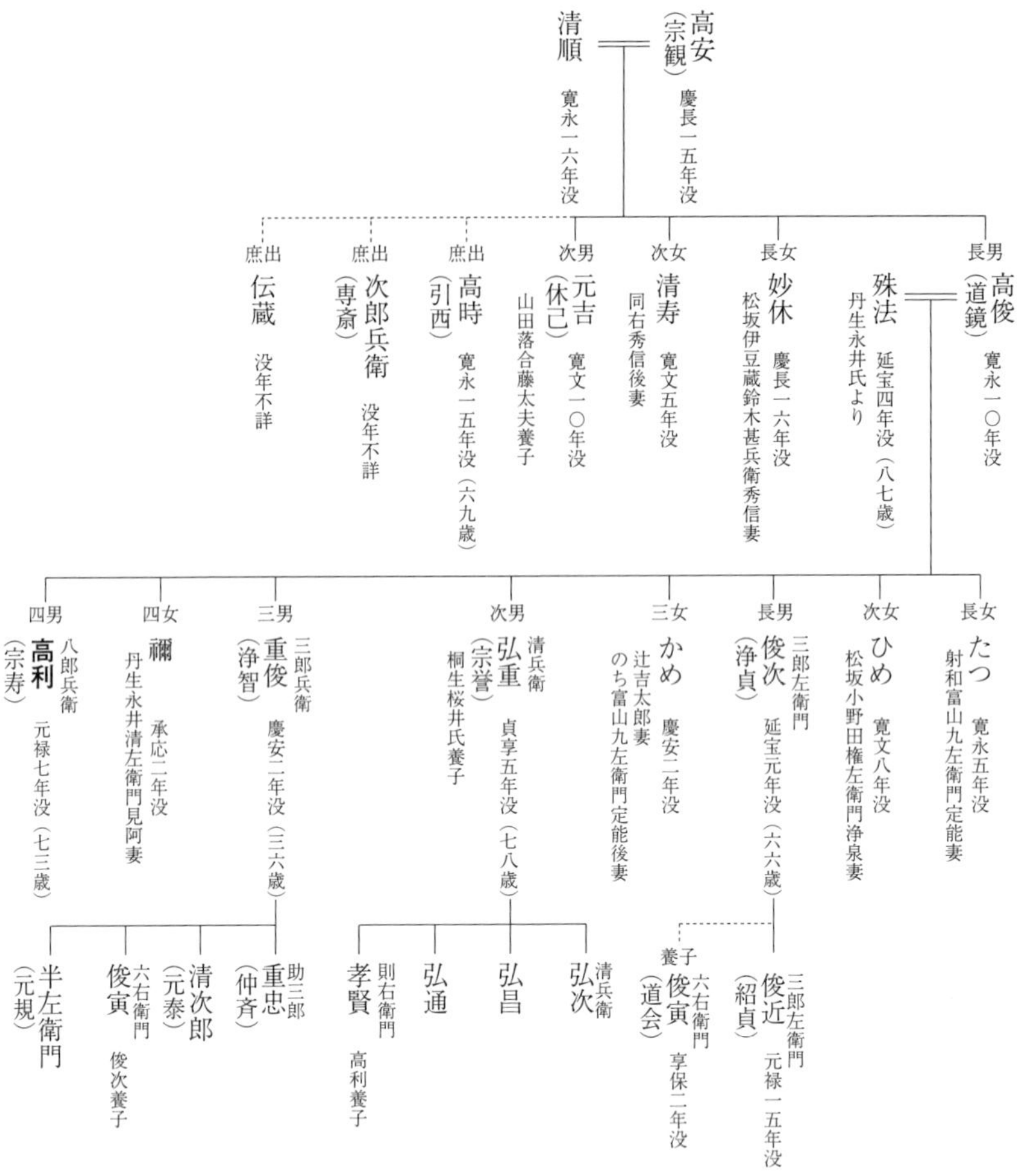

と松坂を往復しながら指揮を執り、子どもたちが各店舗を差配していた。開業から一〇年後の天和三年（一六八三）、三井は本町通りの一つ南の通りである駿河町に店を移し、同時に両替店も開業して、事業をより一層発展させていく。三井はこの後、呉服と両替の二大事業を興し、呉服御用や御為替御用など幕府や諸大名の御用を引き受け、京都・江戸・大坂の三都に多数の店舗を展開し、商品仕入網を全国に広げる巨大商家として成長していった。

　三井越後屋の代名詞ともいえる、当時の画期的な商売であった「現金掛け値なし」の商法

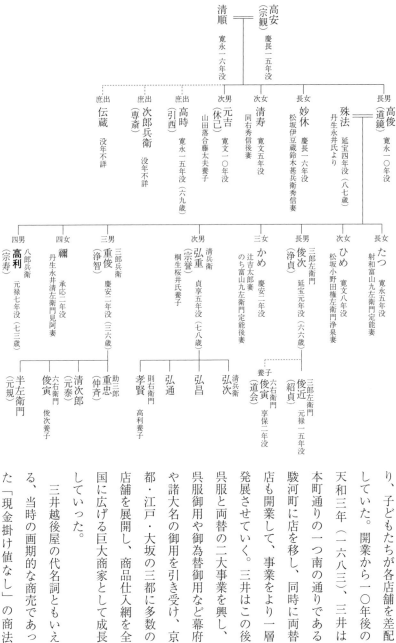

（現金販売、定価販売、店頭販売を一体的におこなう商売）は、元禄元年（一六八八）に書かれた井原西鶴《いはらさいかく》の浮世草子「日本永代蔵《にっぽんえいたいぐら》」でも取り上げられており、そこでは三井をモデルにした商家を「大商人の手本」と評している。開業からわずか一五年で、三井は全国にその名を広くとどろかせるまでに成長していた。高利は晩年の貞享三年（一六八六）に松坂から京都に移り住み、三井の事業の展開を見届けながら、元禄七年に七三歳で没した。

二　高利の子どもたち

高利は寿讃とのあいだに一〇男五女をもうけ、このうち八男三女が成人した（図2）。延宝元年の越後屋開業時点で三井における就業年齢に達していたのは、長男高平（二一歳）、次男高富《たかとみ》（二〇歳）、三男高治（一七歳）、四男高伴（一五歳）であった。高平・高富はそれぞれ一五歳から高利の兄俊次の店で働き、経験を積んでいた。開業時点で、高平は京都の仕入店に詰めて仕入れにあたり、高富は江戸の店を差配していた。高治は最初江戸にいたが、京都で金銀支払や貸借にあたった。四男高伴は最初京都にいたが、のちに江戸にうつり、高富とともに江戸の店を差配するようになった。高平・高富・高治・高伴の兄弟は、三井の第二世代の中核を担う人材となっていく。

そのほかの男子のうち、五男安長《やすなが》が他家に養子に行き（のち三井家に戻り、子ども夫婦とともに三井家の庇護下に入る）、七男・八男が早世したものの、ほかの者は三井の商売を支えていた。六男高好《たかよし》は最初江戸に勤め、呉服販売ですぐれた手腕をみせた。のちに京都に移り仕入を一手に引き受けるようになるが、三井の体制が確立する前の宝永元年（一七〇四）に四二歳で没する。九男高久《たかひさ》は高平の養子となっていたが、高平に長男高房《たかふさ》が生まれてからは高平の後継者とはならず一家をなした。貞享三年に一五歳となってからは、ほとんど江戸店で働き、のち京都に移住する。一〇男

図2　三井高利と子どもたち

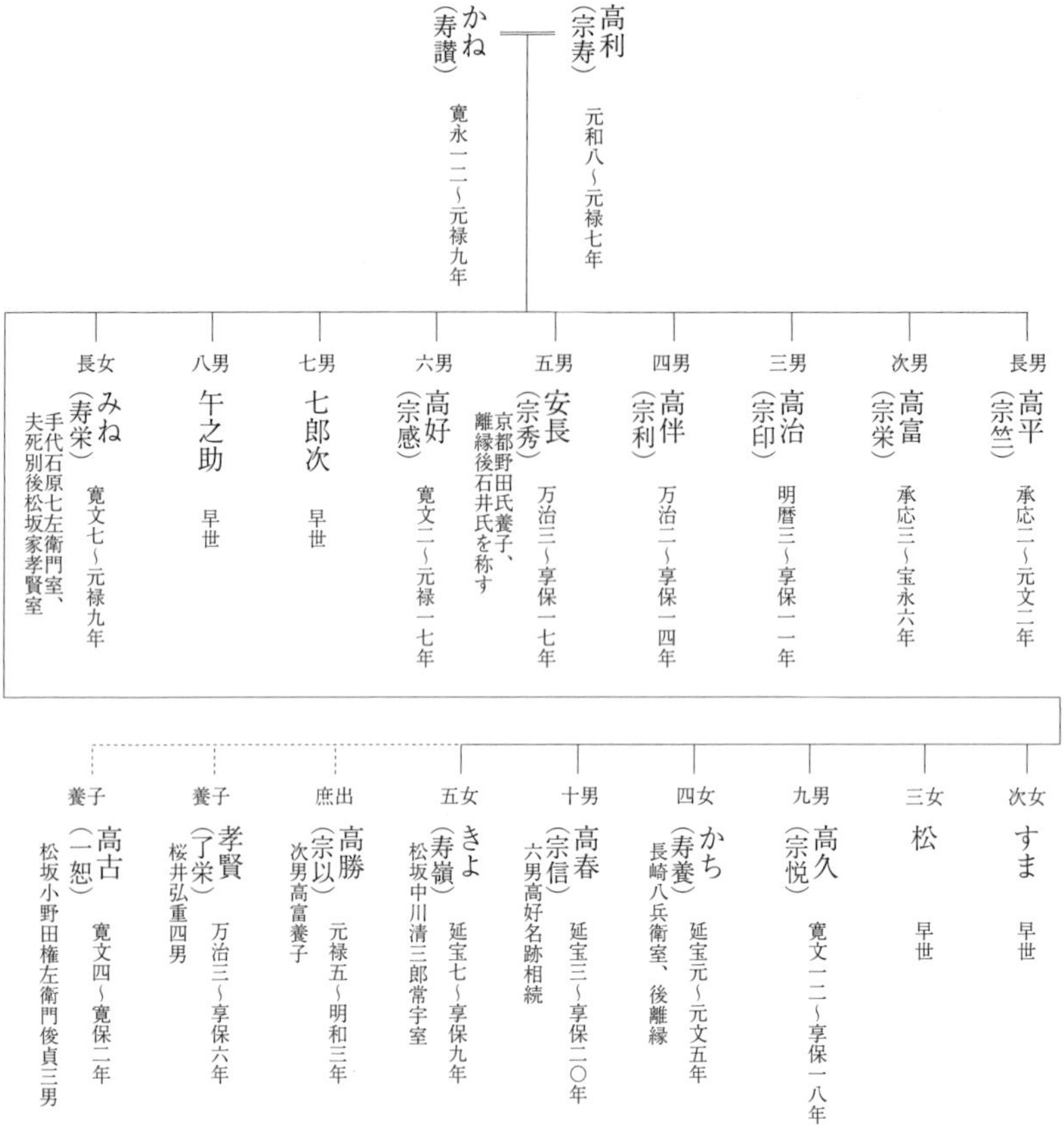

高春《たかはる》は高富の養子となっていたが自立して一家をなした。高春も主に江戸に勤務し、大坂店にもしばしば出かけていたが、のち京都に移住した。以上のように、高利の多くの男子は商人として成長し、兄弟で協力・連携しながら自ら三井の事業を支え、発展させていった。

なお、高利の娘たちについても簡単に触れておきたい。高利の次女と三女は早世するが、のこりの三人はいずれも商家に嫁いだ。長女みねは高利の兄弘重の四男孝賢《たかかた》に、四女かちは長崎八兵衛《ながさきはちべえ》に、五女きよは松坂の中川清三郎《なかがわせいさぶろう》に嫁いでいる。このうち、孝賢は同族の多くが京都に移住したあとの松坂において三井を代表する存在となり、松坂家として一家をなす。また、かちは離縁して三井家に戻り、高房次男高陳《たかつら》を養子に迎え長井家として一家をなした。高利の叔母たちや姉たちも同様で、高利の叔母の妙休《みょうきゅう》・清寿《せいじゅ》（後妻）は松坂の伊豆蔵甚兵衛《いずくらじんべえ》へ、高利の姉のたつ・かめ（後妻）は射和《いざわ》の富山九左衛門《とみやまきゅうざえもん》へ、ひめは松坂の小野田権左衛門《おのだごんざえもん》へ、禰《ね》は丹生《にゅう》の永井清左衛門《ながいせいざえもん》へ、という具合に、いずれも伊勢の有力商家に嫁いでいる（図1）。伊勢出身の有力商人層は、相互に婚姻関係を結ぶことで、強固な地縁・血縁のネットワークを構築していた。三井黎明期の女性たちも三井が伊勢の有力商人のネットワークに参画するうえで重要な役割を果たしていた。

三　高利没後の事業継承と課題

元禄七年、高利は亡くなる直前に遺言状「宗寿居士古遺言《そうじゅこじこゆいげん》」を作成した。ここには子どもたちにあてた申し送りや教訓のようなことは書かれておらず、子どもたちや妻寿讃への遺産配分を記していた。寿讃への遺贈分を除いた総額を七〇とし、一〇人に配分するもので、たとえば長男高平に二九、次男高富に一三、三男高治に九、四男高伴に七・五、などの比率になっている（表1）。高平への配分が圧倒的に多く、長子である高平に家長としての権威を与えようとしていたことがうかがえる。この高利の遺言を受けて、子どもたちは誓約書である「一札《いっさつ》」を作成し、長兄高平に宛てて提出している。そこでは高平を父高利のかわりと思い父同様に敬うこと、呉服御用は高平に帰属すること、財産はそのまま全員で引き継ぎ分割しないこと、などを記しそれを守ることを約束している。高利から子どもたちへの世代継承では、三井家として築いた財産と事業を一体のものとして継承することとなった。これにより三井は分裂することなく事業を継続させていった。

表1　高利の遺産配分比率

続　柄	名　前	割　歩	比　率	備　考
長男	高平（八郎兵衛）	29	41.4%	
次男	高富（八郎右衛門）	13	18.6%	
三男	高治（三郎助）	9	12.9%	
四男	高伴（次郎右衛門）	7.5	10.7%	
六男	高好（源右衛門）	4.5	6.4%	
長女夫妻	孝賢（則右衛門）・みね	2	2.9%	
九男	高久（勘右衛門）	1.5	2.1%	高平の養子として
十男	高春（九郎右衛門）	1.2	1.7%	高富の養子として
取立の者	安長（宗左衛門）	1.5	2.1%	高利五男
取立の者	俊信（吉郎右衛門）・みち	0.8	1.1%	安長長男夫妻
	合計	70		

注1　「宗寿居士古遺言」（三井文庫所蔵史料，北3-1）．
注2　表作成にあたり『三井事業史』（本篇1，1980年，第2-1表，49頁）を参考にした．

一方、高利の晩年頃から、子どもたち世代により三井の事業の一本化に向けた動きが進みはじめる。高利の亡くなる前年の元禄六年、高富が江戸から京都に移住し、すでに京都に居住していた高平・高治と合流した。これによる年長の兄弟による最高意志決定が容易となった。他方、江戸に詰めている高伴・高久は京都の意志を江戸で実行する役割を担っていた。高平ら兄弟の手により、三井の経営は円滑に進められていった。

ところが、宝永初年になると、高伴も高久も高齢となって営業店で陣頭指揮をとることができなくなり京都に移住する。ここにいたり、三井同族が、江戸・大坂の営業店を直接差配しない新たな経営組織が必要となった。

四　高利没後の体制整備と「大元方」

このような状況下、高利の子ども世代や初期からの重役によりさまざまな改革案が模索されるようになる。とくに高利次男の高富は高利没後の三井の体制を方向付けるプランや、多くの規則類を整えている。たとえば高利没後の元禄八年には、京都にいた高富と高好の名で、京本店《きょうほんだな》（仕入店）向けの規則「家内式法帳《かないしきほうちょう》」

を発している。これは過去に出された規則類を整理したもので、店舗の運営を住み込み奉公人のトップである支配人に任せ、評定人という補佐役をもうけ、同族の高好が監査役として目を光らせる、という運用形態を採用している。創業世代の同族の直接関与を低下させつつ経営に参画させる体制を整備しようとするものだった。また、高富は宝永四年頃に「高富草案」と呼ばれる体制整備案を取りまとめている。これは家法の原型といえるもので、ここに盛りこまれている内容の多くは「宗竺遺書」に継承されている。

一方、三井の初期の重役である中西宗助《なかにしそうすけ》も、三井同族向けにさまざまなプランを盛りこんだ改革案を提出している。このなかで、各店舗と一族を統轄する機構の設立「御仲間の会所と申す役所を相建て、惣店々共に一励致させ」ることを提言している。

これらの動きを組み合わせるかたちで、三井の事業体制整備の動きが進む。宝永七年、三井では家と事業のすべてを掌握し、各営業店を管理できる統轄機関「大元方《おおもとかた》」を設立した。「大元方」は、呉服・金融両部門を資金的に支配した。「大元方」成立後に三井が急激に資産を蓄積する時期においては、「大元方」が両部門に運転資金を貸与し、両部門からは指定された利益金を「大元方」に上納するかたちをとっていた。また、三年に一度総決算（三年勘定）を実施し、全利益金の一割を奉公人に分配し、残りを「大元方」に集約する原則であった。また、「大元方」は三井同族も統轄しており、生活費など各種費用の支給や、同族の隠居の可否なども取り扱っていた。「大元方」は、三井同族の重鎮数名と奉公人重役数名の「大元方」担当者（元方掛）で構成されており、元方掛による合議制を敷いていた。月に二回の寄会（会合）を開催し、話し合いでさまざまな事項を決定していた。寄会の議題には奉公人や店に関するものが多く、たとえば奉公人関係では、重役人事、隠居・相続願い、別家の借金願いなどであり、店舗に関する内容では、各営業店のルールの制定や改定、各営業店との金銀貸借、利益金上納などがあった。三井同族に関する議題では、生活費・隠居料・子女の必要経費・屋敷の建築費・婚礼費用・旅費などの支給の判断、隠居願いの受理可否、などであった。「大元方」は三井の全事業と同族を統轄し、全資産を集約・管理する最高意志決定機関であった（図3）。

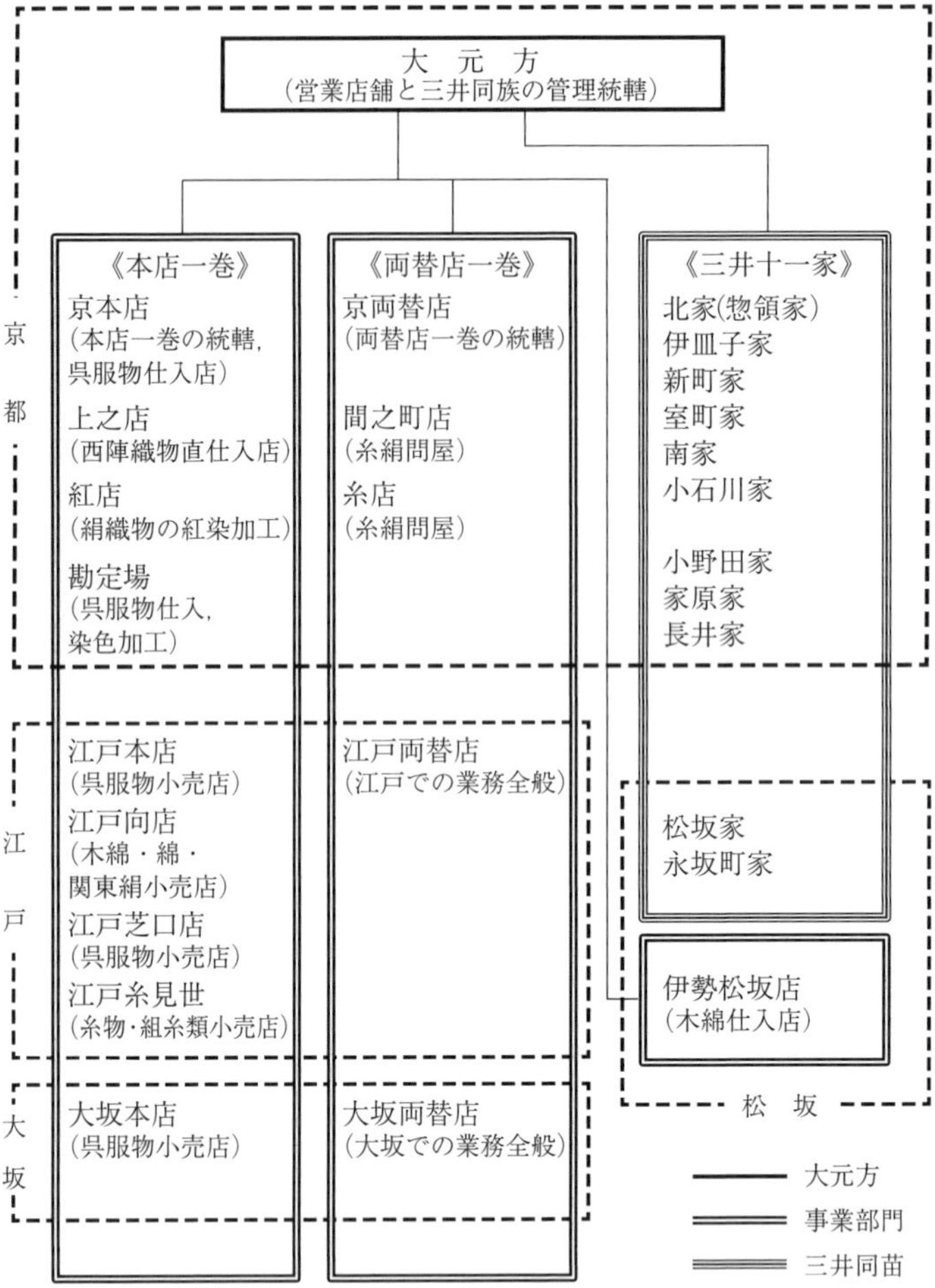

図3　近世三井の事業構造図

五　「宗竺遺書」の制定

大元方に代表されるように、一八世紀に入ると三井ではさまざまな体制整備を進めていったが、享保期になると、高利の子ども世代や、創業期から勤め上げてきたベテラン重役らが次々に亡くなり、創業期世代から孫世代への継承が喫緊の課題となっていた。また当時は不況下にあり、三井の事業経営も苦境に立たされていた。そのような状況の三井で制定されたのが「宗竺遺書」であった。

「宗竺遺書」の冒頭では、高利の遺書を踏まえて家法を改めて建てたこと、その趣旨を子孫まで長く守ることを記している。先述したように、高利の遺言「宗寿居士古遺言」のなかに家法めいた内容は残っていないが、高利の遺志を踏まえて家法を改めて定めたものとしている。「宗竺遺書」は全五二ヵ条からなる。盛り込まれている内容としては、①商業上の各種心得〈商人としての心得、主人としての心得、親類子弟の雇用禁止、投機事業の禁止、長崎貿易の注意、紀州徳川家の御用、牧野家の御用、家作・道具所持、仏神の信心〉、②同族組織に関する規定〈同族の和熟、親分〈三井同族を代表する存在で、古参の者が就任〉の設置、総領家の地位、不行跡者への制裁、名跡相続、本家・連家の設定、同族の割歩、同族に支給する生活費などの金銀の規定、次男以下の相続・別家・子女の婚礼などの規定、同族子弟の教育〉、③「大元方」に関する規定〈穴蔵銀などの金銀の規定、営業が困難になった場合の処置、頭領役・元締役の設置、寄会の開催、勘定目録の作成〉、などがあり、三井家の範囲や財産共有制を明記しつつ、同族の資産に対する割歩、家業に関する基本方針などを示している。このように「宗竺遺書」は家訓にしばしばみられる精神的な教訓だけでなく同族や奉公人の行動指針・方針まで具体的に記し、家と事業全体を統轄する枠組みを示していた。「宗竺遺書」は、家や事業に関する重要局面において、結束の象徴や立ち戻るべき原点としてしばしば顧みられる三井家の最高規範であった。

六　「宗竺遺書」にみえる兄弟

「宗竺遺書」では一一ヵ条目において三井家同族の範囲を設定し、三井家の兄弟の考え方も記している。ここでは本家・連家の二系統を設定し、三井一家の範囲を九家とした。本家とは高利の息子を祖とする家系、連家とは高利の娘婿や孫を祖とする家系である。三井各家はそれぞれ識別のために居住地名などを通称としていた。現在使用している通称は明治期以降の呼称を踏襲したものであり、本章でもそれに準ずることとしたい。このとき定められた本家は①北《きた》家（総領家）、②伊皿子《いさらご》家、③新町《しんまち》家、④室町《むろまち》家、⑤南《みなみ》家、⑥小石川《こいしかわ》家であり、連家は⑦松坂《まつさか》家、⑧永坂町《ながさかちょう》家、⑨小野田《おのだ》家である。連家はのちに二家（⑩家原《いえはら》家、⑪長井《ながい》家）が増設され、本家六家・連家五家の三井一一家となる。

また、同族の名跡について、子どもがいない場合は同族のなかから養子をとって相続させ、男子がいない場合は女子を養って養子をとり名跡を継がせることとした（先述のとおり高利の四女かちは長井家として一家をなした）。

「宗竺遺書」では右のようなかたちで三井家の範囲を定めつつ、各家の重要度を総資産全体のなかに占める割合（割歩）というかたちで具体化している。ここでは三井の全資産を二二〇とし、北家に六二、伊皿子家に三〇、新町家に二七、といったように資産の配分比率を設定している（表2）。長男家である北家（総領家）の配分比率が多いものの、高利の遺書でしめされたような圧倒的な差（表1）は解消され、比較的傾斜配分の少ない配分比率となった。なお、この二二〇の内の一〇については予備（「余慶」）とし、本家・連家の次男以下の子弟を一家として取り立てる場合の枠として温存してあった。「本家六軒・連家三軒、あわせて九軒、身上一致の家法なり」という「宗竺遺書」を代表するフレーズの一つは、この割歩の設置に続くかたちで記している。三井の割歩の対象となった九家をもって三井家の範囲と定め、この九家で三井の財産を共有して次世代につなげていく財産共有制を敷くこととなったのである。なお、各家の次男以下の子弟が別家として独立する際には、元手銀を支給して自立する原則となっており、無秩序に同族の範囲が拡大することを防いでいた。

「宗竺遺書」での兄弟の位置づけもみてみよう。「宗竺遺書」の三ヵ条目で、三井同族の心構えを記しており、高平・高治・高伴らは、自分たちの子ども世代以降の関係希薄化を憂慮して、心を一つにして家法や礼儀を乱さず、よく慎みを守ればますます家は繁栄することと述べている。「宗竺遺書」においては、高利の子ども世代・孫世代でそれぞれ一家を構成することを定めつつ、各家が兄弟同様に心を一つに家業に励むことも述べている。高利の孫世代は実質的に従兄弟同士であり、兄弟同様に関係を維持することは大変難しく、関係希薄化を防ぐための制度は必要不可欠であった。

また、宗竺遺書の終盤では、一本では折れる矢も一〇本束ねれば折れることはなく兄弟もまた同様であるという「一〇本の矢」の故事を示しつつ、三井家は今後本家六軒・連家三軒と定め、この九軒を兄弟一致の家法とすること、忌服ともに兄弟同様にし、賄料は「大元方」から規定通り受け取り、分限相応に兄弟一致で事業に励むこと、冒頭に記されている挨拶・行儀作法は親分の指示に従い、

表2 「宗竺遺書」における同族の資産配分

名前		家	割歩	比率
八郎右衛門	高房	北家	62	28.2%
元之助	高勝	伊皿子家	30	13.6%
三郎助	高方	新町家	27	12.3%
治郎右衛門	高遠	室町家	25	11.4%
八郎次郎	高久	南家	22.5	10.2%
宗八	高春	小石川家	22.5	10.2%
則右衛門	高邁	松坂家	8	3.6%
吉郎右衛門	高古	永坂町家	6	2.7%
八助	孝紀	小野田家	7	3.2%
その他			10	4.5%
合計			220	

注1 「宗竺遺書」.
注2 表作成にあたり『三井事業史』(本篇1, 1980年, 第3-5表, 127頁) を参考にした.

違乱のないようにすることを記す。「兄弟一致」の家法を冒頭で宣言し、末尾でも改めて確認して締めくくっている。不況による没落の可能性や、三井同族や各店舗の分裂の可能性など、内憂外患ともいえるさまざまな問題に直面するなか、「兄弟一致」・「身上一致」の原則は「宗竺遺書」において最重要事項の一つとして位置づけられていたともいえるだろう。

おわりに

以上、本章では三井黎明期の事業とともに、三井同族とその兄弟についてみてきた。三井では高利の子ども世代において長男高平の名義で家法「宗竺遺書」を作成し、同族の範囲を定めた。高利の兄弟たちがそれぞれ一家をなして三井同族を構成し、実の兄弟ではない高利の孫世代となっても兄弟同様にふるまって家業や財産の分割を防ぐという、財産共有制（身上一致・兄弟一致）の枠組みを構築し以後の規範とした。ただし、この枠組みは盤石ではなく、安永年間から寛政年間にかけて、例外的に三井同族の分裂する状況が三〇年ほど生じた。また、幕末期には連家五家のうち三家を廃絶し、明治期になって三家を復興するなど、三井同族の維持も紆余曲折を経ていた。しかしながら、「宗竺遺書」で定められた三井の擬制的な兄弟関係は近世期を通じて維持され、三井一家の枠組みは戦後の財閥解体まで踏襲されている。バラバラになることなく家と事業を継承・発展させられたことで、三井は近世における最有力な豪商の一つとしてその名をとどろかせたともいえるだろう。

〈参考文献〉
賀川隆行『近世三井経営史の研究』(吉川弘文館、一九八五年)
中井信彦「共同体的結合の契機としての「血縁」と「支配」―三井家における家法成立過程を素材として―」(『三井文庫論叢』四、一九七〇年)
中田易直『人物叢書　三井高利』(吉川弘文館、一九五九年)
三井文庫編刊『三井事業史』本篇一(一九八〇年)
三井文庫編刊『三井事業史』資料編一(一九七三年)
三井文庫編『史料が語る　三井のあゆみ―越後屋から三井財閥―』(三井文庫発行・吉川弘文館販売、二〇一五年)
三井文庫・三井記念美術館編『三井高利と越後屋―三井家創業期の事業と文化―』(越後屋開業三五〇年記念特別展図録、二〇二三年)
三井礼子・山口栄蔵「史料紹介「宗寿居士古遺言」と「宗竺遺書」」(『三井文庫論叢』三、一九六九年)
村和明「享保期の三井における家法・家史と祖先顕彰―三井高利の事蹟をめぐって―」(藤田覚編『幕藩制国家の政治構造』吉川弘文館、二〇一六年)
村和明「三井初期の集団指導体制の変容―宝永期の三井高富と大元方成立―」(『三井文庫論叢』五〇、二〇一六年)

孝義録にみるきょうだい

菅野則子

はじめに

本稿で扱う『官刻孝義録《かんこくこうぎろく》』（以下「孝義録」と記す）は、寛政改革時の諸政策中の教化策の一環として編まれた。江戸幕府は寛政元年（一七八九）、全国に向けて「善行者」の事例の書き上げを命じ、提出されたものを整理し享和元年（一八〇一）に刊行、人びとに生き方の見本として示した。収載された「善行者」の事例は、八六〇〇を上まわり、そのうち約一割に略伝が付せられている。

その「善行」は内容によって一一種の徳目（孝行・忠義・忠孝・貞節・兄弟睦・家内睦・一族睦・風俗宜・潔白・奇特・農業出精）に分類された。全体に占める「孝行」の比率は高く、六〇％を上まわる。次いで多いのが、奇特、以下、忠義・農業出精・貞節の順になっている。

徳目のなかに「兄弟睦」「家内睦」「一族睦」があり、いずれも兄弟家族親族間の睦まじさが評価された事例であるが、本書のテーマとの関わりから、「兄弟睦」の事例に注目してみたい。ちなみに、「孝義録」には、「兄弟睦」で表彰されている事例が八一例、そのうち、一七例に略伝が付されている。本章では、この一七例中からいくつかを取り上げてみたい（なお、「孝行」で表彰されている事例のなかにも「兄弟睦」に該当する事例も少なくない）。

一　きょうだいの姿

〈事例1〉複合家族内でのきょうだい（別家から同居へ）

「兄弟睦者」作兵衛の場合：寛文九年（一六六九）（九六七ページ。括弧内は引用史料菅野則子校訂『官刻孝義録』のページ、以下同）

備中国浅口《あさくち》郡六条院村に与兵衛・作兵衛・少七の三人の兄弟がいた。一四年前、家産を付与された兄は居を別にしたが、作兵衛・少七の弟二人は竈《かまど》を同じくしていた。兄与兵衛は、だんだん衰え七、八反所持していた田畠のうち三反余を手放し、さらにまた近年、田畠を売らなくてはならない事態に陥った。その様子をみた弟作兵衛は、妻子を連れて我々の所へ移り住み、家と牛とを売り、これまでの借財を償い、三人の田地を一つにして耕作し、そこからの収穫物を三分すれば百姓経営を続けることができると兄に提案すると、兄は、一度家を分けたのに、また戻るのは人の聞こえもよろしくない、また、我々兄弟の間はともかくとして、それぞれの妻たちが一緒に住むとなると、いろいろ悶着も起きるであろうと躊躇、すると作兵衛は、兄弟仲良くし公務をきちんと勤めよというのが母の今際の戒であった、これからは、兄を「父」として敬い嫂《あによめ》を「母」として仕え、我々の妻たちにも下女のように仕えさせる、もし、それを拒否するような場合にはきつく戒め、なお、拒むなら離縁することもあるので安心されたいと強く勧めたので、兄は弟作兵衛たちと家をともにし、負債を償い、家内も和らぎ睦まじく暮らしたという。

一度、家を別にした兄の経営が立ちゆかなくなり、兄弟が再び同居し経営の立て直しを図るという事例であり、小農経営の不安定さを語るものであるが、ここでは、再結合に際してのあり方に注目したい。とくに、その際の家内の構成員の「和」についてである。両親を同じくする三人の兄弟はともかくとして、各人の配偶者間の問題を懸念している兄、それに対しての作兵衛の発言が留意される。当時にあっても「女の一所」云々という場面において相互間には、少なくないトラブルが生じることもあったのであろう。そのことを懸念する兄に対して、解決策の一つとして提案されたのが、「兄を父と敬ひ嫂を母とかしつかん（仕える）」という「家父長制」による融和策であった。すなわち、「家父長」に兄を据え「父」のように敬い、嫂を「母」に見立てて仕える、そして、弟やその配偶者はそれに従うというものであった。

〔事例2〕長兄の役割

「兄弟睦者」太四郎の場合：寛政二年（一七九〇）（八二ページ）

太四郎は、遠江国山名郡飯田村に住む持高七石の百姓。父は一六年前に没。太四郎は長子、二男は同国家代村の養子に出、三男は一五年前村内（飯田村）に別家していた。太四郎は、若い頃から「孝行」を旨とし、兄弟の仲の睦まじき様子は村内でも類いなかったという。太四郎は、別れ住む弟たちのことを親に告げることを自らの任務としていた。一里半ほども隔たる家代村に住む二男の弟とは月に二、三度も行き来し、また近くに住む末弟とは日々に往来し安否を確かめ、その結果を親に告げて安心させた。父の死後、太四郎は持高一〇石のうち、良田のみ三石を末弟に分けた。その良田からは、兄の七石の地にも劣らぬ収穫があったので、末弟は収穫の一部を兄に渡そうとしたが、兄は、亡父の意に従って分けたことなので、今さら改めることもないと言って受けなかった。兄弟の仲は、家は別々になったとはいえ、これまで通りなんら変わりはなかったという。

長子と二男、長子と三男との関わり方は異なっていたけれども、三人の思いは「同家のもの」にも均《ひと》しかった。長子は思いやりをもって絶えず弟たちの状況を把握し、それを告げることで親を安心させた。その意味では長子太四郎は、誠に「兄弟睦者」であると同時に「孝行者」でもあった。

〔事例3〕父のように兄に仕えた妹

「兄弟睦者」たつの場合：天明七年（一七八七）・寛政三年（五五ページ）

たつは、伊勢国三重郡芝田村の民権平の妹。兄権平は病身者で、四〇年来起臥が不自由であったうえに、八年前より盲目となる。もともと家は無高なので、たつは村内の人の田地の「請作」（小作）を渡世としていたが、極貧のため聟になる人もないので、結婚することを諦め、木綿糸繰り・賃取りなどをして、衣食をはじめ生活全般のやりくりをして兄を支えた。

その様子が領主の耳に届き、天明七年、米銭などを与えられたが、その後も介抱怠りなく、寛政三年に鳥目《ちょうもく》（金銭、丸い穴あき銭の形が鳥の目に似ていることからこう呼ばれた）が与えられ、さらには二人に、月ごとに麦が与えられた。

ここには、たつの兄への献身の様子が語られているが、その尽くし方は、あたかも子が親に尽くすかのようであった。妹が自らの「人生」をふって兄に捧げたというもので文字通り「兄弟睦者」であるが、ここでは、「兄」が「父」と置き換わってもおかしくない事例である。

〔事例4〕愚兄を支えた弟

「兄弟睦者」長右衛門の場合：享保八年（一七二三）（一〇五九ページ）

長右衛門は阿波国板野郡斎田村の百姓。兄作兵衛は「愚なるものにて世渡りの業もならす」、したがって、弟長右衛門が塩の仲買をして稼ぎ、その儲けをすべて兄に渡し、日々の必要経費は、その都度兄から貰っていた。その後、長右衛門は、塩浜を借り塩を焼く道具まで整えて生活基盤を築き、兄の妻子を呼び迎えた。この様子を見た周囲の者は、家族が多くなると生活も大変だろうと心配すると、たとえ経営に失敗したとして、自分が人の下部《しもべ》となっても兄には安穏にして貰うことが年来の自分のねがいであると言い、弟夫婦は兄に雇われているかのように仕え励んだ。

さらに、兄の二人の娘を弟が兄に代わって結婚させせなければならなかったりと、兄の動向には弟長右衛門の心に叶わないことも多々あったが、そんな気配をすこしもみせず、弟は兄を親のごとくに敬った。また、一族の交わりも睦まじく、貧者へは兄に諮《はか》って情けを加えるなど弟長右衛門夫婦の所業は高く評価され、脇指を指すことがゆるされ、宅地の貢物は免除され、妻には銭が下された。享保八年のことであった。

〔事例5〕血のつながらないきょうだい

「兄弟睦者」宗四郎・礒八の場合：明和八年（一七七一）（七三〇ページ）

ある夜、若狭国大飯《おおい》郡小堀村の百姓与左衛門方へ幼男子を抱えた女二人が訪れた。西国三三ヵ所へ詣でる途中、日も暮れ行く先もよく解らなくなってしまったので一晩泊めて欲しいと。翌朝、女の一人が、諸国順礼に幼子を抱えての旅路は大変なので幼児を養って欲しいと願い出た。与左衛門は妻と相談、彼らに子がなかったので貰うこととした。以来、夫婦はその子を宗四郎と名付け「うめる子」（＝実子）のごとく慈しみ育てた。宗四郎もよく働き父母に孝心深かった。宗四郎を養子としてから七年後、夫婦に実子礒八が生まれた。礒八も生まれ付き「孝悌《こうてい》」ものであった。村人は、実子が生まれた以上、与左衛門家を継ぐのは礒八であろうと噂し合った。

儀八は二〇歳頃より家を離れ領主の家士の下部になった。父与左衛門は年老いたので、宗四郎に家を譲ろうと言うと、宗四郎は、自分は出所も判らない旅人の子、それを成人まで育ててくれた、ただその御恩の一端に報いたいもの、幸い、儀八がいるので、彼に家を継がせるのが道理でしょうと固辞した。父も、その志に感じ儀八にその旨を伝えた。儀八は、自分は、これまで宗四郎を兄として仕えてきた、すでに兄弟の「分」は決まっているので、弟の身で兄の家を奪うべきいわれはないと納得しなかった。宗四郎は、儀八が若い頃から奉公に出たのはその志ゆえかと悟り、自分が親元にいる間は弟儀八は家に帰らないだろうと思い、家を出て隣村の富家に奉公し、その給米を父に贈った。父は、ますます宗四郎に家を譲ろうと思っているうちに亡くなる。

家の継承をめぐって兄弟は互いに譲り合い決着がつかなかった。この様子を村長が上に訴えた。領主は、兄宗四郎に家を継ぐことを命じ、宅地への掛かり物を免除し米を与えた。そして、弟儀八を足軽に取り立て扶持給米を与えた。明和八年のことであった。

血のつながらない兄と弟、兄も弟もともに彼らなりの考えに準じて家の継承を譲り合った。このような事例はままみられるが、留意されるのは領主の対応である。何とも味のある決着をつけたものであり、逆に「領主」の「賢」を告げ知らせるようにもみえる事例である。果たして文言通りの実態だったのだろうか。ともあれ、「孝義録」は右のように記している。

なお、この事例は「続近世畸人伝」〈寛政一〇年刊行、三熊花顚〈思孝〉著〉巻一に「若狭与左衛門子兄弟」として収載されている。時に、宗四郎二七歳、儀八二〇歳と記されている。

〔事例6〕過去の「高分」の誤りをめぐるきょうだいのやりとり

「兄弟睦者」勘七・利左衛門の場合：天明三年（一七八三）（一〇七六ページ）

讃岐国那珂《なか》郡四条村に勘七と利左衛門の兄弟があり、兄は一〇石三斗余、弟は一〇石九斗余の高持だった。二人の関係は「兄は弟を親《いつくし》ミ弟は兄を敬ひ、いさ、かも礼義をみた《乱》す事なし」であった。ある年、「持高改」があり、兄弟の田についても正されたところ、兄の田が一反余多かったので、役人が訝《いぶか》しく思い、弟の田を調べると、弟の分が持ち高より少なかった。そこで、二人を呼び父がおこなった時の「高分」の券書をみると、兄の余田の分だけ弟の田は不足であることが判明、これを知った兄は恥じ入り、三〇年間、弟の田を掠め取り、その分の年貢を納めさせていたことは、自分の田をことごとく与えても済まないと思いつつ、ともかく、村の役人の措置を仰ぐことにした（田には質により良田・悪田があるので、「高」と「面積」とは必ずしも比例しない）。

庄屋は、これまでの誤りを今さらとがめ立てはしないこと、今後、兄勘七の余田を弟利左衛門に返せばよいという判断を示した。これに対し、弟は、すでに高分けの時に決まったことなので、これからも今まで通りでまったく問題はないと「余田」の受け取りを拒んだが、兄は余田を弟にと譲らなかった。結局、庄屋組頭が取り持って利左衛門が兄の余田を受けることとなる。

その後、利左衛門は村内の売家を、貯えの三〇〇目と借銀二〇〇目の五〇〇目で買い求めた。兄は、それを歓び祝儀だと言ってふくさに包んだものを弟に贈った。弟は帰宅して包みを開けてビックリ、五〇〇目の銀が出てきた。はじめから、それと知っていたならば受け取らなかったと言って、弟は兄の許へ返却にいった。兄は、「高分」時の誤りを気にしており、いささかの志を贈るもの、受けてほしいと言ったが、弟は聞き入れず、そのまま兄の家をあとにした。すると、兄は追ってきて包みを弟に渡した。弟は、組頭のもとに行き事情を話した。組頭はじめ村人たちは兄弟の志を感じ、弟に向かって、兄の志を受けないのはかえって志に逆らうこととなるので、五〇〇目のうち二〇〇目を受けとり借銀の償いにすること、兄に対しては、弟が返却する三〇〇目を受け取るようにと述べた。

領主は、こうした兄弟の一連の動向を知り、その潔さを称《たた》え兄弟に米を与えた。天明三年のことであった。

〔事例7〕きょうだい間の「友愛」

「兄弟睦者」市左衛門・与三郎の場合：寛文六年（八三八ページ）

市左衛門・与三郎の兄弟は、丹波国天田《あまた》郡平野の百姓で、幼くして父母を失い、人の世話になっていた。成長して兄は父の田を継いで耕作、弟は兄と家を同じくして尽力し、兄を支えたため、凶作に遭っても未進することはなかった。彼らの家は貧しくあばら屋ではあったが、兄は弟を憐れみ弟は兄と志を同じくして睦まじく暮らした。兄には妻子があったが弟は独身なので、兄は、弟のために家を作り田も折半して弟の日頃の労に報いようとしたが、弟は今のままで充分だと言った。その後、弟の結婚を機に、兄は田を折半し与えた。すると、弟は兄には妻子がいるが自分は夫婦二人なので田は三分の一で足りると述べたが、兄は折半を是とした。そこで、弟は三分の一を受けて余りを「煎茶の料」にでもされたいと嫂に渡した。また、二匹の牛を所持していたが、一匹は肥え、一匹は痩せていた。兄は肥牛を弟に与えようとするが弟は受けず、結局、隣人の媒《なかだち》により肥えた牛は兄のものとなった。

寛文六年、弟が、丹後宮津まで人夫に調達され出向くとき、弟は残していく妻を兄に託したのに対し、兄は「勤めを大切に遂行して無事に帰るように、留守中のことは心配するな」と言って送り出した。

ここには、兄弟間の「友愛」の状況が描かれている。一見すると双方、均しいようにみえるが、二人の間には、長幼の序・孝悌に裏づけられた兄の弟への思いやり、弟の兄への尊敬の念が貫かれていたのであり、その均衡のうえに双方間のよりよい関係が保たれていた。

二　事例が語ること

以上、いくつかの事例を挙げて、きょうだいのあり方をみてきた。反復することになるが、事例1は、三人兄弟のうち、一度別れ住んだ兄の経営が傾き、年貢上納不能に陥ったが、弟から同居し生計の立て直しの提案を受け、家・経営を一体化することにより家の継続を図り、年貢諸役を全うすることができた。その意味においては、彼らは、親の遺言を遵守したものであった。そのうえで、今ひとつみなければならないことは、兄弟間の「睦」のあり方である。そこには「長幼の序」が貫かれていたこと。それも、単なる「長幼」ではなく、兄を「家父長」的存在として弟たちが敬ったと同様に、嫂の位地も同様であることを弟が妻たちに是認させることで、以前のような複合家族による経営が維持されたのであった。

事例2は、兄弟三人のうち、長兄が、絶えず弟二人の状況を把握し、親にその安否を告げる、別れ住んでいても「同家」の者のごとく絶えずコンタクトを取り親を安心させる、彼らはまことに「睦」であり、親の意向を旨とする「孝行者」でもあった。

事例3は、兄をあたかも親に見立てたような仕え方をした妹、事例4は、「愚」ではあれ兄は兄、その兄を支えるために率先して「同家」し、徹底して兄に仕えた弟、ともにその「長幼」通りに従うこと、そこにみる兄妹・兄弟の関係は、あたかも「親子」のごとくであった。

事例5は、「養・実」を超えて「長幼の序」が取り沙汰された事例、事例6・7などもともに、兄の深い思いやりが、兄弟間の「友愛」を維持していた事例である。

このように、個々の事例は、それぞれに生きた人びとの足跡を示しており、「多様」であった。しかし、それらの事例に共通していたのは、事柄の背景に「親の遺言」があったことである。必ずしもすべての事例にそれとして明言されてはいないが、彼らの営為の基底には親の詞《ことば》への遵守があった。右の事例以外にも次のような事例がある。

（1）播磨国の事例、「兄弟睦者」市右衛門・小平次・久右衛門・治八・伝次郎の五人の兄弟の父が、死に臨んで、彼らを枕元に呼び「これまでのように兄弟仲よくし、家を別にすることなく生活していくように」と述べた（八九三ページ）、（2）陸奥国の事例、「兄弟睦者」弥平次・八十郎らへの親からの遺言は「田畑を均しく分かち耕作し、貢物に不足あれば互いに補うこと」であり、（五二七ページ）、（3）筑前国の事例、「兄弟睦者」惣太郎・清次郎への父の遺言は「自分が世を去ってからも二人で心を合わせ、家業と耕作に励み、年貢や公役を怠ることなく勤めること、親族と睦まじくし、召使う者には憐れみを与え常に先祖の恩沢を忘れず、家財を散佚することなく守るように」というものであった（一一六二ページ）、などである。

これら、「親の遺言」は、家を維持継続（先祖・家・家業を守ることなど）すること、年貢諸役を全うすることの二点に集約されるものであり、それを全うするためには兄弟（姉妹）仲良くすることであった。兄は弟を憐れみ、弟は兄を敬うことであり、そのことが結局は「孝行」に帰着するのであった。幕府は、「長幼の序」「孝悌」といった観念、社会を律するこうした通念を全うすることの重要性を、「兄弟睦者」として右のような具体的事例を人びとに「模範」として示し、その遂行を促した。そしてそれら模範像の幹は「孝行」であった。

おわりに

過日、次のような記事に出会った（二〇二一年五月二八日の『朝日新聞』「悩みのるつぼ」欄）。認知症で要介護の母、心臓を患ってこれまた要介護となった父を抱えた五〇代の女性の相談事。夫や娘夫婦が支えてくれているが、近くに住む妹に、時折の手助けを依頼するが、口実を作っては断られるという。姉の言い分は、時には両親の介護から解放された時間がほしい、妹の言い分は、若い頃から父母から応分の援助を受けてきた姉が親の面倒を見るのが当然であると。要は、親の介護をめぐって、姉妹の間で悶着が生じている一件である。

江戸時代と現代とでは、問題のあり方に違いはあるかも知れないが、江戸時代においても、このような悶着は珍しくはなかったと思われる。残念ながら「孝義録」にはその性質上（前述）、このような事例は登場しない。しかし、右にみたように「孝義録」に収められている多くの事例の背後に、現代版のこのような事態に通ずる場面も少なくなかったのではないか、そのような事態に悩む人びとに向けて幕藩権力が示した好ましい「きょうだいのあり方」の見本が、右にみたような事例であった。

〈参考文献〉

菅野則子『江戸時代の孝行者—「孝義録」の世界—』（吉川弘文館、一九九九年）
菅野則子校訂『官刻孝義録』（東京堂出版、一九九九年）
菅野則子編『近世の孝子伝孝義伝』（汲古書院、二〇二一年）
伴蒿蹊・三熊花顛著、宗政五十緒校注『近世畸人伝・続近世畸人伝』（平凡社、一九七二年）

近世の百姓の欠落ときょうだい

山崎　圭

はじめに

本章の課題は「近世の百姓のきょうだい」について史料に基づいて明らかにすることである。本来ならば「百姓のきょうだい」に関連する先行研究を整理したうえで論点を提示し、史料を検討するのが筋だと思うが、その余裕がない。ここでは「百姓のきょうだい」に関わるテーマとして、かつて分析した信濃国佐久《さく》郡五郎兵衛《ごろべえ》新田《しんでん》村（現長野県佐久市）の本百姓・抱《かかえ》集団（同族的集団）についてもう一度取り上げることにしたい。近年、中間層を扱った研究はたくさんあるので、小百姓を含む本百姓・抱集団に関わって「近世の百姓のきょうだい」について検討することにも意味があるのではないかと考える。

一　五郎兵衛新田村の三兄弟

以下では伊左衛門・六兵衛・吉右衛門という三人の兄弟についてみていく。三男の吉右衛門が享保年間（一七一六

〜三六）に村からいなくなり問題を引き起こしているが、その点については次節で検討する。この三人は五郎兵衛新田村に土地を持つ同じ村の百姓であると同時に、隣村の矢島村にも土地を持つ出作《でさく》百姓でもあった。まず、五郎兵衛新田村の正徳三年（一七一三）宗門人別改帳の記載の一部を紹介すると（『五郎兵衛新田古文書目録』四集六号、長野県佐久市五郎兵衛記念館収蔵）、長男伊左衛門については次の通りである。

高一石五斗九升九合
一、伊左衛門儀当村生まれの者にて御百姓仕りまかり有り候　伊左衛門㊞
年五拾歳

次男六兵衛については次の通りで、三男吉右衛門の記載様式も同様である。

高一石五斗九升九合
同人抱六兵衛儀当村生まれにて御百姓仕りまかり有り候　六兵衛㊞
年四十五歳

弟二人には「一、」がなく、いずれも長男伊左衛門の抱（百姓）と記されている。すなわち三人は兄弟であると同時に、伊左衛門を本百姓とし、弟の六兵衛と吉右衛門の二人を抱百姓とする本百姓・抱集団でもあった。五郎兵衛新田村の本百姓と抱百姓については、かつて村落内の二つの階層として理解されていたが、そうではなく、本百姓と抱百姓は同族的集団を構成しており、村落内の序列は同族的集団どうしの間に存在し、集団内部の家と家との関係は比較的フラットなものであったこと（厄介抱を除く）をかつて拙著で明らかにした。三人の所持高は伊左衛門と六兵衛がまったく同じ一石五斗九升九合で、吉右衛門が一石三斗五合であり、所持高の面で大きな違いはない。伊左衛門家は女房一人・娘一人（ほかに一人近隣へ嫁入り）・馬一匹、六兵衛家は女房一人、吉右衛門家は女房一人・娘一人であった。三兄弟はおそらく一七世紀末頃に親からの分割相続を経て小農民として自立し、それぞれの家を構えると同時に同族関係（本百姓・抱集団）を維持していたのであろう。同村の享保五年（一七二〇）「御高御年貢取帳」には、三人とも別個に記載されている（『五郎兵衛新田古文書目録』二集C六七九号）。

以下で取り上げるのは、三兄弟の矢島村での出作地のことである。矢島村における三人の持高合計は四石三斗四升四合三勺であった。各人の所持高については、吉右衛門の一石三斗四升八合六勺が判明するだけだが、これは右の合計高を均等に三分割した数字（一石四斗四升八合一勺）に近いので、三人は矢島村でもほぼ均等に近い形で親から土地を分け与えられたのではないかと推察される。なお、当時、五郎兵衛新田村は幕府領で代官都筑藤十郎の支配（高野町役所の管轄）であり、矢島村は岩村田《いわむらだ》藩領で内藤正敬《ないとうまさゆき》の支配であった。

二　吉右衛門欠落一件

ここからが本題となるが、三男の吉右衛門が享保四年の暮れに欠落《かけおち》した。ただし「去春」とする史料もあり、正確な時期は不明である（以下、この一件については『五郎兵衛新田古文書目録』三集（一）B一〇六一―一～四号）。欠落の理由について五郎兵衛新田村名主らは、吉右衛門は年貢のほかにもさまざまな支払いが滞っていたからではないかと推測している。そこで長男伊左衛門が矢島村名主のもとへ出向き、自分は上野国鹿野原村（神原村カ、現群馬県富岡市神《か》農原《のはら》）の親類方で奉公をしており、弟の六兵衛も奉公をしているので（奉公先は不明）、吉右衛門が残した畑を自分たちが耕作することはできず、その畑が荒れ地になってしまっている旨を話した。それに対して矢島村の名主からは、吉右衛門に年貢の滞納分を支払うよう（兄から）申し付けるようにとの指示があったが、伊左衛門は、吉右衛門はここにはいないので申し付けることはできないと返事をした。それでも矢島村名主は、「そうは言っても、右の所持高は吉右衛門・伊左衛門・六兵衛の三人で以前から「一つ高」として持ってきたものだと聞いているので、今後は兄二人の方で吉右衛門の畑を所持し、そのうえで年貢の滞納分も兄二人で支払うように」と内々（「内証」）で要求してきた。すなわち三兄弟の土地は元々一つの高（土地）を分割し合ったものであるから、吉右衛門の土地を兄二人が引き取って所持し、滞納した年貢も兄たちが支払うようにとの主張である。それに対して兄二人は「確かに以前は「一つ高」であったけれども、自分たちは奉公人の身で、そのうえ自分たちの所持地の年貢をようやく上納しているところなのに、以前に「一つ高」だったという理由で、吉右衛門の土地を所持せよと命じられるのであれば、（その時にはかわりに）兄二人の所持地を取り上げてくださっても少しも文句は言いません」と返答した。すなわち、元々一つの高（土地）を三兄弟で分割し合ったことは確かだが、自分たちは（土地を離れて）奉公する身であり、自分の所持地の年貢納入で精一杯である。元々一つの高であったことを理由に吉右衛門の残した土地を所持せよというのであれば、兄二人分の土地を取り上げてもらっても何の文句もない（三人分、すなわち分割前の高をまとめて矢島村に返す）との主張である。

ここで問題となっているのは、①吉右衛門が欠落した結果生じた年貢の滞納分を誰が支払うか、②吉右衛門が残した土地を今後誰が所持するのか、の二点であり、矢島村側は「元一つ高」という理由により兄二人に対して年貢納入と高所持を要求し、兄二人側は三兄弟の土地をまとめて矢島村に引き渡すことも辞さない姿勢を示した。

これに対し、矢島村の領主である岩村田藩主内藤下総守（正敬）が、吉右衛門の享保四年・五年分の年貢未納金を支払うように兄二人に命じ、兄二人は「（当該地が）去年から荒れ地になっていることは矢嶋村の名主や組頭たちも御存知のことであるのに、（矢嶋村が）二年分の年貢滞納のことを願い出たことは迷惑だと思うけれども……」と答えている。すなわち、吉右衛門の欠落後に同人所持地の耕作者がいなくなり、土地が荒れ地となったことは矢島村の村役人も承知していた以上、二年分の滞納分の支払いを求められるのは迷惑だと述べている。享保四年分はともかく、翌五年分については、耕作者の不在を知りながら何も手を打たなかった矢島村の村役人にも責任がある、自分たちだけが責任を負わされるのは迷惑であるとの趣旨の主張だと思われる。しかし、結局、年貢未納分については兄二人が弁納することになった。先の①については、兄二人の側が折れたことになる。

一方、②の高所持については、兄二人とも奉公に出ている以上、吉右衛門の土地をかわりに所持して耕作し、年貢を納め続けることはできないので、そのことを「元一つ高」という理由で命じられるのであれば、自分たちの持ち高もあわせて取り上げて、矢島村の名主に引き渡してほしいと内藤氏の役所に願っている。もし、それがかなわなければ、矢島村の出作百姓だけでなく、五郎兵衛新田村の百姓としても成り立たなくなる（「当村の御百姓についても勤めかね退転」）とも述べている。兄たちは、弟の土地を確保しようとしなかったばかりか、自分たちの土地も差し出して構わないと領主に対して述べた。兄たちがおこなっていた奉公の実態はわからないが、村を離れて奉公に出ていることが影響していると考えられる。居村である五郎兵衛新田村の百姓としての地位は守ろうとしているが、出作先である矢島村の土地は見限ったようにみえる。

その後、同年七月に扱証文（内済証文）が作成された。双方が高野町役所と岩村田役所に訴え、伊左衛門らは弟吉右衛門所持地の上地を願い、矢島村役人側は「吉右衛門分ばかり受け取ったのでは村の先例になってしまうので、右三人の高は一つのものであることから、残らず渡すのであれば受け取ることにしよう」と反論している。「村の先例」とあるのは、元一つ高はいっしょに扱うべきものであって、個別には扱わないということであろうか。これまでのいきさつをみると、兄弟三人分の土地を矢島村が受け取ることで決着しそうな気がするが、近隣村の扱人が入って取り決めたのは、吉右衛門持高（畑、一石三斗四升八合六勺）および伊左衛門持高の一部（正部沢池下之田一畝二六歩）を代金三両で矢島村に引き渡すこと、残る伊左衛門・六兵衛の所持地についてはほかに譲り渡すのはよいが、矢島村に上地《あげち》を願い出てはならないことの二点であった。なぜ、一部の土地だけで、三人分の土地をまとめて引き取らなかったのか、なぜ兄二人の残りの土地について矢島村に引き取りを願い出てはならないのか、については疑問が残る。

おわりに――本百姓・抱集団――

五郎兵衛新田村の近隣である春日新町村にも類例がある。明和四年（一七六七）の史料には、「春日新町村は村高が小さく、百姓の持ち高も少ない。持ち高が二升・三升・五升・八升・二斗・三斗・一石・二石くらいの百姓ばかりなので、小高の者が私曲などをしでかしても、その入用などを直に惣百姓へ割りかけることも難しいと思い、親兄弟あるいは一家抱えにしておけば何事によらず格別詮議も致しやすく、一家も睦まじく、とくに入用夫銭などの心付きにもなるので、昔から今の様な形にしてきたということを言い伝えている」と記されている（『長野県史近世史料編』第二巻（一）、四九一号）。同村は持ち高が少ない百姓ばかりなので、村入用・夫銭などの諸負担について納入を保証させるために本百姓・抱集団を維持してきたことがうかがえる。

本稿で本百姓・抱集団の全体像について十分踏み込んで論じることはできなかったが、最後に若干補足しておきたい。この集団は近世初期には領主の夫役を負担するための集団であったが、夫役賦課の基準が高割に移行したのちは、五郎兵衛新田村の村役人になる資格といった権利と関わる（一部の集団による村役人の独占など）とともに、成員の年貢納入や土地所持・管理、入会地利用などをめぐって支障が生じた際に責任を負う集団としても機能していた。そのような性格を持つ本百姓・抱集団も、土地の移動が頻繁になるにつれ次第にその多くの機能を失っていき、本百姓名前も自由に売買されるようになる。そして一八世紀半ば以降には、本百姓・抱集団間の序列よりも階層間の格差がみられる村落構造に変化し、その過程で小百姓の階層的なつながりが次第に強くなっていった。そのことが村運営のあり方に与えた影響は大きい。

村落構造を論じる際には、階層による構成としてだけはなく、村内のさまざまな社会関係に留意する必要がある。小百姓の政治行動についても経済的階層的な関係に基づいて行動する場合もあれば、それ以外の諸関係（たとえば地縁や本家分家関係など）に基づいて行動する場合もあるからである。そういったしがらみのなかでどこまで階層レベルでの結束が実現していたかを見極めることが必要である。

今回取り上げた吉右衛門欠落一件は、本百姓・抱集団がその機能を次第に喪失していく時期の事例である。吉右衛門の兄たちも奉公のため村を離れていて十分な対応ができなかったし、矢島村も三兄弟の所持地は「元一つ高」だという論理を最終的には貫かなかったようである。

〈参考文献〉

斉藤洋一『五郎兵衛新田と被差別部落』（三一書房、一九八七年）
山崎圭『近世幕領地域社会の研究』（校倉書房、二〇〇五年）
『五郎兵衛新田古文書目録』二（浅科村・信州農村開発史研究所、一九八二年）
『五郎兵衛新田古文書目録』三（二）（浅科村・信州農村開発史研究所、一九八四年）
『長野県史近世史料編』二（一）（長野県史刊行会、一九七八年）

日記にみる近世堂上公家の兄弟仲

松田敬之

はじめに

江戸時代における公家衆のきょうだい（兄弟・兄妹・姉弟など）の関係を語る時、ふと思うのは「はたして仲が良かったのか」「それとも悪かったのか」という点である。

時代を問わず、公家が日常書き記した日記は後世にも多く残されているものの、これは記主の性格にもよるだろうが、なかなかきょうだいの仲について詳述しているものにお目にかかる機会が少ない。ましてや、拙稿「堂上公家の部屋住」や拙著『次男坊たちの江戸時代—公家社会の〈厄介者〉—』の執筆時にも大変苦労したが、肝心の次男・三男・末男の記した日記というものが見当たらないのである。少なくとも、現存が確認されているのは、柳原紀光《やなぎわらもとみつ》末子で、のちに丹後国大宮売《おおみやめ》神社神主島谷家の養子となった資前《すけざき》による享和三年（一八〇三）正月から文化二年（一八〇五）三月までの六冊の日記くらいであろうか。まだ生家の部屋住・厄介の身であった頃に記された貴重な日記資料であるといえよう。

したがって、たとえば兄が弟を、弟が兄を、お互い本心ではどのように思っていたのか、「兄のこういうところが嫌い」「両親は自分には跡取りとして厳しくしつけるのに、甘やかされている弟が憎たらしい（あるいは羨ましい）」といった、まさしく感情を吐露したような記事を目にしないがゆえ、どうしても他者の日記情報や書状などのその他の史料からの伝聞や推測に頼らざるをえない例があまりにも多いように感じる。やはり、これは現代人が日々つける日記と大きく異なる点ではなかろうか。

堂上《とうしよう》公家の次三男について扱った論考としては拙著のほかに、一条家・烏丸《からすまる》家・千種《ちぐさ》家周辺を中心に松澤克行氏が、姉小路《あねがこうじ》・山本両家については福留真紀氏が、山本家について関口祐未氏が、次三男も務めることが多かった御児《おちご》については林大樹氏が、そして大名家の家臣となった公家の庶子とその子孫は西田かほる氏が、といったように、多くの研究成果がみられる。とくに関口氏の論考は日記ではなく、堂上公家の末子山本実豪《さねたけ》が詠んだ歌から部屋住・厄介身分の境遇を嘆き、将来を不安視する感情を読み解いている点でも非常に興味深いが、やはり兄弟仲については不明点が多いままである。

一　記主の個性があらわれる公家日記

江戸時代初期に高辻豊長《たかつじとよなが》という菅原氏の堂上公家がいた。豊長は初名を良長といい、同じく菅家の堂上東坊城長維《ひがしぼうじよう》の次男で、初めは滋岡《しげおか》を号し主計頭《かずえのかみ》に任ぜられて院殿上人となるが、慶安二年（一六四九）四月に同族の高辻家を相続していた。至長《むねなが》は寛永一三年（一六三六）八月生まれで豊長とは一一歳年少の弟であるが、兄と同じく滋岡を家号とし、これまた同じく主計頭に任ぜられ後水尾《ごみずのお》院の仙洞御所に奉仕する身であった。

豊長は『豊長卿日記』という高辻家を相続した慶安二年から寛文八年（一六六八）までの約二〇年分の日記を残し

ているが、慶安四年正月二七日条に弟至長が疱瘡に罹患した記事がみえる。ところが、豊長は弟の病状を気遣った感想はなぜか一切記していない。同年元日条には、「今日の明け方、新水に浴する。例年の通り、北野天満宮に参詣する。老父（東坊城長維）・東坊城知長（のち、恒長と改名）・至長たちも同道した」とみえるので、至長が疱瘡になったのはこのあとであろうが、それにしても「不憫である」などといった労りの一文すら書いておらず、心配していたのかがさっぱりわからない。自分にもうつらないだろうかといった我が身の不安や、弟に疱瘡の痕が残らないだろうかといったことも述べておらず、さらには、その後いつ快癒したのかも記事が見当たらない。これでは、実際兄弟仲がどうであったのか詳細を知りようがない。

もっとも、万治元年（一六五八）五月一三日条には「主計頭を同道して宇治を見物する」といった記事もみられ、弟と連れ立って洛外宇治へ遊びに出かけたりしたことがみえる。また至長も後水尾院の院宣により大坂天満宮神主職となったのちもたびたび上京しているし、至長に嫡男長祇《ながただ》が誕生した際に祝儀を遣わしたりしている記事なども散見している。至長を自身の猶子とし、その後の滋岡家の歴代当主の多くが高辻家の猶子になっているので、ここから察するに、年の離れた弟との仲は決して険悪なものではなく、むしろ良好であったと思われる。それにしてももう少し感情のこもった日記であってもよさそうなものであるが、豊長という人物はこのような性格であったのかもしれない。

また、日記では記主の性格によるものだけではなく、字句の解釈もこれまた難しいように思える。江戸時代の公家衆にとっての関心事の一つには官位の昇進も挙げられようが、他者の進退を妬んだりする記事は割と多い。久我通誠《こがみちとも》の日記『通誠公記』によれば、後西《ごさい》院の院殿上人であった田向資冬《たむけすけふゆ》という人物について述べている。資冬は庭田重秀《にわたしげひで》の末子であり、家禄は蔵米三〇石。当時は四九歳で正四位下・中務大輔《なかつかさのたいふ》であった。ところが、同人は貞享元年（一六八四）一一月五日に院勘《いんかん》を蒙り、翌日に解官《げかん》・位記《いき》返上となり、仙洞御所から暇《いとま》を下されているのであるが、通誠はこの措置を「伝え聞くところでは、昨日田向資冬朝臣が解官され、御暇を下された。当時は新院の仙洞御所に伺候する人である。笑止々々」と書き記している。「笑止」の語には、ばかばかしい、おかしい、という意味とは別に「気の毒に思う」という意味もあるが、果たして通誠の場合はどちらの意で記したのであろうか。「ざまあみろ」なのか「不憫である」という意で用いたのか。この件について同人はこの日以外に一切触れていないため、確かめようがない。

ちなみに同時代に生きた近衛基熙《もとひろ》の日記『基熙公記』同年同月八日条によると、「中務大輔田向資冬は悪行があり解官された。この人は院殿上人である。しかし、誠実な性格ではなく、すでにこのようなできごとが起きた。やむをえないことである」と記しており、資冬の性格は不誠実であり、解官の理由も悪逆であると述べているので、やはり非は後西院の側ではなく、資冬側に相当あったように推測されるが、いずれにせよ、前述の通誠の感想はどのような真意であったのかが推測しにくい。

二　身内に疎まれた玉松操

数多ある公家たちの日記中、筆者がこれまで目にしたもので印象深いのは、やはり拙著でも紹介した玉松操《たままつみさお》（初名重誠《しげさね》。諱は真弘《まひろ》であるが、通称の操の方が著名である為、以下操と表記する）に関する話だろうか。かの司馬遼太郎氏の短編小説「加茂の水」の主人公としても知られ、また猪熊兼繁氏も取り上げたことのある人物だが、唯一の本格的な伝記ともいえるのが伊藤武雄『維新の碩師《せきし》玉松操』上・下巻である。同書には「山本実政《さねのり》日記」の一部が翻刻・収録され、所々でも引用されている。

記主である実政の山本家は清華《せいが》の一、西園寺《さいおんじ》家の直庶流にあたる羽林《うりん》家にして、家禄一七五石の堂上家であるが、幕末期の当主である実政は明治二年（一八六九）一月一八日条で以下のような興味深い話を記している。

　病気を押して少しの間参内するようにとのことである。よってただちに参内する。輔相《ほしょう》の岩倉具視《いわくらともみ》が言うには、玉松操については、天皇の侍読《じとう》として皇学・国学の御用があり、思召により堂上の列に加えられるというご内意である。もっとも堂上家としては山本家の庶流という扱いをするが、これについての考えについてはどうか、と内々に尋ねられた。私も別段所意はないと返答し、退出した。

　この玉松操は亡父山本実城《さねき》に対しても無礼のことが大変多くある。これにより私はこれを憎み、彼とはすでに十余年もの間会ってもいない。しかし、このたびの御用は皇学の為であって、現在の時勢の要務、実に神国の大道を起こすべき基でもあるので、自家の遺恨を言うべきことではない。操は大炊御門《おおいのみかど》故右大臣経久《つねひさ》公の実子として醍醐山無量寿院《むりようじゆいん》の住職となる。年長に及んでからは朱子学を好み、ついに還俗した。その後は皇国の大道は古代中国の聖人の教えより勝れていること、真の大道名理を知り、本居《もとおり》や平田などの学説を信用して日夜これを研究しており、これにより近年は高名である。

同日条は実政にとって叔父にあたる玉松操が維新の功績により、新規に山本家庶流として一家創始を勅許されるにあたっての感想を述べたものであるが、ここで実政は、先代にして父にあたる実城に対し、操に無礼なことが多く、またこれにより自分もまた叔父を憎んでいたこと、同じ公家社会に生きる身でありながら実に十数年間、顔も合わせなかったことを書き綴っている。操は兄弟仲どころか、甥との仲さえきわめて険悪なものであったという事実がこれにより明らかなのである。「山本実政日記」はおそらく私日記に属するのであろうが、実政がわざわざ「これを憎む」という一文まで認《したた》めている点がこれを物語っていよう。これこそまさしく感情を吐露した日記といえるであろう。

ところで、山本家先代の実城と操とは厳密には兄弟ではない。「山本家譜」によれば、両名は山本公弘《きんひろ》の二子として系図中にみえるが、同家の家督を継いだ実城は公弘の末弟であるので、操は本当は甥ということになるし、甥にあたる実政も厳密には従弟になる。もっとも、実城は文化四年（一八〇七）六月、操は同七年三月の生まれで、その年齢差はほんのわずかなものであり、叔父・甥というよりはやはり兄弟の関係に近いものがあったのであろう。

実政が語る実城・操の不和の原因というものはいかなるものであったのであろうか。操は保守的思想の学者として知られ、維新後は新政府の方針と相容れなかったため、不遇の晩年を過ごしたとされるので、彼自身の頑迷な思想や性格が兄実城から疎まれたのかと推測もされるのであるが、どうもそれだけではなさそうなのである。

確たる傍証を得られなかったため、拙著では詳述しなかったが、伊藤氏によると、操の父公弘自身が山本家の生まれではなく、同じく堂上家（家格は羽林家）の風早《かざはや》家の出自であったという。同書では「はじめ山本実福《さねたる》には公敏《きんとき》という子がいたが、早世したので、風早直弘の子である公弘を養子に迎えた。しかし実福にはのちになって実城という実子が誕生した。これにより実福は公弘とその子操を疎んずるようになった」というが、「風早家譜」にも「直弘」なる人物をまったく載せておらず、実際はどうであったのかが不明である。ただ、『維新の碩師玉松操』上下巻は実政の日記をはじめ、多くの史料を駆使して編まれたものであり、また刊行時には山本家周辺の縁者・関係者も生存していたであろう点も踏まえれば、蓋然性は比較的高い話かもしれない。公弘の生年からすれば、直弘なる人物は風早実《さね》秋《あき》と同一人物であろうか。

もしこれが事実なら、操の父公弘自身は、かの岩倉具視が実は堀河《ほりかわ》家の出身で、岩倉家へは養子入りした身であり、先代具慶《ともやす》とは何の血縁関係がなかったのと同様、山本家とも本来関係がない存在であったのかもしれないのである。だとすれば、公弘が我が子操に山本家を相続させるのではなく、実福の本当の子実城に家督を譲った（自発的にではなく、もしくは半強制的に譲らされたか）という事実もなんとなく頷けるのではないだろうか。このような事例は公家社会における家系図の複雑さを物語っているのであるが、操からすれば、父・当人と二代続けて山本家から冷遇されたかのように思い込んでも不思議ではなかろう。養子を迎えたあとに実子が誕生し、我が子かわいさに養子を廃嫡したうえ、実子に家督を相続させるというような話は映画やテレビドラマ、時代小説などで描かれる話であるが、山本家でもそうであったのかもしれない。

それでは、操の側は生家たる山本家をどう思っていたのだろうか。当初、醍醐寺無量寿院に入寺する際、同人は清華家たる大炊御門家の猶子となり、さらにその後同家の実子という扱いに転じているようだが、法印大和尚位・大僧《だいそう》都《ず》に昇りながら、還俗後は一時期「山本毅軒《きけん》」と名乗った。本当に生家を嫌っていたのであれば、「大炊御門毅軒」と名乗ってもよさそうであるが、山本を称しているのである。心中複雑ではあったであろうが、やはり自身は山本家の人間であるという気持ちがあったのであろう。

さて、操の堂上玉松家創立に関して、実政はどう思っていたのか。先代も自分自身も操を疎んでいたが、この感情は「私家の意趣」であると記しており、私人としては叔父の操を嫌っているが、公人の立場としては維新の功臣の一人でもあり、「近来高名」な叔父の堂上取立については表立って反対してはいない。当たり前かもしれないが、公私の別はきちんと割り切っており、至極大人の対応であるといえよう。もし、先に没した実城が操を正式に生家や一門から義絶していたり、当時の当主である実政本人が賛意を示さなかった場合、玉松家が堂上に取り立てられたであろうか。

むろん、維新の功労者で、明治新政府の重鎮である岩倉の後援を受け、取立そのものは勅許されたかもしれないが、山本家庶流としての取立が成されたかどうか。実政の日記冒頭にみえる「もっとも堂上家としては山本家の庶流という扱いをするが、これについての考えはどうか」という一文は、岩倉自身、腹心ともいうべき操が生家と長年折り合いが悪いといった諸事情をわかっていたからと解すべきであろう。だからこそ、実政にも因果を含めたであろうし、もしも同人が賛意を示さなかった場合は、一度猶子となっていた大炊御門家庶流という扱いにしてでも、堂上取立を企図したのかもしれない。

翌一九日条では「大炊御門前右大臣家信《いえこと》公に面会し、玉松の一件を相談する。ついに経久公の実子という身分を離れて、山本家の本系に復することを承知する。ただし表向きは別人として然るべく、とのことである。これもまた家信公承知する〈もっとも個々のことについては岩倉具視卿とも過日相談するところである〉」（〈 〉内は原文では割書）とみえ、実政は大炊御門家信と相談し、操が大炊御門家から山本家に復すことを双方認めている。「表向きは別人として」の解釈はいささか不明であるが、一種の系図操作がなされたのであろうか。いずれにせよ、この件には岩倉が深く関与していたようである。

幸いにも操は玉松の家号をもって堂上に取り立てられることが決まったが、還俗後も妻帯しなかった操に子はおらず、玉松家を相続したのは甥実政の子真幸《まさき》であった。憎んだ叔父の家を絶やすことなく、我が子を送り込んだ実政の心境はどのようなものであったのか。また、泉下の操はどう思ったであろうか。これで数代にわたる怨讐をお互いに乗り越えることができたのであろうか。

おわりに

玉松家の堂上新規取立を後押しした人物でもあり、後年、公家華族の盟主的存在ともなった岩倉具視であるが、実は彼もまた同じく家督相続では苦慮したようである。具視の没した一年後、岩倉家には華族令公布に伴い公爵が授けられるが、この時、授爵したのは具視の長男具綱《ともつな》ではなく、次男具定《ともさだ》であった。元一条家家臣にして、『幕末の宮廷』をはじめとする多くの近世公家社会に関する著述を残した下橋敬長《しもはしゆきおさ》の明治一七年の日記には、同年七月七日の華族令公布に際して授爵者全員の名を列挙しているが、七月一二日条には、

十二日（中略）同日華族従四位岩倉具綱〔贈太政大臣具視公の養子で同家の相続人。富小路《とみのこうじ》家の二男。具視公娘の聟養子〕の隠居をお聞き入れなさった。岩倉具定〔具視公の嫡男〕が家督を仰せ付けられた。これは具定氏に公爵を授けられるためだという。（〔　〕の表記は原文に準拠）

とみえる。これは具視が当初富小路政直《ひろなお》の子である具綱を養子に迎え、自身の長女増子《ますこ》に配しながらも、具視の実の子である具定に公爵が授けられるようにとの血脈上での配慮がなされたであろうという風聞を書き記しているのである。浅見雅男氏も岩倉家の授爵に伴う具綱隠居にはこのような経緯があったのではないかと推測されているが、同時代を生きた下橋にもこの噂話が耳に入っていたのであろう。具視自身もまたそのような考えを持っていたようである。具視の子孫である岩倉具忠氏の著書に翻刻・掲載された「贈相国公遺言密書」によれば、具視が死去する八日前、明治一六年七月一二日付で岩倉家相続について明記しているが、同じ公家華族の沢・大原両家においては沢宣嘉《のぶよし》・大原《おおはら》重徳《しげとみ》没後に没落の状態になっている例を挙げ、兄弟仲がその後の相続に大きな影響を及ぼしたことを述べている。

公家の兄弟仲というのは、公事と異なり、一見して所詮は家庭内の一私事と捉えがちだが、まだまだ知られていない、また使われていない日記を注意深く読んでいくことで、分家・庶流の創出、または断絶といった家の興廃に大きく関わるような諸事情も明らかになっていくのではないだろうか。

〈参考文献〉

浅見雅男『華族誕生―名誉と体面の明治―』（リブロポート、一九九四年）
伊藤武雄『維新の碩師玉松操』上・下巻（人物研究叢刊第三・四、金雞学院、一九二七年）

猪熊兼繁「維新前の公家」（山川菊栄他編『明治維新のころ』朝日新聞社、一九六八年）
今江廣道・小沼修一校訂『通誠公記』第一巻（続群書類従完成会、一九八八年）
岩倉具忠『岩倉具視―「国家」と「家族」―米欧巡回中の「メモ帳」とその後の家族の歴史―』（高等研選書、財団法人国際高等研究所、二〇〇六年）
京都府立大学文学部考古学研究室・中世史研究室　菱田哲郎・横内裕人・向井佑介・三輪眞嗣・板垣優河・中村彰伸・速水佑佳・山口魁人「大宮売神社の資料調査と展示」（『京都府立大学文学部歴史学科フィールド調査集報』一、二〇一五年）
滋岡長平「神主滋岡家歴代の人物像とその事績について」（大阪天満宮史料室編『大阪天満宮史の研究』思文閣出版、一九九一年）
司馬遼太郎「加茂の水」（司馬遼太郎『王城の護衛者』講談社、一九七一年）
関口祐未「伏見宮家旧蔵『佚名家集』の紹介　付『佚名家集』詠歌事情年譜」（『目録学の構築と古典学の再生―天皇家・公家文庫の実態復原と伝統的知識体系の解明―』（東京大学史料編纂所研究成果報告二〇〇八―一）二〇〇九年）
関口祐未「伏見宮旧蔵『佚名家集』の作者と歌人像」（『目録学の構築と古典学の再生―天皇家・公家文庫の実態復原と伝統的知識体系の解明―』（東京大学史料編纂所研究成果報告二〇〇九―四）二〇一一年）
西田かほる「大名家の家臣になった土御門泰福の弟とその子孫」（『日本歴史』八九九、二〇二三年）
林大樹「近世公家社会における〈御児〉について」（『人文』一六、二〇一八年。のち、『天皇近臣と近世の朝廷』吉川弘文館、二〇二一年に収録）
福留真紀『名門譜代大名・酒井忠挙の奮闘』（角川叢書、角川学芸出版、二〇〇九年）
松澤克行「公武の交流と上昇願望」（堀新・深谷克己編『権威と上昇願望』江戸の人と身分3、吉川弘文館、二〇一〇年）
松澤克行「茶道宗徧流不審庵所蔵「冬基卿記」」（『東京大学史料編纂所研究紀要』二三、二〇一三年）
松田敬之「堂上公家の部屋住」（高埜利彦編『朝廷をとりまく人びと』身分的周縁と近世社会8、吉川弘文館、二〇〇七年）
松田敬之『次男坊たちの江戸時代―公家社会の〈厄介者〉―』（吉川弘文館、二〇〇八年）
小玉正任監修、大賀妙子校訂編集『幕末公家集成』（新人物往来社、一九九三年）
『豊長卿日記』全二〇冊（国立公文書館所蔵）
『基熙公記』（東京大学史料編纂所蔵謄写本）
「風早家譜」（東京大学史料編纂所蔵謄写本）
「山本家譜」（東京大学史料編纂所蔵謄写本）
『明治十七年私記』（京都府立京都学・歴彩館所蔵「下橋家資料」）

幕末政局と「高須四兄弟」

藤田英昭

一 「高須四兄弟」とは

「高須《たかす》四兄弟」とは、幕末期の御三家尾張家（藩）の当主・隠居であった徳川慶勝《よしかつ》、慶勝のあと高須松平家から尾張家を相続し、後に御三卿一橋家当主となった徳川茂栄《もちはる》、会津松平家を継ぎ京都守護職を務めた松平容保《かたもり》、桑名松平家を継いで京都所司代となった松平定敬《さだあき》、この四人を示した呼称である。四人とも生母は異なるものの、高須松平家一〇代当主・松平義達《よしたつ》を父とし、幕末維新期にはそれぞれの立場で活躍した。

四人の実家である高須松平家は、尾張家二代当主・徳川光友《みつとも》の次男義行《よしゆき》を祖とした家門大名である（義行は三男ながら、正妻の子であったため次男とされた）。美濃国石津《いしづ》郡高須（岐阜県海津市）に陣屋を構えた三万石の小大名ながら、御三家の分家で格式は高かった。実家の名を取って「高須四兄弟」とされるが、彼らは松平家の江戸屋敷があった四《よつ》谷《や》（東京都新宿区）に生まれ、高須を訪れたことはない。

高須松平家は、男子がいない場合、本家尾張家の庶子を当主とすることもあったが、江戸後期には御三家水戸家（藩）から養子を迎えている。九代義和《よしより》がそれで、彼は水戸家九代徳川斉昭《なりあき》の叔父にあたっていた。その義和の息子が四兄弟の父・義達であった。『徳川諸家系譜』巻三によれば、義達は一〇男九女（うち一二人早世）の子を儲け、そのうちの次男慶勝、五男茂栄、七男容保、八男定敬をして「四兄弟」とするのである。

二 「四兄弟」の写真

松平義達の子のなかで、慶勝・茂栄・容保・定敬を「四兄弟」とするのは、彼らが幕末維新期に特徴的な活動をしたことに拠っているのだろうが、何よりも維新後の明治一一年（一八七八）、銀座の写真館で撮影された四人の集合写真（次頁図）が残されていることが大きい。

この年九月三日、四人は維新後久しぶりに再会し、写真撮影に臨んだというのが一般的な理解である。慶勝五五歳（数え年。以下同じ）、茂栄四八歳、容保四四歳、定敬三三歳、維新の激動をくぐり抜けてきた痕跡が、顔にしっかりと刻印されている。

慶勝の発意を受けて三人の弟が銀座に集合し、撮影へと至ったこの写真は、撮影代を四人で分け合って支払い、それぞれの手許へと送られたことがわかっている。当時、義達の一〇男で末弟の義勇《よしたけ》（高須松平家一三代当主、当時隠居）が健在で、実際は五兄弟であったにもかかわらず、義勇は撮影には呼ばれなかった。当日の慶勝の日記（徳川林政史研究所所蔵）に、「今日写真、玄同《げんどう》・芳山《ほうざん》・晴山《せいざん》同伴にて練瓦狐へ相越、二見ニテ写ル」と記載されているように、慶勝にとっては、玄同・芳山・晴山と一緒に写真機の前に立つことに意味があった。玄同とは茂栄、芳山は容保、晴山は定敬の号である。「練瓦」とは「煉瓦」のことで煉瓦街であった銀座を指す。「狐」は不明、「二見」とは写真師の二見朝隈《ふたみあさま》のことである。二見は、銀座二丁目三番地で写真館を開業していた。

高須四兄弟写真

右から徳川慶勝, 徳川茂栄, 松平容保, 松平定敬. 徳川林政史研究所所蔵.

この写真は、明治末年頃から尾張家に関する書籍の口絵に掲載されるなどして、世間に知られていた。しかし、特段注目されたわけではない。ましてや、「高須四兄弟」と括られて呼称されていたわけではなかった。

たとえば、明治四三年刊行の西村時彦『尾張敬公』（敬公とは尾張家初代徳川義直《よしなお》の諡号《しごう》）の口絵では、四人の集合写真であるにもかかわらず、「十七代慶勝卿真影」と明記されている。また、昭和八年（一九三三）刊行の『会津戊辰戦史』の口絵でも同じ写真が掲載されるが（これは容保の手許にあったものと推測される）、「徳川慶勝卿外三公写真」という表題である。戦前の蓬左《ほうさ》文庫による整理名称も「文公御兄弟御四方」であった。文公とは慶勝の諡号である。戦前にあってこの写真は、長兄慶勝を中心とした命名のされ方であったことがわかる（ただし、昭和九年刊行の西尾豊作『子爵田中不二麿伝（尾藩勤王史）』の口絵は、四人の名前が記載され、表題はない）。いずれにしろ、戦前においては「高須四兄弟」という呼称は存在しなかったのである。

三 「高須四兄弟」の発見

管見に拠れば、「高須四兄弟」という呼称が登場したのは、平成以降、一九九〇年代に入ってからである。最初に用いられたのは、『将軍・殿様が撮った幕末維新』（宮地正人監修、新人物往来社、一九九六年）ではなかろうか。同書は、「徳川慶喜・昭武・慶勝写真集」と副題が付けられたように、幕末維新期から写真に関心を寄せていた徳川慶喜《よしのぶ》を中心に、その弟の昭武《あきたけ》、従兄の慶勝に関係する新出写真をふんだんに盛り込んだ大変意義深い写真集であった。慶勝の写真については岩下哲典氏が、慶喜・昭武の写真に関しては齊藤洋一氏がそれぞれ解説を執筆した。

この写真集には、上記した四人の集合写真が収録されただけではなく、慶勝が撮影したという茂栄・容保・定敬の単体写真がはじめて書籍で紹介され、「幕末に羽ばたく高須四兄弟」「高須四兄弟それぞれの明治維新」と立項されるなど、彼らの事蹟が明らかにされたのである。

ところで、九〇年代の幕末維新史研究といえば、維新の主体勢力とされた薩長中心の研究だけではなく、敗者とされた幕府・佐幕派諸藩や中間勢力の動向にも、光が当たりつつあったのは注目してよいだろう。幕末京都に登場した「一会桑《いっかいそう》」（禁裏御守衛総督の一橋・京都守護職の会津・京都所司代の桑名による政治勢力）に着目し、松平容保が藩主を務める会津藩を中心に幕末中央政局の動向を活写した家近良樹『幕末政治と倒幕運動』（吉川弘文館、一九九五年）が、学界の注目を集めていた。

こうした潮流のなかで、維新の敗者であった容保の兄弟たちにも眼が向けられたのであろう。容保の兄慶勝がいる尾張藩は、御三家筆頭でありながら、薩摩藩とともに王政復古政変に参画し、戊辰戦争では新政府軍に加わるなど、薩長に対抗した弟の容保・定敬とは敵対関係となっていたことが注目されていった。そして、その弟たちを救済するため歎願活動に尽力したのが、次兄の茂栄なのであった。維新の際に敵味方に分かれたはずの兄弟四人が、明治に入って一緒に写真撮影に臨んだという事実は、そのドラマ性に拍車をかけたことは間違いない。恩讐を超えた兄弟の絆が打ち出され、彼らは「高須四兄弟」と命名されたのである。

二〇〇〇年代に入ると後掲の参考文献のように、展覧会図録や一般向けの書籍で紹介され、そのうえ小説の題材になるなど、「四兄弟」は世間に浸透していった。ただし、幕末維新史の専門研究者で、この呼称を論文などで用いている人はおらず、必ずしも学問的に定着しているわけではないことには、注意が必要である。

四　史料に現れる兄弟関係

幕末維新史、とりわけ政治史の分野で、家族や兄弟を前面に押し立てた研究は、これまでほとんどなかったように思われる。人物評伝のなかでそれらが取りあげられることはあっても、研究論文で真正面から論じられることは少なかった。

ただし、政治的な行為も人間の活動である以上、親や子ども、兄弟という家族の存在があってこそのものである。活動のなかで、家族が頭をもたげてくることも当然起こりえたはずである。以下においては、幕末期の政治活動のなかで、兄弟の存在が史料上どのように立ち現れるのか、「高須四兄弟」を事例に考えてみたい。

1　松平容保への視線

会津藩主の松平容保は、孝明《こうめい》天皇の信任を得て、京都守護職として幕末京都で活動したことで有名である。「一会桑」の一角として、弟の松平定敬と連携・協調した関係にあったこともよく知られている。ただ、当時の容保をもっとも気遣い「親愛殊に深かりけれ」(『七年史』下)と評されていたのは、長兄の徳川慶勝であった。ここではまず、容保と慶勝との関係を軸に、定敬の動向も視野に入れて、文久二年(一八六二)から慶応三年(一八六七)までの彼らの動向を概観してみよう。

容保は、文久二年末の入京時から、孝明天皇の信頼を獲得していたわけではなく、一四代将軍徳川家茂《いえもち》の上洛を控えた朝廷で、今後の徳川の舵取りを期待されていたのは、実は容保の兄で尾張藩隠居の慶勝なのであった。

これは、慶勝が嘉永・安政年間から朝廷の求める攘夷論を主張し、条約調印問題においても朝廷の意向を重視すべきと主張していたことが影響していた。要するに、朝廷は慶勝をして天皇や公家の意見を幕政に反映できる人物とみて、期待をかけていたのである。上洛してくる将軍家茂は一八歳と若く、徳川一門の多くも容保が二九歳、将軍後見職の一橋慶喜が二七歳と、二〇歳代後半であった。政事総裁職の松平慶永《よしなが》が三六歳と壮年であるものの、在京中の徳川一門の長老が、政治経験も豊富な四〇歳の慶勝であったことは、五〇歳前後が大勢を占める朝廷首脳部から期待をかけられるのに十分であった。しかも、慶勝は尊王攘夷の魁《さきがけ》水戸斉昭《なりあき》の甥、期待されないわけはない。

ところが、文久期の慶勝は、当時の幕府主脳部との微妙な関係もあって、結果的に朝廷の期待通りには動けなかった。将軍家茂が京都を離れると、朝廷が止めるのも聞かずに早々と尾張へと帰国し、天皇以下の朝廷首脳部を落胆させている。

その慶勝が退去した後、にわかに脚光を浴びたのが、弟の容保であった。幕末史上有名な文久三年八月一八日の政変（長州中心の急進的攘夷論者を京都から一掃した政変）で、京都守護職の会津藩は政治実績を挙げ、天皇が「朕存念《ちんのぞんねん》貫徹之段《かんてつのだん》、全《まったく》其方《そのほう》忠誠《ちゅうせい》深《ふかく》感悦《かんえつ》」と宸翰《しんかん》で述べたように、容保に対する期待と依存とが一気に高まったのである。

これによって、会津藩の政治的方向性が確定し、容保は京を追われた長州尊攘派からの憎しみを一身に受け、集中砲火のごとき批判を浴びることとなった。こうしたストレスもあって、容保は元治元年（一八六四）春以降病気となり、家臣から帰国を勧められるも、朝廷からの期待を裏切ることができない強い責任感から京都に留まり続け、結果的に戊辰戦争の惨劇へと突き進むことになる。朝廷の期待に応えることなく、政局から早々と身をかわした慶勝とは対照的で、二人にとってはまさに運命の分かれ道であった。

朝廷との関係を密にしたい将軍家にとって、容保の病気は由々しき事態であった。京都守護職を再度命じられた容保は、病気を理由に辞退を申し出るが、将軍家茂は許可せず、代わって容保の弟の桑名藩主松平定敬を京都所司代に命じて、病気の兄容保と連携してことに当たるよう依頼していった。「帝都の儀、御守衛筋ハ勿論、取締向其外此上《そのほかこのうえ》一際厳整《ひときわげんせい》に無之《これなく》てハ成《なし》がたきニ付、其方儀《そのほうぎ》、席柄《せきがら》にハあれども、当節柄《とうせつがら》の儀ゆへ、別段の訳を以て溜詰《たまりづめ》の儘《まま》所司代に云《いい》付る間、松平肥後守（容保）申談、諸事尽力精入《せいをいれ》勤るやうに」（徳川宗家文書）とは、元治元年四月一一日、二条城御座間に定敬を召し寄せた際に、家茂が発した言葉である。

溜詰のまま所司代に任じられることは前例がなかったが、所司代にも守護職と同様の職責を求めたものであろう。会津藩も溜詰であったことがそれを物語っている。家茂は容保が守護職を辞退することは認めなかったが、十分養生に努めて、快癒したら出勤するようにとする書を下した（『七年史』上）。それまでは、同じ溜詰の弟定敬が所司代として守護職の職務を代行することを言外に示した書とも読める。

あわせて家茂は、容保の兄の慶勝にも弟をバックアップすることを求めていった。家茂は嗣子がない病床の容保を心配し、水戸藩主徳川慶篤《よしあつ》の弟・余八麿《よはちまろ》（一二歳、慶喜の弟でもある）を容保の養子としてはどうかと、慶勝に会津と水戸との間を周旋するよう依頼していったのである（徳川宗家文書）。余八麿は徳川斉昭の一八男、のちの徳川昭武のことである。要請を受けた慶勝も、自身の女《むすめ》を余八麿の嫁にすると約束するなど、前向きな姿勢をみせていた。

この養子縁組は水戸藩内の派閥争いもあってなかなか進展しなかったが、慶応二年になると、会津藩側が積極的な動きをみせるようになる。会津藩としては、余八麿を養子とし京都警備に当たらせることで、体調不良の容保を帰国させる口実ができると考えてのことであった。京都は禁裏御守衛総督の一橋慶喜と余八麿の兄弟が取り締まれば好都合という腹づもりである（『幕末会津藩往復文書』下巻）。

しかし、この構想は実現することなく、将軍家茂は慶応二年七月に死去。代わって宗家を相続した慶喜の思惑で、余八麿はのちに慶喜の嗣子となることを想定されて御三卿清水家に入り、会津藩にはその弟の余九麿《よくまろ》（一二歳、のちの松平喜徳《のぶのり》）が来ることになる。

余九麿が着京し、藩兵を率いてそのまま京都守衛に当たると、慶応三年四月、ついに容保の御暇《おいとま》帰国が幕府から許された。それを誰よりも喜んだのが兄慶勝であった。慶勝は容保の養生のために帰国はなによりで、熱田止宿の際にはぜひ名古屋に滞留してほしい。その時京都での話をゆっくりと聞きたいと切々と手紙をしたためた。そこには、高須から千代を呼び寄せるので必ず来るようにとも書かれていた（『七年史』下）。千代とは父・松平義建の女中。容保の生母にあたる女性である。激動の京都で身も心も疲れ果てた弟に対し、兄は相当な気遣いをみせていたことが知れよう。容保に対する慶勝の「親愛」とは、京都政局から早々に身をかわした自身の代わりに、京都で奮励していた容保への慰労と感謝の気持ちが反映されていたのかも知れない。

しかし、時勢の急展開は容保の帰国を許さず、結局帰国はうやむやとなってしまった。兄弟が語らう機会は遂に訪れなかった。それでも慶勝は諦めず、同年一〇月の大政奉還を機に容保に帰国することを勧告する。「最早功成《こうなり》名遂《なとげ》るの場合」に至ったので、このあたりが潮時だというのである。会津藩のためにもぜひこの機会を逃してはならないと、「御間柄の至情」に訴えて身を引くことを諭すも（同上）、容保の耳には届かなかった。大政奉還に直面した容保は、兄弟の情よりも宗家に対する忠義のほうが勝っていたのである。

2　徳川茂栄の訴え

慶勝と「親愛」なる関係にあった容保に対し、敵対・対立関係にあったとされるのが、次兄の徳川茂栄であった。茂栄は、安政五年（一八五八）に隠居・謹慎に処せられた慶勝の後を受けて尾張家を相続し、慶勝を支持する家臣たちを処罰するなど、大老井伊《いい》直弼《なおすけ》の幕政に追随する藩政を敷いたことで知られる。そのため、井伊大老の死後、慶勝が藩政に復帰し、国事にも関与するようになると、折り合いが悪くなった茂栄は、文久三年に慶勝の息子元千代《もとちよ》に当主の座を譲って隠退した。隠居した茂栄は玄同と称した。

しかし、慶応元年の第二次長州戦争の際、一四代将軍家茂によって引き立てられた茂栄は、京都政局にも参与するようになった。家茂によれば、「玄同殿（茂栄）は、尾張殿（慶勝）之思ふと大ニ違ひ、今度之働ヲハ実ニ不一方《ひとかたならず》」（『連城《れんじょう》紀聞《きぶん》』二）と述べるなど、茂栄をかなり頼りにしていた模様である。注意したいのは、「尾張殿之思ふと大ニ違ひ」の部分である。つまり、「慶勝が思っているのとは大違いだ」と家茂は述べているわけで、ここから、かねてから慶勝が家茂に対して、茂栄の行動や性格について否定的な意見を述べていたことが判明するのである。慶勝にとって茂栄は、尾張藩政に対立と混乱をもたらしかねない厄介な存在だったことがうかがわれ、それは各種史料から裏付けられる。

慶勝のみならず、弟の容保・定敬からも、茂栄は「御同継」であっても、慶勝と違って何を考えているのかよくわからず、「御疎外」の様子であったというから（名古屋市蓬左文庫「慶応元年書翰集」）、兄弟のなかで孤立した感が否めないのが茂栄であった。

ただ、茂栄自身は兄慶勝に対して、どちらかといえば敬慕の念を持っていたのではないかと考えられる節がある。慶勝が尾張家当主で、茂栄が高須松平家にいた嘉永・安政年間は、茂栄が「尊庇《そんぴ》を奉仰《あおぎたてまつる》」ごとくに慶勝に対していたという（「慶応四年書翰集」）。慶勝と同様、茂栄も写真に関心があったが、これも兄慶勝に感化された面もあったのではないか。しかし、藩政をめぐる尾張家中の確執もあずかり、慶勝と茂栄とは対立関係に置かれるようになっていった。

このような茂栄が、慶応四年の戊辰戦争期に、敵対関係に立たされた兄弟間の周旋に尽力するという役割を担うこととなる。しかも、この時の茂栄の行動が、兄弟関係を強く意識したそれであったことが特筆される。当時茂栄は、尾張家を出て徳川慶喜の後の一橋家当主となっていた。

それでは、茂栄の行動を具体的にみてみよう。まず、朝敵《ちょうてき》とされた前将軍慶喜の助命歎願の使者となった茂栄は、歎願活動に当たって兄慶勝を頼る動きをみせている。陸路での歎願道中で、新政府軍に拘束されることを危惧して船で尾張国に乗り付けて、新政府に協力する慶勝の後ろ楯を得たうえで、駿河国に駐屯する政府軍本営に歎願書を持っていこうと計画したのである。この計画は、実現こそしなかったが、歎願に臨んだ茂栄は、慶勝に以下のような手紙もしたためていた。

それによると、茂栄は尾張に慶勝と「御同居中、何カト臣下之処ニ而隔意《かくい》之姿」（家臣同士の対立で疎遠状態）であったが、このたび佐幕的家臣を粛清したことにより（慶応四年正月の青松葉《あおまつば》事件。これにより茂栄を推戴していた有力家臣が斬首・処罰された）、自分と慶勝とがようやく「御一体」となり、「真之御兄弟」になったので、これまでの疎遠状態を解消させて、ぜひ一緒に協力して活動しないかと慶勝に働きかけたのである。『詩経《しきょう》』の一節である「兄弟鬩牆、外禦其務」（兄弟牆《けいていかき》に鬩《せめ》げども、外其《そとそ》の務《あなどり》を禦《ふせ》ぐ）を引用して、「兄弟は家のなかで争っても、外部から侮辱を受けたら力を合わせて戦うものである」と述べ、宗家の慶喜の救済に当たって、共に尽力しようと兄慶勝に依頼していった（「慶応四年書翰集」）。この求めに対する慶勝の返事は見出せないが、慶勝の側近であった儒者の水野彦三郎《みずのひこさぶろう》が、茂栄の歎願道中に付き添い、陰ながらその行動を支えたのであった。

茂栄はまた、慶喜と共に朝敵とされた容保・定敬兄弟の助命歎願もおこなっている。ここで述べられているのは、両名とは「骨肉之間柄」であるため、「天性之私情」（生まれつきの個人的な感情）を禁じがたいということであった（『会津戊辰戦史』）。そして、戊辰戦争後に死一等を減じられ、尾張藩邸で蟄居している定敬の様子を名古屋にいる慶勝に伝えていたのも、茂栄なのであった（徳川林政史研究所所蔵文書）。まさに兄慶勝が知りたい情報を、対立関係におかれていた弟の茂栄がもたらしていたのである。

その定敬は、明治以降、茂栄の邸宅をしばしば訪れ、夜遅くまで茂栄と痛飲していたことが一橋家「日記」（茨城県立歴史館所蔵）を通観すると判明する。もともと茂栄は酒量の多い人物で、家臣からもたしなめられるほどであったが、定敬も身なりや服装が奇抜な人物であった。西洋の文物・思想への関心も高かった。定敬といえば容保との連携・協調ばかりが注目されてきたが、案外蒲柳《ほりゅう》の質で保守的な容保よりも、豪胆な茂栄と酒を酌み交わすほうが性に合っていた可能性もある。明治期の兄弟間の交流をみていくと、政治的つながりを越えた意外な人間関係が明らかとなってくるかも知れない。

五　再び「高須四兄弟」の写真

兄弟関係というのは、大名家当主（藩主）という公的な立場・活動に対して、あくまでも「私情」に属するものである。しかし、「高須四兄弟」の場合にみられたように、兄弟関係が公的活動を側面から助ける場合もあった。とりわけ、病気や家の存亡という危機的状況下において、兄弟関係は大きく作用していたように思われる。

最後に、いま一度、明治一一年九月に撮影された「四兄弟」の写真を見たい。そもそもこの写真は何を目的に撮影されたのであろうか。ここで明確な回答を出すことは難しいが、兄弟関係が私的な関係であることを踏まえると、あくまでも個人的な事情で撮影したとしか評価しようがない。

この年一〇月に慶勝が徳川宗族長《そうぞくちょう》を辞めることになったことと、この撮影を結びつける見解もあるが、宗族長という公職を去る時になぜ兄弟で写真を撮るのか、説明がつかないように思う。

明治一一年における四人に共通のできごと、しかも家族など私事に関わることでは、この年が父・松平義達の十七回忌であったことが注目される。義達の命日にあたる八月二〇日、慶勝・茂栄・容保・定敬の四人が、菩提寺の天徳寺に参詣したことが、慶勝の日記（徳川林政史研究所所蔵）に記されている（末弟の義勇は来ていない）。とくに予定を合わせた様子もみられない。四人は図らずも銀座での写真撮影の直前に、父の墓前で会っていたのである。

この時四人が何を話し合ったのか、定かではない。あるいは、写真撮影の話が出たのではないか。そう想像したくなるほど、四人の気持ちと行動は響き合っていた。

〈参考文献〉

茨城県立歴史館編刊『御三卿 一橋徳川家』（二〇〇八年）
NHKプラネット中部『写真家大名・徳川慶勝の幕末維新』（日本放送出版協会、二〇一〇年）
桑名市博物館編刊『京都所司代 松平定敬―幕末の桑名藩―』（二〇〇八年）
奥山景布子『葵の残葉』（文藝春秋、二〇一七年）
白根孝胤「明治初年における徳川慶勝の動向と撮影写真」（徳川林政史研究所『研究紀要』四五、二〇一一年）
新宿歴史博物館編刊『高須四兄弟　新宿荒木町に生まれた明治維新』（二〇一四年）
高須藩松平三万石顕彰会編『高須松平藩』（海津町商工観光課、二〇〇一年）
徳川美術館編刊『尾張の殿様物語』（二〇〇七年）
徳川美術館編刊『徳川慶勝―知られざる写真家大名の生涯―』（二〇一三年）
徳川林政史研究所編『写真集　尾張徳川家の幕末維新』（吉川弘文館、二〇一四年）
羽賀祥二・名古屋市蓬左文庫編『名古屋と明治維新』（風媒社、二〇一八年）
福島県立博物館編刊『徳川将軍家と会津松平家』（二〇〇六年）
藤田英昭「慶応四年前後における尾張徳川家の内情と政治動向」（徳川林政史研究所『研究紀要』五二、二〇一八年）
藤田英昭「文久・元治期における徳川慶勝の動向と政治的立場」（徳川林政史研究所『研究紀要』五三、二〇一九年）

近現代

旧会津藩家老・山川家のきょうだい

遠藤由紀子

はじめに——山川浩の明治一五年——

幕末に会津藩家老であった山川浩《やまかわひろし》（旧名大蔵《おおくら》）が、明治一五年（一八八二）五月一二日付で和歌山県御坊《ごぼう》市へ出した手紙が、近年（二〇一七年一月）、同地で発見された。空き家となった実家の屋根裏を整理した中野健氏（横浜市在住）による。宛先は中吉《なかきち》旅館（旧旅館中屋）の館主・中野吉右衛門であった。以下に文面を記す（句読点筆者）。

爾来絶て音信不申、御申わけなき仕合ニ候、先年中智《（ママ）》氏より番地等委敷《くわしく》承候へ共、彼是取紛御疎遠ニ打過申候、さて戊辰事変之際は病中永々御厄介ニ相成、御厚誼不知所謝候、今般幸大坂在勤被命候ニ付、管下巡回致し、当和歌山ニ着、直ニ御尋可申心組之処、御用都合ニて不能《あたハず》、其儀残念ニ御坐候、乍粗末九谷焼之皿二枚、進上候積リニて持参候処、前文之次第故、通運ニ托し差出候、自然御出坂も候ハヽ、左之所ニ寓居《ぐうきょ》候間、必御来訪被下度候、何も後便ニ譲り御礼迄、匆々《そうそう》如此ニ候、已上

五月十二日　浩《大蔵事》

吉右衛門殿　大坂府下玉造森村四百五番地

手紙には音信不通のお詫びと戊辰戦争の時分に闘病で厄介になったことへの感謝が述べられており、また大阪での勤務となり巡回で和歌山を訪れるので直に尋ねたかったが、都合がつかないので九谷焼《くたにやき》を運送すること、大阪に来る用事があったらぜひ寄ってくれとの旨が書かれていた。この時贈られたであろう九谷焼の大皿二枚も手紙と一緒に確認された。

中野家では九谷焼のことが言い伝えとなっており、また昭和一四年（一九三九）一月の『紀南新聞』には中野家に九谷焼を送った浩を讃える瀬見善水《せみよしお》（日高地方の知識人、陸奥宗光《むつむねみつ》と懇意）による和歌が紹介されているので、知られていないできごとではなかったが、長らくその九谷焼は行方不明となっていた。

浩と中野家とのつながりは、戊辰戦争の初戦となった鳥羽伏見の戦い後に端を発す。鳥羽伏見の戦い後、会津藩兵は紀州方面へ敗走したが、紀州藩ではいずれの側に立つか藩論が揺れていた。そのようななか、会津藩兵約一八五八名は加太《かだ》より船で由良《ゆら》港に入り、大部分が小松原とその周辺の村々（現在の御坊市）に到着する。紀州藩の立場が定まらず、また新政府の偵察隊を警戒し、敗走してきた会津藩兵の宿泊を拒否する民家がほとんどであった。この状況下、旅館中屋など数軒の家が、路頭に迷う敗走兵の惨状を見かね招き入れてくれ、体調を崩していた浩は中野家で闘病することができた。紀州落ちした会津藩兵の動向については、大野治氏（郷土史家）が昭和五〇年代に郷土史にまとめているが（『由良町の文化財』八など）、手紙の存在は知られていなかった。浩は、危険を顧みず会津藩兵を助けてくれた御坊の人々への恩義を忘れず、明治以降にも交流を続けていたことが手紙の発見から明らかになった。

家老であった浩は、会津では智将と呼ばれ、正義感が強く、質実剛健な逸話が多く残っている。出身の会津藩（二三万石、実高四〇万石とも）は、戊辰戦争で敗北し滅藩するが、明治二年二月に太政官より家名再興の御沙汰があり、同年一一月に斗南藩《となみ》（現青森県下北半島付近、三万石）としての立藩が許される。この時、幼い藩主松平容大《かたはる》（会津藩九代藩主松平容保《かたもり》長男、当時二歳）に代わり、浩が斗南藩権大参事として藩政の中心を担った。斗南の地での厳しい生活については、のちに陸軍大将となった柴五郎《しばごろう》の記録（『ある明治人の記録』中公新書）にて広く知られるが、山川家もまた厳しい生活を耐え忍んだ。

明治四年、廃藩置県を迎えると一家は上京する。浩は、谷干城《たにかんじょう》の推薦により陸軍に出仕し柴五郎をはじめ、多くの書生を抱えた。佐賀の乱で活躍し陸軍中佐となり、西南戦争では征討軍団別働隊の参謀に任じられた。明治一三年に陸軍大佐、明治一九年に陸軍少将（兼務で高等師範学校初代校長）と昇進していったが、その間の明治一五年三月から大阪鎮台に異動した時期があった。この異動は「陸軍大佐に進んだが、侃論憚《かんろんはばか》るところなく、人々と意見あわず、遂に忌まれて参謀長の要職より大阪鎮台工兵方面提理の閑職への左遷」（櫻井一九六七）であったようで、手紙は不如意な状態の時期に書かれていたことが推察できる。浩の伝記をまとめた櫻井懋《さくらいつとむ》は甥（妹ミワの四男）にあたるが、浩は七人きょうだいであった。戊辰戦争の敗戦を経験した山川家のきょうだいたちは、それぞれどのような近代を過ごしたのだろうか。

一 七人の兄弟姉妹

山川家の祖先は、信濃にあって高遠藩の保科家に仕えていた。寛永一三年（一六三六）、保科正之に従い出羽国山形藩を経て、会津藩へ入った。山川家は代々要職にはあったが、きょうだいの祖父にあたる山川兵衛重英《ひょうえしげふさ》（一七八三〜一八六九）が山川家中興の人物である。兵衛は、目付・普請奉行・町奉行などを経て、勘定奉行に就任、困窮した藩財政を再建した功績が認められ若年寄となり、天保一〇年（一八三九）に家老に昇格した。禄高三〇〇石から一〇〇〇石に取立てられ、実に、二〇年間藩政の中心を担った（山川一九三七）。

浩を含む七人の兄弟姉妹の父は山川尚江重固《なおえしげかた》（一八一二〜六〇）、母は艶《えん》（一八一七〜八九、西郷近登之《ちかとし》の娘）であり、生まれた順に、長女二葉《ふたば》（一八四四〜一九〇九、旧名美恵）、長男浩（一八四五〜九八、旧名大蔵）、次女ミワ（一八四七〜一九三二、旧名みわ）、三女操《みさお》（一八五二〜一九三〇、旧名さよ）、次男健次郎（一八五四〜一九三一、旧名重教）、四女常盤《ときわ》（一八五七〜一九三三、旧名さい）、五女捨松《すてまつ》（一八六〇〜一九一九、旧名さき）である。尚江・艶夫妻は一二人の子女に恵まれたが、ほか五人は夭逝しており、本稿では成長した七人のみを続柄で示した。また、安政六年（一八五九）、尚江が家督を継ぐが翌年に病没しており、末子の捨松は父の死の五〇日後に誕生した。ちなみに、旧名は福田光子氏（健次郎孫）の回顧録によるもので、一部、これまで知られていない呼び名もある。

七人のうち、浩・健次郎・捨松の三人は伝記や遺稿集などがあり著名であるが、筆者はほかの四人についての調査を進めた。山川家の七人のきょうだいの来歴とそのつながりについて、本稿では、浩が御坊へ手紙を出した明治一五年前後を軸にし、それぞれの動向を紹介していくこととする。

二　捨松と健次郎の明治一五年

浩が大阪にあった明治一五年、捨松はアメリカでの留学生活一一年目を迎えていた。さかのぼること、明治四年一〇月、開拓使による女子の海外留学の募集（二次募集）を知った山川家では、留学となれば「宿志を遂《とぐ》るの秋《とき》なり」（巌本編一八八九）と大いに喜んだそうで、母は「二度と会えるとは思っていないが、捨てたつもりでお前の帰りを待っている」との思いから捨松と改名（大庭一九八四）、山川家は家名再興を学問にかけて、一一歳の捨松を送り出した。

山川家のきょうだい　明治29年6月28日撮影

着席者の左から常盤，操，ミワ，二葉，1番右が捨松．最後列の左が健次郎，右が浩（櫻井懋『山川浩』）．

次兄健次郎は、同年正月に開拓使が募集した国費留学生に選抜されすでに渡米しており、イェール大学附属のエンフィールド科学校に在籍していた（花見編一九三九）。ちなみに、長兄浩も慶応二年（一八六六）に樺太における日露境界協議再開のためロシアに派遣された幕臣小出秀実《こいでひでざね》に随行し、欧州遊学を経験している。

同年一一月、岩倉使節団に伴って渡米した女子留学生五名は、ワシントン市内の一軒家で共に生活していたが、入国の一〇ヵ月後、病気で二名が帰国となり、監督責任者の森有礼《ありのり》は残留した三名（捨松、瓜生繁子《うりゅうしげこ》、津田梅子《つだうめこ》）を各家庭に託すこととし、捨松は兄の通うイェール大学のあるアメリカ北東部のコネチカット州（ニューヘイブン）の宣教師レオナルド・ベーコンのもとにホームステイとなった。ベーコン家には年が近い末娘アリスがおり、捨松の生涯の友人となる。

健次郎は毎週末捨松を訪れ、日本語を忘れないように勉強させていたが、明治八年五月、イェール大学で物理学の学位を取得し、先に帰国した（花見編一九三九）。

同年九月、捨松は公立高校ヒルハウス・ハイスクールに進学、明治一一年九月、ヴァッサー大学普通科（四年制）に入学する。大学での捨松は、乗馬・水泳が得意で、英語のほかにドイツ語、フランス語、動物学の研究にも熱心であった（岩崎一九〇三）。

在学中に、留学期間満了の一〇年目を迎えるが、四年間の大学修了を区切りとするため一年延長を願い出、明治一五年六月に卒業となった（久野一九九三）。大学卒業後は帰国の日までベーコン家に再びホームステイしながら、ニューヘイブン病院付属のコネチカット看護婦養成学校にて看護学を学び、甲種看護婦の免許を取得した。

明治一五年一一月二一日、捨松は梅子とともに帰国した。横浜には二人の姉が出迎え、牛込《うしごめ》の山川家でも母をはじめ、兄弟姉妹とその子どもたち、書生が総出で歓待した。長期の留学を終えた捨松は、女子の留学の経験を生かせる職場がないことに悩み、同年一二月一一日にアリスへ手紙を出している（久野一九九三）。「お金の都合がつき次第、この家を出ようと思います。東京女子師範で教えている上の姉と一緒に、ここよりもう少し便利な場所に家を借りて、上流階級の人達を相手に英語の個人教授を始めようかと考えています」とあり、一〇〇〇ドル《ドル》の借金の申し込みであった。長姉二葉を巻き込んでの仕事探しであったが、姉との相談があったのかは確認できない。手紙の最後に「まだ兄とは相談していないので実現できるかどうかわからない」とあり、この時の計画は実現しなかった。

明治一六年二月、西郷従道《さいごうつぐみち》を通して、当時、参議陸軍卿であった大山巌《おおやまいわお》（旧薩摩藩士）から縁談申し込みがあった。この二月六日、浩は大阪から戻り、陸軍省人事局長に就いており、「同じ陸軍軍内の籍を置く以上は特に自分より上の人へ妹を遣るのはいさぎよくない」と反対をしている（岩崎一九〇三）。捨松の進路について、「柴四朗《しろう》などは捨松を欧米に連れて行き演説させ、日本の文明を見せつけて、条約改正の急務であると唱えさせよう」（岩崎一九〇三）などと考えていたという資料もある。柴四朗は会津出身の政治家・文筆家（筆名東海散士《とうかいさんし》）で、柴五郎の兄であった。多くの意見が飛び交うなか、捨松は結婚を承諾した。この頃のアリスへの手紙には「結婚した立場から社会貢献したい」という決意が記されている（久野一九九三）。

同年一一月八日、開館直前の鹿鳴館で結婚式が挙行された。同時に巌と前妻沢《さわ》との三人の娘の母となった。薩摩からの客人の応対や日本の慣れない習慣に苦労することが多く、日本語の手紙は二葉などが代筆することもあった。翌年二月、巌は欧州へ一年間の留学に出かける。留守を預かった捨松は、下田歌子《しもだうたこ》（現実践女子学園創立者）とともに華族女学校の設立準備委員を務めた。捨松が教えることはなかったが、梅子が教授補を務め、英語教員としてアリスを招聘した。捨松が留学中に抱いた女学校創立の夢は、明治三三年に梅子との女子英学塾（現津田塾大学）の開塾として結実する。

また、捨松は留学中にボランティア精神を学んだことを活かし「婦人慈善会」を組織し、明治一七年六月に鹿鳴館にて日本初の慈善バザーを開催している。『女学新誌』四（一八八四年）に掲載された「婦人慈善会第一次報告書」をみると発起人は六名で、捨松、伊藤梅子《いとううめこ》（伊藤博文《ひろぶみ》夫人）、井上武子《いのうえたけこ》（井上馨《かおる》夫人）、北島以登子《きたじまいとこ》（女官）、山川操、津田梅子とあった。この活動は、看護婦教育機関の設立や日本赤十字社篤志看護婦人会の大きな推進力となり、また全国各地で「慈善バザー」が拡がる契機となり、日本女性に大きな影響を与えた。鹿鳴館時代の捨松は、二男二女（一女夭逝）に恵まれ、バザーや舞踏会では妊娠中のことが多かった。

ところで、一足先に帰国していた健次郎は、明治九年一月に東京開成学校の教授補に任命され、翌年には東京帝国大学理学部で教鞭を執るようになっていた。明治一四年四月、鉚《りゅう》（唐津藩士丹羽新《にわあらた》次女、従姉は辰野金吾《たつのきんご》の妻秀《ひで》）と結婚した。自宅には常時多くの書生がいた。同年七月には東京帝国大学教授に就任、明治一五年には英仏度目採排等商議員（気象学に関してイギリス式かフランス式かを選定する会議）を務めた。翌年に長男洵《まこと》が誕生、七人（四男三女、二人夭逝）の子女に恵まれた。長男洵は水産学者（水産講習所兼東京帝国大学農学部教授）となり、その妻は梶井剛《かじいたけし》（日本電信電話公社初代総裁）の妹良《よし》である。四男建《たける》は高等文官で浩の後継となった。三女照子は東龍太郎《あずまりょうたろう》（東京帝国大学医学部教授、東京都知事を歴任）に嫁いでいる。

健次郎は、明治三一年五月に新たに制定した学位令により、日本最初の理学博士を授与された。教壇では、理論物理学・光学・熱学・音響学・毛管現象論などを講じ、田中館愛橘《たなかだてあいきつ》、長岡半太郎《ながおかはんたろう》、寺田寅彦《てらだとらひこ》などの高名な弟子を輩出した。

そして、在職二五年を迎えた明治三四年、東京帝国大学総長に就任（七博士事件により辞任）、その後は九州帝国大学、京都帝国大学の総長を歴任、大正二年（一九一三）に、再び東京帝国大学総長に就任した。ほかにも貴族院議員、私立明治専門学校創立（現九州工業大学）、旧制武蔵高等学校長（現根津育英会武蔵学園）、東宮御学問所評議員を務め、大正四年、男爵に叙せられた（山川家本家も浩が亡くなる直前の明治三一年、男爵に叙せられている）。私立明治専門学校の創立の精神が「技術に堪能なる士君子を養成する」という理念であったことが示すように、健次郎も正義感ある謹厳実直な人物であった。

三　それぞれの明治一五年前後

ほかのきょうだいたちは、明治期以降をどう生きていたのか。二葉は会津藩家老梶原平馬《かじわらへいま》と離別したのち、一人息子梶原景清《かげきよ》（海軍軍医）を育てながら、明治一〇年より東京女子師範学校（のちに女子高等師範学校と改称）の寄宿舎舎監を二八年務めた。

明治一五年当時の東京女子師範学校は四八名の職員で、校長は那珂通世《なかみちよ》（歴史学者）、寄宿舎監事は永井久一郎《ながいきゅういちろう》

（永井荷風《かふう》父）、寄宿舎の同僚には鳩山春子《はとやまはるこ》（現共立女子学園に貢献）、後閑菊野《ごかんきくの》（桜蔭女学校初代校長）、安達安子《あだちやすこ》（慈愛手芸女学校創立）、豊田芙雄《とよたふゆ》（幼児教育の先駆者、藤田東湖の姪）らがいた。教え子には、荻野吟子《おぎのぎんこ》（日本女性医師第一号）、青山千世《あおやまちせ》（首席で卒業、山川菊栄《やまかわきくえ》の母）、安井《やすい》てつ（東京女子大学二代学長）をはじめ、斯波安《しばやす》（現十文字学園創立者の一人）や大江《おおえ》スミ（現東京家政学院創立者）、二階堂《にかいどう》トクヨ（現二階堂学園創立者）など、学校の創立者となった人物もいる。また、津田梅子に優秀さを絶賛された岡田《おかだ》みつ（女高師英語教諭、ブリンマー大学留学）をはじめ、明治末期までに女高師で学び、全国各地の女子教育を牽引した人物の多くが二葉に学んでおり、厳正厳格で情が深い二葉に育てられたという回想が散見する。

また、明治一九年に宮川保全《みやかわやすのり》（旧幕臣）が中心となり東京女子師範学校を男子師範学校へ合併する議に反対した有志の人々が共立女子職業学校（現共立女子学園）を創立した際の発起人名簿（二九名）に二葉の名前がある。女性の自活の道が立つよう、技芸工作を習得するための教育を支援していたことがわかる。明治三二年、学校が財団法人の認可を受けると、二葉は、任期が終身の商議員一〇名のひとりとなった。

ミワは、戊辰戦争以前に桜井政衛《さくらいまさえ》（会津藩士）に嫁いで斗南の地に残り、青森県下の小学校校長を務める夫を支えていた。明治一五年の政衛は青森の三本木《さんぼんぎ》村に残留した旧会津藩士の総代を務めていたが、明治一九年に長男保彦を戸主として、屯田兵の家族として根室（和田兵村）に移住した。政衛は植別《うえんべつ》（羅臼《らうす》）、厚別《あつべつ》、別当賀《べつとが》（根室）などでも教鞭を執り、「大砲先生」との異名をとる名物教師となった。学校によっては教員住宅と単級学校の教室が同所に在ったので、ミワも裁縫などを教えた。ミワの一〇人の子女（五男五女）のうち、七人が上京し、浩・操・健次郎のいずれかの書生となった。

操は、佐賀の乱で夫小出光照《こいでみつてる》（会津藩士）を亡くしており、明治一三年に駐露公使柳原前光《やなぎわらさきみつ》の夫人初子の世話役としてロシアに渡った。明治一五年を含む、渡航中の二年間にフランス語を学び、帰国後は大山巌の推挙により、明治一七年二月からフランス語の通訳として宮中に出仕した。

『昭憲《しょうけん》皇太后実録』をみると、日清戦争後に天皇の代理として広島陸軍予備病院へ慰問、イギリス公使館へ火事見舞い、ベルギー国特命全権公使の弔問などの記録があり、通訳の任務だけではなかった。ある書物には操について「容姿絶美、言語明晰、普賢菩薩《ふげんぼさつ》の再来を見るが如し」（須藤一九〇二）とあり、女官としての活躍と質素な生活に多くの書生を教育する姿勢を絶賛する評がある。浩や健次郎と同じく、操も常時数十人の書生の面倒をみており、自宅から御用の時だけ出勤していた。実子はおらず、幼少期から書生として面倒をみていたミワの次女ヤエを養子にし、鶴田禎次郎《つるだていじろう》（陸軍軍医）に嫁がせた（遠藤二〇二二）。ほかに河田黙《かわだしずか》を養子とした。その妻三千子《みちこ》は回顧録を残している。

常盤は、山川家の書生であった徳力徳治《とくりきとくじ》（会津藩士）と結婚、養子婚であった。徳治は、明治八年に司法省の判事補に任命、明治一四年に検事（検察官）となり、山形、東京の地方裁判所に勤務した。その後は判事（裁判官）として東京・宮城、再び検事として秋田・長野・宇都宮・札幌・仙台・京都・横浜の各地方裁判所の検事正を務め、明治四一年九月より長崎控訴院検事長を歴任、全国各地を転々とした。一〇人の子女（五男五女）に恵まれた。

とくに、明治一九年に生まれた常盤の三男・山川戈登《ごるどん》（一八八六〜一九一〇）は、浩が敬慕するイギリスの軍人チャールズ・ゴードン（太平天国の乱で活躍）から命名、生後八ヵ月で後継がいない浩（妻登勢《とせ》を戊辰戦争で亡くしており、池谷金五郎の娘・仲《なか》と再婚した）の養子となった。古生物学者として将来を期待され、前掲した梶井剛は、第一高等学校二部（理工科）の同期であった。梶井の回顧録には、水泳部の合宿で戈登と寝る前まで化石発掘について語り合ったという逸話が綴られている（梶井一九六八）。

おわりに

御坊にて、「明治一五年」の手紙が発見されたとき、明治二一年（一八八八）五月に御坊への再訪を果たした浩が持参した会津漆器と、翌年八月の紀伊半島大水害時の見舞いの手紙（九月一〇日付）も見つかった。そのうち、見舞いの手紙の差出人は「山川戈登」と記名されており、浩は「戈登」を筆名としていたことが明らかとなった。妹の子に思い入れがある特別な名前を付け、山川家本家の嫡子としての成長を待つ浩の期待がうかがえる。戈登が早世したのは、惜しまれる。浩の手紙は、御坊市を通し、中野家から会津若松市に寄贈され（二〇一八年一月）、現代を生きる人々の交流へと歴史は生き続けている。

戊辰戦争後を生きた姉妹たちの足跡を追うと、時代の変化のもと、人や国家の役に立つことを実践する姿がみえる。二葉は、日清戦争時に「婦人有志会」を結成し、多額の軍需品を寄附した。寄宿舎で兵士への防寒用具を製作した時には、瓜生繁子や操が手伝いにきている。操は、捨松とともに日本赤十字社の活動に携わった。大正七年の同社の名簿をみると操は名誉幹事、捨松は評議員とあった。捨松は、日露戦争後にアメリカの週刊誌に二葉の活動を事例に、戦時下における日本女性の活動を寄稿しており、日本の地位向上を図る外交に努めていた。著名な捨松であるが、その活動の周りにはいつも姉たちの姿があった。捨松は姉たちを尊敬し、姉たちも妹の活動を支えていたのである。

日常の関係はどうであったか。明治二九年六月二八日に撮った七人全員とその家族たちの集合写真が残っている（二〇二ページ参照）。厳格な教育者の健次郎は操に「ジッチャン」と愛称され、常盤とともによく家を訪ねてきて食事をしながら談笑していたという回想、健次郎が出張中に姉を訪ねたという日記（佐世保で二葉、青森でミワなど）がある。ミワの子女は東京の山川家に出入りし、常盤は甥・姪の結婚をよく世話をしていたようである。佐世保に移住していた二葉が帰京した際は、家が決まるまで孫の梶原景浩《かげひろ》と大山家にて一ヵ月ほど過ごした記録が残る。これらの多くの逸話を知ると、年を重ねても日常が共にあるのがうかがえる。各逸話の出典（回顧録などの文献やご子孫からのオーラルヒストリー）は拙著（遠藤二〇二二）を参照されたい。

山川家のきょうだいは、皇室、近代教育、女子教育、社会福祉活動にそれぞれが関わっていた。二葉は多くの生徒を近代教育の先駆者へと導き、浩は陸軍に所属しながら高等師範学校長を務めた。ミワは開拓間もない土地で初等教育に尽力する夫と多くの子どもとともに生き、操は宮中でフランス語の通訳をしながら、書生を育てた。健次郎は東大総長を務めながら皇室にも関わり、常盤もまた検事の夫と日本各地を廻りながら子どもの才能を伸ばし、捨松は外交、女子教育、社会福祉活動に頗る尽力した。個人の足跡をたどっても、必ずきょうだいとの接点が見つかる。これは、きょうだいがお互い助け合いながら近代以降も過ごしていた証左と推察できる。

きょうだいの母は、「ならぬことはならぬ」という「什の掟」に形容される揺るぎない志操を持っていたが、細かい間違いなど、志操上に関すること以外には寛容であったという（巌本編一八八九）。その柔軟な精神は、健次郎の「眼界を広く持て」という明治四四年の設置間もない九州帝国大学での演説に顕れている。当時の学者は、専門外の知識がないのを象牙の塔に籠もると自慢する人が多かったようで、健次郎は、学生には眼界を広くもって専門外の知識を得ることを勧めた（鬼頭一九四八）。

敗者の立場から近代を歩みはじめた山川家のきょうだいたちの足跡は、会津藩の人々が辛酸をなめただけではなく、海外を経験し相互理解に努め、眼界を広く持って近代教育、女子教育、社会福祉の道を切り拓き、近代国家の形成に大いに貢献したことを具体的に示してくれるのである。

〈参考文献〉

石光真人編著『ある明治人の記録―会津人柴五郎の遺書―』(中公新書、一九七一年〈二〇一七年改版〉)
岩崎徂堂『明治大臣の夫人』(大学館、一九〇三年)
巌本善治編『女学雑誌』一六〇(女学雑誌社〈万春堂〉、一八八九年)
遠藤由紀子『会津藩家老・山川家の近代―大山捨松とその姉妹たち―』(雄山閣、二〇二二年)
大野治「鳥羽伏見の戦いに敗れた会津藩兵と由良」(『由良町の文化財』八、一九八一年)
大庭みな子「大山公爵夫人　秘められた手紙」(『歴史への招待』二九、一九八四年)
梶井剛『わが半生』(私家版、一九六八年)
鬼頭鎮雄『九大風雪記』(西日本新聞社、一九四八年)
共立女子職業学校編『共立女子職業学校第二五年報』(一九一二年)
久野明子『鹿鳴館の貴婦人』(中公文庫、一九九三年)
近藤賢三編『女学新誌』四(一八八四年)
櫻井懋『山川浩』(私家版、一九六七年)
須藤愛司『名士名家の夫人』(大学館、一九〇二年)
花見朔巳編『男爵山川先生傳』(三秀舎、一九三九年)
福田光子『羇旅』(私家版、一九八八年)
堀内信編『南紀徳川史』四(清文堂出版、一九三一年〈一九九〇年復刻版〉)
明治神宮監修『昭憲皇太后実録』上巻(吉川弘文館、二〇一四年)
山川健次郎『男爵山川先生遺稿』(故山川男爵記念会、一九三七年)
山川三千子『女官』(実業之日本社、一九六〇年)

旧幕臣家幸田きょうだい

——露伴とそのきょうだいたち——

千葉　功

一　明治維新後の幸田家

幸田《こうだ》きょうだいの父は、もとは「奥坊主」をつとめた今西氏の生まれで、「表坊主」の幸田利貞《りてい》の一粒種である猷《ゆう》と結婚して、幸田家へ養子に入った人物であった。よって、旧幕時代は表坊主として「利三《りさん》」と称していたが、明治になって「成延《しげのぶ》」と改める。父は「温厚なかただ」が、「むらつ気がおあんなさるところは少し閉口だ」と露伴《ろはん》（成《しげ》行《ゆき》）はいう。

父以上に幸田きょうだいに強い影響を与えたのが、母の猷であった。猷は子どもたちを厳しく育てた。家に帰っての復習（復読）が終わらないうちには絶対遊ばせないというのが掟であった。とくに、娘の延《のぶ》や幸《こう》には長唄や踊りや琴の習いごとをさせたが、口三味線を入れながらおさらいをさせたため、二人の音楽的才能開花のきっかけとなった。学校から帰って三味線をさらいはじめると日が暮れかかるので、露伴（成行）が延のため灯をつけようとすると、母猷から、音楽に灯はいらないとして叱られたという。

この父母によって育てられたのが幸田きょうだいであった。一番目の成常《しげつね》（通称貞太郎、一八五八〜一九二五）は実業家となり、最後は相模紡績会社社長で終わった。二番目の成忠《しげただ》（金次郎、養子に出て「郡司《ぐんじ》成忠」、一八六〇〜一九二四）は探検家のようなはたらきをし、「報効義会《ほうこうぎかい》」を結成して北千島の探検・拓殖に尽力した。三番目の男子は夭折した。四番目の成行（鉄四郎、一八六七〜一九四七）がいわゆる文豪の露伴であり、明治・大正・昭和の文壇でながく活躍した。五番目の延（一八七〇〜一九四六）と七番目の幸（一八七八〜一九六三）と八番目の修造《しゅうぞう》（一八八二〜一九〇七）は、音楽家となった（ただし、修造は東京音楽学校在学中に早世した）。延と幸は国家による音楽留学の第一・二号（第三号が瀧廉太郎《たきれんたろう》）であることからわかるように、日本草創期の洋楽移入に多大の貢献をした。そして、六番目の成《しげ》友《とも》（一八七三〜一九五四）は、東京帝国大学文科大学史学科卒の職業歴史家として大阪市史編纂に尽力し、のち東京商科大学教授となった。このように幸田きょうだいはそれぞれの道で成功し、名をなした。このようなきょうだいはそういない。

さて、明治維新となって徳川家は静岡七〇万石へ転封となったが、幸田利貞や利三は旧主家と進退をともにせず、江戸にふみとどまった。そのことは、成友いわく「我等子孫をして容易に明治の新文化に浴するを得せしめた」。具体的には「学校運」の強さに表れる。東京には正規の学校はもとより多くの漢学塾や洋学塾、さらには延や幸が通った音楽取調所（東京音楽学校）が所在しており、教育環境として恵まれていたのである。

ただし、維新後の幸田家には、子どもたちを自由に学校へやらせるだけの経済的余裕はなかった。確かに、表坊主時代はかなりの裕福で、神田新屋敷は全部で七〇畳以上の広さがあったというが、維新後、成延は大蔵省の下級属官（それも、一八八五年の内閣制導入に伴う官制改革で非職になる）の身で多数の子どもを抱え、家計的には苦しいものがあった（露伴は「家道窮乏」と表現している）。

幸田きょうだい集合写真

明治32年（1899）6月撮影．前列左から，露伴の末妹・（安藤）幸，次兄・（郡司）成忠長女・悌子，母・猷，長兄・成常妻・とり，妻・幾美，次妹・延，後列左から，成忠長男・智麿，次弟・成友，露伴，父・成延，成常，成忠，末弟・修造（東京都近代文学博物館編刊『幸田家の人々』）．

よって、明治五年、築地の海軍兵学寮で生徒の募集があると、幸田家は早速利用した。当時一五歳の成常が入学願書を差し出すとき、ついでに成忠の願書も年齢を一五歳に偽って出したところ（成忠は郡司姓だったので露見しなかったという）、成常は身体検査で不合格となったのに対し、成忠は『十八史略』が読めるか読めないかぐらいの学力にもかかわらず、将来発育の見込みありとして合格した。このように、海軍兵学寮への官費入学を許された成忠は真っ先に家を離れ、ついで成常も東京米商会所の書記となり自立した。

続く露伴（成行）・延・成友は、東京師範学校附属小学校に通った。「同胞」三人までは月謝一人分でよいという規定があったためであろう。ただし、幸のときは女生徒を募集しなくなったためか、近所の私立芳林小学校に入学した。

それが、六番目の成友になると、私費をもって小学・中学・大学と順序だった教育を受けることができた。これは、すでに長じて収入を得ていた延や露伴（成行）による援助があったからである。成友は、「猫の尻尾《しっぽ》」のように、あってもなくても同じ四男に生まれ、旧幕時代であれば一生部屋住みとして長兄の厄介になるか、養子として他家を嗣ぐかの二択しかなかったのが、明治になって教育を受け、社会上昇するチャンスに恵まれたのである。

二　幸田成常と郡司成忠

比較的早く世を去った者をのぞく六人も、年齢差の関係から、成常―成忠と露伴（成行）―延―成友―幸とで、大きく二つのグループにわかれるように思える。

実際、露伴（成行）が成忠の家に居候していたとき、年齢が八歳も違うので成忠を恐れていたという。一八九三年の千島拓殖の際、露伴は成忠に頼まれて、軍艦「震天《しんてん》」の拝借を願う嘆願書の手直しについては確かに請け負った。しかし、官有の艦艇払い下げが可能であるか露伴は懐疑的で、それが失敗したあとカッター数隻での千島行に切り替えたことにも、無謀であると呆れ、悲しんだ。ただし、これはあくまで内心のことで、直接成忠に意見することはない。

その後、日露戦争勃発後の一九〇四年、成忠がカムチャッカ半島でロシア側に連行されて生死不明になった。このとき、成忠なき家族の援助が問題となった。しかし、長兄成常の態度は頼りないものだったらしい。露伴（成行）は弟成友への手紙で、「大兄上は例のごとく也」とか「奥の兄上（成常のこと）の御態度にも恐れ入り申候」とか、批判をほのめかしている。結局、露伴が主導して成常を含むきょうだいを自宅に集め、成忠家援助のための八ヵ条と具体的拠出額を決定したのであった。

また、成友の長女雪子によると、「郡司の伯父〔成忠のこと〕は、年がら年中船に乗って、家へ帰るのは、一年に一度か二度でしたが、下船すると、一軒一軒親類をまわり、留守中に困ることはなかったか、今、おれは暇だから、用があれば、何でもしてやるから、遠慮なく頼めといったそうです」という。延が女性であることからバッシングが高まり、東京音楽学校教授を休職となった（のち辞職）直後に出発したヨーロッパへの音楽界視察から帰国した際（一九一〇年）、延から依頼されたその日に紀尾井町の家を見つけてきたのも、成忠であった。成忠は「お延ちゃん、君のいう静かな邸町に手頃の家があったから、取りあえず、手金を打って来た。気に入れば幸《さいわい》だが、気に入らなければ、そのまま知らん顔をしていればいい」という。あまりの速さに驚いた延も「ありがとうございました。兄さんが手金まで打って下さった家に悪かろう筈はございません。さっそく引っ越しすることにいたしましょう」とロクにその家も見ず、母猷と引っ越した。

ただし、実際はそう単純なものでもなかったようだ。露伴（成行）の同時代の日記によると、この紀尾井町三番地の家（山本安次郎《やまもとやすじろう》海軍機関少将の家）を買おうとしたところ、価格が高すぎたという。「延子長兄〔成常〕に財を失はる、の故をもつて金足らず」、すなわち延が長兄成常の借財を負っていたのである。結局、成忠と延と露伴の三人で相談して、この家を購入する算段をつけたのであるが、きょうだいに負債をおわせている成常の妻酉《とり》がわがままで浪費家であることが露伴らきょうだいの憤激を買っていた。

三　幸田露伴・延・成友・幸

かたや、年少のグループである露伴（成行）・延・成友・幸の関係は、年齢が近いこともあって、基本的に仲がよいものであった。

①露伴―延関係

露伴（成行）は子どものころおねしょの癖があった。母の猷から濡れた蒲団と一緒に外へ出され、近所を一軒一軒謝ってまわれと叱られたとき、延がにいさんは病気なんだから許してやってくれとかばったという。露伴からすると「あのときお延がゐなかつたらどうなつたらう、お延はおれの妹だがえらいやつだった」ということになる。

また、露伴が北海道余市《よいち》から東京に逃げ帰って、働かずにぶらぶらしていたころを、露伴は「たま〳〵妹に貰ふ五十銭一円を倹約に倹約し、鉄道馬車に乗りたいところを辛防〔抱〕して僅に煙草を買ふ程なさけ無き頃」と回想している。

延の留学（一八八九～九五年）中、読売新聞記者からの問い合わせへの答書で露伴は、延が「一生の業」であるところの音楽にどのように出会ったかを縷々《るる》述べている。「御存知の通りの生《せい》の妹なればまづい面にて意地つよく平素の言行をかしき事も随分無きにはあらず候へどまづ申上難く候」と、現在の価値観からみれば容姿を持ち出すことは問題だが、一方で文面からは露伴と延の仲のよさがうかがわれる。また、この答書に引用された延の手紙からは、露伴が延の留学期間延長に尽力したことや、新しく出た本（『新葉末集』）をヴィーン滞在中の延に送り、延も兄の本を喜んで読んで感想を書いてきたことがわかる。露伴と延はきょうだいとして仲がよいだけでなく、仕事に一途に打ち込む芸術家同士としても認めあう仲だったのである。

②露伴・成友―幸関係

幸は通学の都合から、一時期、露伴の谷中の家に同居した時期がある。夜になって、露伴は幸にいろいろな話や

『古列女伝』の講義をした。そのかわりに、幸が琴を弾いたり、一一歳上の露伴（「鉄ちゃん兄《にい》さん」）や、たまたま泊まりに来た五歳上の成友に、一中節の稽古をつけたりした。ただし、一中節の稽古の際、師匠役の幸がきちんと座っていたのに対して、弟子役の露伴や成友の方が火鉢のそばであぐらをかいていたという。

③露伴・延―成友関係

共立学校時代の成友が盗難にあったとき、延が音楽取調掛の手当から黙ってお金をくれたことがあったなど、成友からみて、延や露伴は頭の上がらない存在であったろう。幸の息子煕《ひろし》によるモデル小説（『血と血』）によると、成友は露伴に対して畏れ憚るところがあり、逆に露伴は成友に対して「ケチ」だと思っていたという。ただし、この小説は後述のとおり悪意に満ちたものであり、割り引いて受け取った方がよいのかもしれない。

④延―幸関係

延と幸の年齢差は八歳である。しかし、留学から帰国後の延が東京音楽学校教授として幸を教えたように、きょうだいというよりは師弟としての関係であり、これは後年にも続く。幸の愛弟子の思い出によると、幸は生徒のなかで優秀なものをときどき延の前に連れて行って弾かせては批評を乞うことがあったが、そのとき姉の前で最敬礼して、「おそれ入ります」といって姉の言葉を傾聴したたため、生徒の方が面食らったという。

また、幸の三男馨《かおる》によると、延が天才肌だったのに対して幸は努力型であり、かつ大勢の男きょうだいのなか二人だけの女きょうだいで、同じ道に進んだので、本当に仲良く、幸も延を心から尊敬していたのが家族の者にもよくわかったという。

ただし、前述のモデル小説『血と血』によれば、終戦直後で延最晩年のひと冬の同居が両者に意外の間隙を生み、そのことが後述の幸田家と安藤家（幸は結婚して安藤姓となった）とのいさかいの遠因となったのである。

四　遺産相続をめぐる亀裂

幸田家では例年、年の暮れに一族が集まって、通称「クリスマス」と称する家族会を催すことになっていた（もともと幸田家は、露伴〈成行〉以外はクリスチャンであった）。とくに一九〇五年にはカムチャッカ半島でロシア側に捕えられていた成忠の無事帰還と、幸の安藤勝一郎《かついちろう》との結婚祝いを兼ねたもので、露伴もかつて同じ「根岸党」の岡倉《おかくら》天心《てんしん》門下の横山大観《よこやまたいかん》・菱田春草《ひしだしゅんそう》からの招待を欠席してでも参加したのである。

それがもう少し後年になると、幸田きょうだいがそれぞれ子どもたちを連れて参加するようになる。幸の長男熙《ひろし》によると、彼が小学生のころの一九一〇年代には老祖母（猷）が住んでいた紀尾井町の家で毎年一二月下旬に「クリスマス」会があった。これは関東大震災で中絶するまで、一〇回ほど開催されたという。

さらに、一九三四年ころから、露伴の無聊をなぐさめるため、親戚が露伴の家（「小石川蝸牛庵《かぎゅうあん》」）に集まって露伴からものを教わる会が始まった。集まるのは延や幸、幸の子どもたち、さらに露伴の子（文《あや》）や孫（玉《たま》）にまでおよんだ。周易《しゅうえき》や俳諧の講義や書道の稽古などがおこなわれた。

さて、延は独身ということもあって、晩年には「お兄さんはよくいろいろ見てくれる人があって仕合《しあわ》せだ。わたしのためにも相談に乗ってくれないだろうか」と露伴に訴える状態だった。その後、延と成友の家のみがアジア太平洋戦争の戦禍による焼失をまぬがれ、さらに延が一九四六年に死去すると、幸の安藤家の子どもたちと幸田本家の政吉

〈成常の子〉との間で、どちらが跡目を継ぎ、豪勢な紀尾井町の邸宅を含む遺産相続をするのかという争いが生じた。

幸の長男熙（筆名高木卓《たかぎたく》）はこのことを『血と血』（一九四八年）というモデル小説にしているが、これは安藤家側の一方的な見方であり、ほかの幸田三家（本家＝政吉、露伴〈成行〉、成友）からは到底受け入れられないもので、不快に受け取られたであろう。実際、熙自身が、幸田家側に名誉棄損で訴えるといきまいている者がいることを認め、彼らを束にして応戦すると気負っている。一方、最晩年（このあと一年もせずに死去する）の露伴が熙の暴露小説のため苦しんでいることを、人づてに聞いてもいる。

熙はこの『血と血』において、熙ら第二世代にとって幸田きょうだいたち第一世代（「第一世」）の性格として、不快な「斬りつけ言葉」や冷酷無残な毒舌、「我意つよき性格」、八方美人的で首鼠両端《しゅそりょうたん》を持《じ》するような態度（別な箇所では「曖昧」と形容している）や、直接言わずに相手が自分の心理を察してそれに添うよう婉曲に「強制」する態度などを挙げ、それらを幸田家の「血」や「劫《ごう》」に帰し、また「俊才ぞろひ」の「第一世の性格的欠陥」とまで言い切っている。そして、この財産争いは、幸田きょうだいのうち生き残っていた露伴・成友・幸の間にも深刻な亀裂をもたらしたのだ。

幸田きょうだい、それも年少組の露伴・延・成友・幸の四人は基本的に仲がよかったといえるが、それは熙いわく幸田「絶対主義」による拘束であって、次の第二世代までをも拘束するものではなかった。逆にいったん亀裂が生じると、その強烈な個性と「我意」のある幸田きょうだい系統の対立は、一転して激烈なそれになったのであろうと考えられる。

〈参考文献〉

幸田文「みそっかす」(『幸田文全集』二、岩波書店、一九九五年)
幸田成友『凡人の半生』(共立書房、一九四八年)
幸田延子述「私の半生」(『音楽世界』三—六、一九三一年)
幸田露伴「酔興記」(『露伴全集』一四、岩波書店、一九七八年)
幸田露伴「少年時代」(「一日無事」『露伴全集』二九、岩波書店、一九七九年)
幸田露伴「郡司成忠伝跋」(『露伴全集』三〇、岩波書店、一九七九年)
幸田露伴「六十日日記第二」「六十日記第三」(『露伴全集』三八、岩波書店、一九七九年)
明治三七年一〇月一九日付・日不明、一一月二一日付幸田成友宛幸田成行(露伴)書翰(『露伴全集』三九、岩波書店、一九七九年)
小林勇『蝸牛庵訪問記』(岩波書店、一九五六年)
塩谷賛『幸田露伴』上下巻(中央公論社、一九六五年)
高木卓『人間露伴』(丹頂書房、一九四八年)
高木卓『血と血』(八雲書店、一九四八年)
瀧井敬子『漱石が聴いたベートーヴェン—音楽に魅せられた文豪たち—』(中央公論新社、二〇〇四年)
東京都近代文学博物館編刊『幸田家の人々』(二〇〇一年)
萩谷由喜子『幸田姉妹—洋楽黎明期を支えた幸田延と安藤幸—』(ショパン、二〇〇三年)
福山雪子「伯母の思い出」(日本洋楽資料収集連絡協議会編刊『紀尾井町時代の幸田延』一九七五年)
渡鏡子『近代日本女性史五　音楽』(鹿島出版会、一九七一年)
「(一〇)西洋音楽家当撰者幸田信〔延〕子」(鈴木光次郎編『明治閨秀美譚』東京堂書房、一八九二年)

徳富蘇峰と蘆花
――近代日本における「豪華な兄弟」の対立と相克――

杉原志啓

近代日本における花形の文人兄弟、徳富蘇峰《とくとみそほう》と徳冨蘆花《ろか》――つまり、兄蘇峰は『国民之友』や『国民新聞』を主宰する明治を代表する言論人として、弟蘆花は『不如帰《ほととぎす》』や『思出の記』といった明治の幾多のヒット・ノベルで知られる人気作家として、いわゆる論壇と文壇のスター的存在だったのである。

この豪華な兄弟はしかし、今日一般にはほとんど忘れられた存在でもある。蘇峰についていえば、たとえば戦前において自ら経営の民友社から出版されたおびただしい評論集などが驚くほど安価な古書価格で出回っており、入手も比較的容易である。蘆花についてもやはり、戦前において新潮社から出ていた『蘆花全集』などが同様といえよう。

こうした不人気の要因は、蘇峰についてはさきの日米戦争における軍国主義の親密な協力者という「悪名」が戦後長く残存していたこと、蘆花については、その作品の通俗性、さらにいわゆる文壇から孤立する姿勢などからいまもって文学的評価が定まっていないことなどが考えられる。それでいまや、以下の主題となるこの兄弟の不仲が、かつてジャーナリズムをさまざまに賑わせていたことなど知る人も少ないだろう。

もっとも、そのことも含め、たしかにいまこの兄弟は一般にはほとんど知られていないにしても、ともに学術系の文庫本や復刻本はつねになにがしか公刊されている。また研究も戦前・戦後を通じてずっと蓄積されていて、要するにかれらはともに、しかるべき専門領域で相応に記憶されているのである。

実際、近年においてもこの二人については意外なほど再評価の動きがある。蘇峰にかんしていえば、たとえば最近における赤澤史朗『徳富蘇峰と大日本言論報国会』（山川出版社、二〇一七年）、木村洋の「もう一つの明治文学史」というサブタイトルを冠した『変革する文体』（名古屋大学出版会、二〇二二年）、そして中野目徹のコンパクトな評伝『徳富蘇峰』（山川出版社、二〇二三年）などの出現がそれである。そもそもまた、こうした動向の契機となったともわれる、平成一八年（二〇〇六）から翌年にかけて蘇峰その人の未公刊だった（ために論壇で大いに評判を呼んだ）遺稿『徳富蘇峰終戦後日記―「頑蘇夢物語」―』全四冊（講談社、二〇〇六～〇七年）の上梓もあった。

他方で蘆花にかんしても、たとえばその赤裸々な性への妄想が話題になった初出となる『蘆花日記』全七冊の公刊があった。また、平成九年、蘇峰の嫡孫徳富敬太郎発見・公開の徳富蘇峰『弟　徳冨蘆花』の出現もあり、さらにまた、直近では令和四年（二〇二二）、「表現者」という観点から蘆花の生涯を捉え直す最新の伝記、半藤英明『徳冨蘆花』の公刊もみている。

ということで以下、本稿ではそうしたあらたな資料や最新研究も踏まえ、蘇峰と蘆花という近代日本における豪華な兄弟の忘れられた複雑な葛藤の光景へあらためてスポットライトをあてていくことになる。

一　対立の淵源

まずは、二人の生い立ちと関係性から概観しておこう。

兄蘇峰（本名猪一郎《いいちろう》）は、明治維新の直前といってよい文久三年（一八六三）、肥後国水俣（現熊本県水俣市）の「豪農」の家で徳富一敬《かずたか》、久子《ひさこ》の長男として生まれている。長じて熊本洋学校、新島襄《にいじまじょう》の創設した京都の同志社で学び、ついで明治一三年（一八八〇）郷里熊本で自ら私塾大江義塾を主宰しつつ、かたわら独学でさらなる修学期を送っている。明治一九年、のちにかれが自伝で「当時有する総《すべ》ての思想、一切の知識、凡《およそ》有る学問を傾倒し尽さんと企てた」と回想する『将来之日本』を発表。この出世作によって翌年民友社を立ちあげ、わが国初の総合雑誌となる『国民之友』発刊にいたる。さらに明治二三年、少年時代からの念願だったという「新聞記者」として『国民新聞』を発行。これらのメディアを通じて「藩閥打破」や「平民主義」を唱道し、時代の青年知識層へ絶大な影響をおよぼす。ところが、『将来之日本』同様、初期のかれの傑作とされる『吉田松陰《よしだしょういん》』公刊前後から漸次国家主義へと転じ、日清戦争前後から自らいうところの「力の福音《ふくいん》」に帰依。その「回心」が思想的「変節」として世論の非難を浴びる。しかし徐々に人気も回復して、以後は「帝国主義の急先鋒」として「皇室中心主義」「文章報国」を標榜。日米戦争中は、戦争協力団体である「大日本言論報国会」および「大日本文学報国会」の会長ポストに就き、一貫して戦争完遂の鼓吹に邁進する。ために、上記のとおり、敗戦後はいわゆる占領軍からA級戦犯容疑者に擬せられているが、その指定解除後、大正期から書きついでいたライフワーク『近世日本国民史』

徳富兄弟写真

徳富蘇峰記念館所蔵．大正２年５月撮影．左から蘆花，蘆花養女の鶴子，蘇峰．

全一〇〇巻の完結にこぎつけ、そのうえでいわゆる安保闘争激発直前の昭和三二年（一九五七）、九五年の生涯にピリオドを打っている。

ちなみに、この間に蘇峰刊行の著書は三〇〇冊超。しかもそうした著作言論活動のために蒐集した本も図書館並みの七万三〇〇〇冊超というから、まことによく読み、よく書きまくった、破格にして猛烈な「文章報国」の生涯だったといえよう。

他方で弟の蘆花（本名健次郎《けんじろう》）も水俣《みなまた》で生まれている（ただし、生家は蘇峰が母方の実家、上益城《かみましき》郡津村杉堂《すぎどう》、蘆花は父方の葦北《あしきた》郡水俣手永《てなが》）。その生年は明治元年で、五歳違いの兄弟だが、かれらのほかに姉四人がいて、四女二男ということになる。

そこで、ひとまず留意しておきたいのは、蘇峰はそれまで女子ばかりだった徳富家における待望の長子で、誕生以来嫡男として一家の期待を一身に集めて育っていること。一方、蘆花は大家族の末子、つまり末っ子というわけで、種々の点でおよそ甘やかされた幼少年期を送っていることである。そのことを、たとえば蘇峰は、昭和二年、亡くなった蘆花の葬儀の際の「弟を弔するの辞」で、こんなふうに述懐している。

> 弟は私と五歳違いである。それで両親は、（晩年の子でもあり）弟を子とおもうよりもむしろ孫とおもった。自分も弟を弟とおもうよりも、むしろ伯父が甥、親が我が子に対するというような考えを持っていた。それというのも「私は極めて若い時から、同輩から、小爺と云ふあだ名を受けた。小爺とは小さい爺さんと云ふ事であります。非常にこまつちゃくれてゐたと思ひます。それで五歳の差でありますけれども、自分では十五歳位の差に思つた。まるで弟をば掌の上に載せて見る位に考へて居る。自分の弟であるが対等とか、若《もし》くは後から付いて来るとか云う感じは有《も》たなかつた。又親達は、孫の様なつもりで、うまい物を食はせるとか、若くは頭を撫でてやると云ふ

様なことはしたけれども、一生懸命に教育などと云う様な事をするだけの必要は感じなかつた」(『蘇峰自伝』所収。また『弟 徳冨蘆花』へ再録)。

蘇峰はこの弔辞で、甘やかされていた少年時代の蘆花の我儘なキャラクターにつき、かれは母親の弁当がうまくないと残して帰るだけでなく、帰宅途中でいつも弁当箱ごと川に捨てていたと述懐している。また、気まぐれで、周囲の人へ好悪も激しく、善人帳と悪人帳というノートをつけていたなど、各種蘆花伝でよく引かれる逸話も語っている(ちなみに、蘆花の小説作品では、登場人物が善悪・白黒にわかりやすく色分けされているものが多い――通俗作家視されるゆえんのひとつである)。

いずれにせよ蘇峰が、子供時分から自分は両親に代わって「弟の保護者」のつもりであったというとおり、やがて「天才」ぶりをあらわにする蘆花の作家人生も蘇峰の存在をぬきにしてはありえないというか、ほとんど考えられない。

たとえば、蘆花の学校キャリアは、熊本洋学校、大江義塾、同志社と蘇峰のそれをそのままなぞるようなルートをたどっている。キリスト教の洗礼を受けたのも同様であり、成人して民友社へ入社し、文筆家としての道へ踏み入れてからも、初期の仕事のほとんどは蘇峰のあてがいで、ギャラも蘇峰の独断で支給され、執筆メディアも蘇峰の『国民之友』や『国民新聞』で、刊本も民友社ばかりだったのである(杉原志啓『波乱万丈の明治小説』)。

そのことで、蘆花の出世作『不如帰』出現の頃、同時代のジャーナリスト生方敏郎《うぶかたとしろう》が、こんなふうに評している。「文壇と通俗とを二つ一緒にして向こうへ廻しその名にし負う健筆を振るった」作家蘆花は、明治三十年代初頭、突如として天の一角から現れ「燦然たる光輝」をもって読書界を幻惑した。ただかれは「そのデヴュする時から、他の文人の持たぬ二つトクを持って出てきた。その一つは『国民新聞』を背景に持つことである。他の一つは蘇峰学人徳富猪一郎氏をその兄に持つことである」。よってすくなくとも誰しも蘇峰の「令弟」と聞いては多少好奇の心をもって、その処女作『不如帰』を迎えたことは争えないところだろう（「明治三十年前後」『明治文学回想集』）。

蘇峰はすなわち、たしかに種々のレベルで蘆花の「保護者」だったのである。

二　対立の様相

ではつぎに、これまでもよく語られている二人の対立の様相をあらためてまとめておこう。

蘆花にとって蘇峰は、幼い頃から尊敬の対象であったと同時につねに鬱陶しい存在でもあった。なにしろ、この兄は、弟へ自分の流儀で「ビシビシ訓練」を施し、かれの「我儘放題」の性格を矯正しようとあれこれ口喧《やかま》しい。さらに、あらためて言及するまでもなく、そもそも蘇峰は、若くして論壇に登場し、その生涯も（日米戦争の敗戦をみるまで）およそ成功の連続で、ために蘆花のほうは『不如帰』のヒットを放つまでほとんど頭があがらなかったのである（蘆花は、年少の友人へ「俺はとても兄貴に叶わぬ」とそのコンプレックスを口にしたという）。

また、次第にあらわになるかれの奇矯とさえいえる特異な性格もこの兄弟不仲の大きな要因だろう。

その典型が、病的な猜疑心（「妄想的嫉妬」）である。たとえば、蘆花は二六歳の時、蘇峰の紹介で原田愛子《はらだあいこ》と結婚する。そのおり蘇峰が、「彼女は御身の妻としては、勿体ない程の才色兼備の女性である」と口にしたひと言をもって、一生愛子と蘇峰の仲をシリアスに疑い続けている（『弟　徳冨蘆花』）。あるいは、臨終間際の老齢の頃の病床にあってさえ、男性の主治医が愛子とすこしでも長話をしていると、途端に機嫌を悪くして大声で呼び戻すといったように。

むろんこれは、つとに指摘されているとおり、今日いうところの激烈なＤＶさえ伴う蘆花の愛子への真実の、そしてそれゆえの偏執的な愛情によるものだった（なお、こうした蘆花の異様な性格に起因するさまざまな事柄は、たとえば後年上梓の半ば自伝的・私小説的な大作『富士』全四巻、またその心理は比較的近年公表の『蘆花日記』に詳しい）。

蘆花は、明治三三年（一九〇〇）に刊本化の『不如帰』を皮切りに、『思出の記』（初出タイトルは「おもひ出の記」）や定評ある自然描写の「天才」を十全に発揮した『自然と人生』などによって時代のベストセラー作家と化す。つまり、これによってかれは、種々の面でひとり立ちする。そしてこの自立によって、長く頭のあがらなかった兄蘇峰への反発があらわになってくるのである。たとえば、自作の新聞連載の中断や雑文への干渉や容喙の拒絶、また蘇峰の英文記事の翻訳の指示をはねつけるようになる。また、そうした蘇峰主導の社務への反発と並行して、徳富家においてもつねに兄の下手に立たねばならなかった積年の不満も重なる。

かくて、明治三五年、こうしたおもいをあらわにした『黒潮』（第一編）が世に出回る。すなわち、蘇峰への長きにわたる内心の葛藤と憤懣を「骨肉は情なり、各々賦命《ふめい》に従ふて、自己を発揮せむのみ」という「告別の辞」を冒頭に掲げた作品の出版である。

ちなみに、兄弟の不仲が初めて表沙汰になったのは、従来どおりの民友社ではなく、蘆花単独で立ちあげた黒潮社名義によるこの書の公刊が契機である。ただし二人の関係は、この一方的な「告別」以後も、実質的には不即不離、すなわち付かず離れずの関係で推移していくのである。

たとえば蘆花は、この告別宣言から三年後の明治三八年（一九〇五）、突然当時青山にあった蘇峰の自宅へ足を運び、それまでの自立騒動に詫びをいれている。これは、日露戦争におけるポーツマス条約締結をめぐり、各新聞がすべて講和反対のなかで唯一賛成の論陣を張った『国民新聞』が、戦争継続を叫ぶ暴徒の襲撃をみたいわゆる日比谷焼打ち事件の報道に接してほどなくしてのこと（なお、蘇峰が講和を訴えたのは、当時からときの政府の貴官と親密で、勝ち戦だったにもかかわらず、もはや戦争継続の国力が尽きているという内部情報を得ていたからにほかならない）。

この和解はしかし、のちに蘆花が小説『富士』で「自分が罪を負ひ過ぎた無理な平和」だったと吐露するごとく、長続きしない。また、その後蘆花は、住まいを伊香保《いかほ》に定め、当地から妻愛子とともに後に有名な『巡礼紀行』として結実するトルストイ訪問を含む長い旅に出る（いうまでもなく蘆花は、民友社時代、蘇峰の命で『十二文豪叢書』の一巻として、わが国初のトルストイ伝を執筆以来もっとも親しんだ作家のひとりだった）。さらに明治四〇年、東京郊外の千歳村粕谷へ転居。「恒春園《こうしゅんえん》」と称したこの地でトルストイを模したごとき自らいうところの「美的百姓」の生活に入る。むろんこの前後も創作は盛んで、初期の『不如帰』と作風の異なる告白や懺悔の多い随想『寄生木《やどりぎ》』『みゝずのたはこと』などを発表している（なお、そうした作風の変化が、明治三八年、愛子を伴う富士登山のおり、頂上付近での暴風雨により人事不肖に陥るものの、なんとか生還して以後の蘆花のいう「回心」なり「再生」に起因することはよく知られているところだろう）。

むろんまた、作家としての盛名も維持していて、明治四四年、のちにいわゆる幸徳秋水《こうとくしゅうすい》らの死刑をみた大逆事件にかんするかの『謀反論』として書籍化される講演で、第一高等学校弁論部に招かれているように、一般には兄蘇峰よりもむしろ人気があったのである。

さて、最初の和解からやはり交流の途絶えていた兄弟の不和が決定的となったのは、ちょうどその頃のこと。契機となったのは明治が終焉を迎えた直後のいわゆる大正政変で、憲政擁護を叫ぶ民衆の『国民新聞』襲撃事件である。手短にいえばこれは、その頃蘇峰は「政変」の当事者だった時の首相桂太郎《かつらたろう》のブレーンを任じていて、ために『国民新聞』もいわゆる「御用新聞」と目され、さきの日比谷焼打ち事件同様の憂目をみたのである。そして、この際も蘆花は、被害を受けた蘇峰のもとへ直接足を運び、慰労見舞いに訪れた。のみならず、ほどなくして蘆花は、久方ぶりに『国民新聞』へ新作連載となる。蘇峰によれば「当時の蘆花弟は正に文壇の花形であり、社会の寵児《ちようじ》であつたから、彼が書くといふだけでも相当の読者を引きつける力があつた」(『弟　徳冨蘆花』)。ためにちょうどその頃『国民新聞』の発行部数が減少しているさなかにあった蘇峰は、「百万の援兵」を得た心地だったという(『蘇峰自伝』)。

ところが蘆花は、実際に連載の始まった「十年」と題する歴史小説を一一回で突然中止して、やはり愛子を伴って南満州、併合直後の韓国を含む長期旅行に出る。このおり韓国統監府の機関新聞『京城日報』の経営に携わっていたことから、蘇峰は、京城で蘆花と再会。『国民新聞』への小説連載中止の件もあって、歓待というより、いわばはれ物に触るように接していたのだが、蘆花は終始ろくに口もきかないほど不機嫌だった。そしてこの時からふたりは、結局一五年もの全き断交となるのである。

この原因は、当然ながら複雑である。ただ、多くの論者や先行研究がこの断交につき言及するのは、蘆花のあの病的な猜疑心(嫉妬心)である。つまり、蘇峰のみるところ「予が彼の夫人に向つて、余りに鄭重《ていちよう》なる待遇をなしたる事が、不機嫌の原因の全部ではなくとも、大部分であつた」というあたりである(『弟　徳冨蘆花』)。さらに、大正三年(一九一四)の父一敬の死をみたおり、蘆花がその葬儀へ顔をみせなかったことで一層決定的となる。

さらにまた、兄弟の母久子も大正八年に死去。その五年後、叔母で、婦人矯風会《きようふうかい》の会頭にして女子学院の創設者だった矢島楫子《やじまかじこ》も九三歳で永眠している。この死に際し、蘆花は、「二つの秘密を残して死んだ叔母」と題して老齢の彼女にかんする弾劾文を公表している。これは、肉親以外には知りえない楫子の半世紀も前の彼女の離婚とその後の出奔、実の娘の過失を暴露したもので、兄との「告別」を公表したいかにも蘆花らしい過激なふるまいというものだろう。

ということで、結局この兄弟の真の和解が、蘆花が伊香保で死の床へついた際、蘇峰が駆けつけた時だったことはよく知られているところだろう。

三　対立の核心

蘇峰と蘆花の対立については古くから多くの論者が語っている。ではこの豪華な兄弟の対立関係をどうみているか。まず大きくいえば、その関係の背後に明治国家の存在がある。つまりその光と影である。

たとえば、この二人の関係を詳密に追跡した中野好夫はいう。「蘇峰の生涯を近代日本の陽画とすれば、蘆花のそれはさしずめ陰画」であって、彼らの対立は「近代日本の宿命ともいうべきものを背負った相克でもあったはずである」（『蘆花徳冨健次郎』）。また、中野も引いている「昭和の国民作家」司馬遼太郎もかくのべている。蘆花は徳富家と兄を含めた「国家というものの重苦しさ」に堪え切れなかったのである（『坂の上の雲　五』「あとがき」）。

では、この大枠のもとでのかれらの対立の最大の原因は何かといえば、誰しも力説するのは、かれらのすこぶる対照的な性格の違いである。

たとえば、蘇峰は『国民之友』や『国民新聞』の主宰者として多くの人や組織をまとめていく才腕やビジネスセンスを発揮した堅実で実務型の人であり、今日でもわれわれがいわゆる「文士」にイメージしがちな無頼・放埒《ほうらつ》・破滅型の傾向が皆無なまったくの堅気の人物だったのである（蘇峰はかつて自らを「常識人」であると口にしている）。

他方で蘆花はといえば、いうまでもなく、およそ「常識人」から大きく外れたキャラクターの人物である。たとえば、既記のような『黒潮』公刊時の兄への義絶文の公開や、父の死に見舞いもいかなければ葬儀にさえ欠席する。あるいは妻愛子にかんする病的な猜疑心（「妄想的嫉妬」）などもその一例だろう。蘇峰は、蘆花を自分の「凡才」に対する「天才」として評しているが、天才と狂人は紙一重という俗諺《ぞくげん》もあるとおり、比喩的にいえばまさにそんなタイプである。

　そもそもまた、この兄弟の不仲の話題を提供したのは、いつも弟蘆花の方だったが、これはしかし、兄弟喧嘩でもなく、兄弟不仲でもなく、いわば弟のひとり相撲だったといえるものである（安藤英男『蘇峰　徳富猪一郎』）。つまり蘇峰のほうは、沈黙を守ることが自分に不利であることを知りながら、蘆花の死にいたるまでふたりの対立についての公の発言をひかえている。言い訳をしないし、自分に有利なように言説をごまかそうともしない（何より彼は弟を愛していたのだから）。それでかれらの長い対立の様相をみていくと、まさにそうした兄蘇峰の態度ゆえに弟蘆花の奇矯な言説なり性格がヴィヴィッドに浮かびあがってくるのである。

　そのことで、たとえば蘆花にかんする半藤英明の最新研究は、蘆花を文豪というよりひとりの人間としての「表現者」として捉え直すといっている。そこでこの枠組みを援用するならば、蘆花は、たしかに「天才」であり、まさに冒頭に掲げた「弟を弔するの辞」で蘇峰のいう「弱虫、泣虫、怒虫、偏屈虫」のあらわれとして兄への反発を大真面目に徹底して表現し続けた人でもあったといえよう。

〈参考文献〉

安藤英男『蘇峰　徳富猪一郎』（近藤出版社、一九八四年）
生方敏郎『明治大正見聞史』（中公文庫、一九七八年）
司馬遼太郎『坂の上の雲』五（文藝春秋、一九七二年）

杉原志啓『波瀾万丈の明治小説』（論創社、二〇一八年）
徳富猪一郎『蘇峰自伝』（中央公論社、一九三五年）
徳富蘇峰『弟　徳冨蘆花』（中央公論社、一九九七年）
徳富健次郎・徳富愛『小説富士』（福永書店、一九二六年）
徳冨蘆花『蘆花日記』一〜七（筑摩書房、一九八五〜八六年）
中野好夫『蘆花徳冨健次郎』一〜三（筑摩書房、一九七二〜七四年）
半藤英明『徳冨蘆花』（ミネルヴァ日本評伝選、ミネルヴァ書房、二〇二二年）

昭和天皇からみた戦後の弟宮
―『拝謁記』を手がかりに―

舟橋正真

はじめに

昭和天皇（一九〇一～八九）には、三人の弟宮がいた。長弟・秩父宮雍仁《ちちぶのみややすひと》親王（一九〇二～五三）、次弟・高松宮宣仁《たかまつのみやのぶひと》親王（一九〇五～八七）、末弟・三笠宮崇仁《みかさのみやたかひと》親王（一九一五～二〇一六）である。

戦前・戦中、皇族軍人だった三人の弟宮（秩父宮と三笠宮は陸軍、高松宮は海軍に籍を置いた）は、戦後社会にいち早く順応し、「象徴天皇の補完者」として戦後皇室を支える役割を担った。秩父宮はインタビュー記事や執筆活動を通した言論活動、高松宮はスポーツ関連行事や福祉活動への参加、三笠宮は「学問的洞察」に基づく発言をおこなうなど、自由で積極的な活動を展開した（河西二〇一三）。しかしながら、それらが「日本国および日本国民統合の象徴」であり、「皇室の家長」でもある天皇の皇族像と必ずしも一致していたとは限らない。天皇と弟宮との間には戦時中から確執が存在し、戦後になっても修復されることはなかった。それらが天皇の皇族像や弟宮との関係性に大きく影響したと考える。

皇太子時代の昭和天皇と弟たち

1921年9月撮影．左から皇太子裕仁親王，三笠宮〈当時は澄宮〉崇仁親王，高松宮宣仁親王，秩父宮雍仁親王．

アジア太平洋戦争末期、天皇は、責任ある立場にない皇族の意見が私的に持ち込まれることを嫌い、高松宮と皇族の政治関与について激論を交わすことすらあった（小田部二〇〇九、古川二〇一一、古川ほか二〇一五）。戦後になると皇族の動向に神経質となり、主に戦後皇族としての弟宮の言動に対して複雑な視線を向けたのである。その仔細は、初代宮内庁長官の田島道治《たじまみちじ》が遺した、天皇との対話の記録『拝謁記』に書き残されている。その内容は天皇による一面的な視点ではあるものの、単に天皇の愚痴や不満、嫉妬というわけではなく、むしろ天皇と弟宮双方の皇族像が交錯する様相を表わすものといえる。

そこで本稿では、『拝謁記』にみる昭和天皇の弟宮に対する発言を検証し、その意味を明らかにしていく。

一　昭和天皇の不満

戦後皇族としての弟宮たちは、自らを積極的に露出し、「民主」的かつ「人間」的な皇族の肉声を広く国民に伝えた（河西二〇一三）が、昭和天皇はその振る舞いを天皇の弟としての自覚を欠いたものであると受け止めた。とくに批判の対象となったのが、高松宮と三笠宮である。天皇は、戦前より結核を患い療養中の秩父宮とは異なり、皇位継承権や摂政の資格を有する二人は、万が一に備えて修養することこそが本分であるとの考えを有していた。そのため、弟宮の自由な行動を「本来必要でない事」と捉えたのである。映画やダンスホールのほか、民間人の希望に沿ってさまざまな場所に出かけているようだが、陰口も随分あるようなので、本分を少し顧みた行動をとってほしいという思いがそこにはあった（『拝謁記』1、一九四九年三月一一日〈一回目〉条）。

こうした視線は、さらに厳しいものになっていく。一九四九年九月、高松宮に対しては、天皇家の血筋で、皇弟である以上、皇族として一般人より不自由なのは当然であるとし、「どうか皇弟といふ御自覚の上に総《すべ》て御行動をして頂く様には出来ないものか」（同前、一九四九年九月三〇日条）と嘆いている。とくに天皇の名代としての地方訪問を例示し、心持ちだけで私の代わりという気持ちをもって行動してほしいと吐露したが、そのことをあからさまに言えば「喧嘩になる」とも述べており（同前）、高松宮との不和が戦後もなお続いていることがわかる。また、一〇月に天皇は皇太后節子《さだこ》と皇后良子《ながこ》の前で、非常に興奮した状態で「皇族の義務は行はず皇族の権利計《ばか》り主張する」と、高松宮批判をおこなうことすらあったという。「少し興奮がすぎる」と思い、その原因を尋ねる皇太后に対し、宮内庁長官の田島道治は、皇弟としての自覚をもってほしいという天皇の真意を代弁するも、「大らかな大きな御気持で御包容」願いたいと、常に進言している旨を付言している（同前、一九四九年一〇月六日条）。

だが翌五〇年になっても、秩父宮や高松宮らに言及した際には、必ずといっていいほど自覚の欠如を指摘しており（同前、一九五〇年四月五日条）、天皇の苦言が止むことはなかった。ただし、当の高松宮は、五一年の年頭に「国ヲ安定サセルタメノ考方及其実行」「目立タヌ存在ヘト努メル」（「高松宮宣仁親王」伝記刊行委員会編『高松宮宣仁親王』朝日新聞社、一九九一年）などのメモを書き残している。高松宮の伝記は、その理由を活動が派手すぎるという宮内庁はじめ一部の批判を気にしてのものと推察したが（同前）、筆者もその可能性は高いと考える。

二　末弟・三笠宮への視線

『拝謁記』をみると、昭和天皇の批判は、末弟・三笠宮に対するものが相対的に多くなっていく。敗戦後、三笠宮はマスメディアの求めに積極的に応じ、比較的自由な言論を展開していた。たとえば、一九四九年八月号の『改造』では、日本国憲法第二章の「戦争放棄」に言及し、必要なら将来改正の機会もあるとしながらも、現状では「適切なるもの」として賛成の意を表明している（三笠宮崇仁「「こつとうの書」―戦争の抛棄について―」〈『改造』三〇―八、一九四九年八月〉）。天皇は同誌への寄稿は「一寸《ちよつと》困る」と述べつつも、「まー大部《だいぶ》よくおなりと思ふ」（『拝謁記』1、一九四九年九月一九日条）と評価したが、三笠宮の行動はまだ十分とはいえなかった。

主に天皇が問題視したのは、三笠宮が正直で口と腹が食い違うことはないものの、話さなくてもよいことまで多少歪めて話す点であった（同前、一九五〇年一月六日条）。たとえば、三笠宮は結婚相手を自分で自由に選択したにもかかわらず、「外部の力によつた」ように話すので、それはおかしいと天皇は述べる（同前）。それ以前にも、相手選びについて皇太后は三笠宮の意思通りに動き、高木百合子《たかぎゆりこ》との結婚は「私（天皇）が骨折つて出来たのだ」と回顧している。当初、候補者は別にいたが、長女・照宮成子《てるのみやしげこ》内親王と同級であるため、天皇が反対し、代わりに百合子を推薦したようだ（同前、一九四九年二月二一日〈一回目〉条、一二月九日条）。三笠宮の結婚といえば、皇太后が百合子を相手に選び、大宮御所での事実上のお見合いを契機に結婚が決まったといわれる（工藤美代子『母宮　貞明皇后とその時代—三笠宮両殿下が語る思い出—』中公文庫、二〇一〇年)。後年、三笠宮自身もそう語るところだが、天皇の発言からは異なった様相がみえてくる。

いっぽう、後述の通り学究の道を選んだ三笠宮は、早くから外国訪問(留学)を強く希望し(『拝謁記』1、一九四九年五月一一日条)、その実現をめぐって天皇と田島を絶えず悩ませた。また、子どもたちの教育はすべて自身の考えでおこなうなど、公私にわたり自由を取り入れた。こうした点についても天皇は、末っ子ゆえのわがままな性格を挙げ、幼少期にその原因があるとみた。皇孫として誕生した兄宮たちとは異なり、皇子として生まれ、末っ子ということもあり、皇太后(当時は皇后)が可愛がって甘やかし、永く母親の傍にいたので、よりわがままなところがあると述べるほどであった(『拝謁記』4、一九五三年二月二五日条、四月一〇日条)。なお、三笠宮が幼少時、皇后と同居した事実はなく、青山御所内の澄宮《すみのみや》(崇仁親王の称号)御殿、日光田母沢《たもざわ》御用邸と葉山御用邸の附属邸、青山東御所(大宮御所)におけるふれ合いの多さを指したものと思われる。

さらに批判は、学問をおこなう三笠宮の姿勢にまで及んだ。一九四七年四月より東京帝国大学文学部の研究生となり(五〇年三月まで)、古代オリエント史を専攻した三笠宮は、「一生、歴史研究の徒として進みたい」(三笠宮崇仁「井の中の蛙」〈『朝日評論』二—四、一九四七年四月〉)という意思をメディアで公にしていた。田島に対しても「学問といふ事に離れたくない、宗教史には限らぬが歴史の範囲でやりたい」(『拝謁記』5、一九五三年八月二七日条)と伝えている。天皇はその意志に賛成はするものの、皇位継承の義務のある皇族の本分を尽くすことが「主」であり、学問はどこまでも「従」でなければならないとの見解を示した(同前)。一九四七年頃、三笠宮は、地方訪問の際は公私(公式・非公式)の別をはっきりさせてほしいとの考えをもっており、個人的研究のための旅行をも視野に入れていた節がある(前掲「井の中の蛙」)。一九五三年春には、学会出席を目的とした私的旅行を計画したようだが、あくまで学問を「従」と捉える天皇は、皇族の義務を重んじて行動してもらわねば「本当に困る」と嘆いた（『拝謁記』4、一九五三年四月二〇日条）。

以上より、皇族としての本分や、皇弟としての自覚を常にもって行動してほしいという点が、皇室の家長としての天皇の一貫した願いであることがわかる。

三　天皇の戦争責任問題をめぐって

そのほか、弟宮たちによる昭和天皇の戦争責任論が、天皇の兄弟観に強い影響を与えた可能性が考えられる。一九四九年三月、高松宮と三笠宮は田島宮内庁長官との会合で、天皇の戦争責任問題に関して「一寸変ない、まわし」で述べたようだ。具体的な内容は不明だが、その模様を聞いた天皇は、かつて三笠宮が戦争責任について直接語ったことがあると明かした。その際、天皇は、一九四一年一二月八日に発せられた宣戦の詔書に「〔豈《あに》〕朕が志ならんや」の文言を挿入したことを理由に反論したという（『拝謁記』1、一九四九年三月二四日条）。天皇の弁明に対する三笠宮の反応は定かでないが、先述のように、田島に天皇の戦争責任問題について言及したことからも、三笠宮が納得しなかったことは明らかであろう。

いっぽうの高松宮も敗戦直後、天皇に直接退位するよう主張し、病身であっても秩父宮が摂政になればよいと伝えていたというが、一九五一年末の時点では留位論に転じている。その変心について天皇は、元々高松宮は自身が摂政になるとの思いがあったが、皇太子明仁《あきひと》親王が成年に達し、もう摂政になれないので考えを変えたのではないかと邪推している（『拝謁記』3、一九五一年一二月一七日条）。ここにみる天皇の高松宮観は、不和の一因であったとみてよいだろう。高松宮とは反対に秩父宮は、敗戦直後に退位を否定していた。しかし、田島によれば、一九四九年から五〇年初頭に退位論に転じたという（同前）。おそらく徐々に近づく独立講和や皇太子の成長が、秩父宮の認識に作用したのだろう。従来、留位論者だった秩父宮の変心を聞いた天皇は、「おかはりになつたか……」（同前）と残念そうに述べるのみだった。しかし、釈然としなかったのか、その数日後、再び話題に挙げ、摂政の問題がなくなったことが理由ではないかと語っている（同前、一九五一年一二月二〇日条）。

さらに、天皇は弟宮たちの戦時中の姿勢についても言及する。まず、秩父宮を日独同盟論者だったと断じた（『拝謁記』2、一九五〇年一一月一四日条）。この点は、極東国際軍事裁判（東京裁判）対策の弁明書『独白録』でも語られている。天皇曰く、当時、参謀本部に勤務していた秩父宮が週三回ぐらい参内し、ドイツとの同盟締結（防共協定強化）を勧めてきたが、喧嘩をして終わったという（寺崎英成編著『昭和天皇独白録　寺崎英成・御用掛日記』文藝春秋、一九九一年）。実際のところ、一九三九年五月に天皇は奏上を求める秩父宮に対し、防共協定強化問題は国務事項ゆえ、統帥部所属の者が関与すべきではないと拒否している（茶谷二〇〇九）。

次に、高松宮については、周囲の者に左右される性格が影響し、「砲術学校〔正しくは、横須賀海軍航空隊教官と思われる〕の時は非常に主戦論」を唱え、「私〔天皇〕と議論けんか」になったが、開戦時は「海軍〔軍令部〕の意を受けて非戦論」に転じ、終戦時には「勿論早く」との考えであったと述べる（『拝謁記』1、一九四九年九月七日条、『拝謁記』3、一九五一年一二月一三日条、一九五二年四月二八日〈一回目〉条）。自身の意見よりも周囲の意見に従って考えを変える高松宮の性格を批判する内容だが、そのなかで高松宮が「主戦論」を主張した事実を批判的に取り上げている。以上の点については『独白録』でもほぼ同様の評価を下しており、周囲の意見に左右されて「日独同盟以来、戦争を謳歌し」たと手厳しい（前掲『昭和天皇独白録　寺崎英成・御用掛日記』）。

敗戦直後より戦争責任論・退位論と対峙してきた天皇にとって（冨永二〇一四）、身内からの事実上の批判は精神的に辛いものがあったであろう。だがそれ以上に天皇は、自身の戦争責任を忘れたかのように戦後を謳歌し、自由な言動をし続ける弟宮たちの姿勢を許容することができなかったのである。

四　兄弟融和の模索

昭和天皇から度重なる苦言を聞かされた田島宮内庁長官が、この事態をただ傍観していたわけではなかった。一九四九年二月一七日には、天皇に対して「直宮様との融和の為に力をつくす事」（『拝謁記』1、一九四九年二月一七日条）を約束している。六月二八日に天皇は、田島に三笠宮の態度が「大変おちついて来られた」（同前、一九四九年六月二八日条）と伝えたが、その後も自由な言動を発し続ける三笠宮に対し、皇位継承権のある立場として「余程言葉を謹んで貰はねば」（『拝謁記』3、一九五一年一二月三日条）と、事あるごとに苦言を呈した。そのいっぽう、九月三〇日、高松宮について田島は、皇弟の自覚を促す方法はとくにないが、これまでおこなってきた皇族との月一回の会をより充実させ、とくに天皇皇后との食事会の機会を多くもつことを提案している。天皇も高松宮には食事が一番よいと応じた（『拝謁記』1、一九四九年九月三〇日条）。ただし、こうした取り組みだけで融和が図られるわけはなく、田島は、天皇に対しても「大らかなる御気持」（同前）で接するよう願っている。

田島が一九五三年五月一日に宮内庁長官の辞意を固めてからは（『拝謁記』5、一九五三年一一月六日条）、覚悟をもって天皇の独特の家族観について諌言を試みている。天皇には、直系皇族である自身の子どもたちを重んじる傾向があり、田島はその家族観に対し、「皇室御一家」としてもっと親しくしてほしいと進言したが、天皇はむしろ傍系皇族の方を重視していると反論する始末だった（同前、一九五三年六月一九日、二〇日条）。

そこで田島は、一九五三年六月二二日に天皇に拝謁し、時間をかけて丁寧な説明をおこない、天皇に事実上の諫言をおこなったのである。話題の大部分は、三笠宮の思想と行動をめぐってであった。というのも、この間三笠宮は、メーデーで検挙された学者の釈放を間接的に警視総監に依頼したり、一九五二年六月二八日付『アカハタ』のインタビューに答えるなど、これまでと変わらず「進歩的」な行動をとり（『拝謁記』3、一九五二年五月一二日条、『拝謁記』4、一九五二年七月四日条）、懸案事項だった外遊問題も相まって、天皇と田島の悩みの最たるものだったからである。田島は天皇からの求めもあり、三笠宮に態度を変えてもらうよう試みたが、むしろその思想と行動の原因を考慮し、対策を講じることこそ必要との結論に至ったという。田島がその具体案として挙げたのが外遊であった。三笠宮の希望を早期に叶えることで、自然と皇族としての自覚を促そうとする狙いである（『拝謁記』5、一九五三年六月二二日条）。この外遊案には天皇も同意したと考えられる。なぜなら前月一八日に、三笠宮には皇位継承権を有する自覚が足りないと述べるなかで、洋行することが「どうしてもいゝと思ふ」との考えを示していたからである。天皇は、三笠宮の考えが「普通になる事」を強く希望したのだった（同前、一九五三年五月一八日、八月一日条）。

さて、そのなかで田島は、天皇に皇室の家長としてのあるべき像を提示した。皇室の家長としての天皇の立場は、戦前も戦後も変わりはなく、皇族を含めた皇室全体の家長であると。そして戦後の皇族は、「解放自由」度が戦前と比べものにならず、三笠宮は「進歩的」で行き過ぎの面があり、高松宮にも「色々な事」があるものの、皇室の家長たる天皇は、その大きな立場から大らかになる必要があると述べた。田島が絶えず強調したのが、天皇は皇族の「一つ上の立場」であり、「親心」をもって、羊飼いのような気持ちで常に臨んでほしいという願いだった（同前、一九五三年六月二二日条）。田島は、皇室の家長である天皇のもと、皇室が「一致同心一体」で「協同」（同前）することを強く望んだのである。

融和の具体的方策としては、月二回程度の懇談会食が考案された。六月二四日、天皇は田島に会食の模様を話すなかで、オードブルにスッポン料理もあり、高松宮が非常に喜んだことを伝えるも、「高松さんと御懇親するのは食事以外よりないよ」と述べ、田島を困らせた。いっぽう三笠宮についても、以前仮宮殿を建てるのは贅沢と主張したように、「進歩的」な意見を述べる反面、自身は牛の頭の料理など贅沢な料理を食べるのは矛盾だと憤慨した。ただし、最後に「まア、私としては長官のいつた注意でつとめて〔傍線ママ〕やるから」と述べる（同前、一九五三年六月二四日条）ものの、その後も天皇の苦言が止まることはなかった。三笠宮は、外遊は四、五年先にと田島に手紙で伝えていたにもかかわらず、やはりその前に行きたいとの希望を示したようだ。それを田島から聞いた天皇は、「どうも意見がぐらつく、困る」（同前、一九五三年八月二七日条）と嘆いた。つまり、天皇と弟宮との融和はまだ道半ばの状態だったということである。

おわりに

以上の内容は、ともすれば、戦後を自由に謳歌する弟宮たちへの嫉妬のようにみえてしまうだろう。しかしその根底には、皇位継承権のある皇族で、皇弟であるという自覚を常にもって行動してほしいという、皇室の家長としての昭和天皇の強い思いがあった。

だがそこにみる皇族像は、どこまでも天皇の側からのものであり、弟宮の側からの検証が必要なことはいうまでもない。ただし、天皇との対話のなかで、宮内庁長官の田島道治が明確に否定せず、「〔皇弟としての〕御地位を御考へ願ひませんと……」と、時折苦言を述べていることからも（『拝謁記』4、一九五二年一二月九日条）、天皇の示す弟宮観は必ずしも実態とかけ離れたものではなかったといえる。

いっぽうで、弟宮たちにも彼らなりの考えがあった。たとえば、もっとも批判を受けた三笠宮は敗戦後、「暗中模索の状態」のなかで、軍人としての経験を踏まえて、学問の道を歩む決断をしている（三笠宮崇仁「わが思い出の記」『帝王と墓と民衆―オリエントのあけぼの―』光文社、一九五六年）。そうした戦後皇族としてのあるべき像の模索は、秩父宮と高松宮も同じものがあったと考える。また彼らの言動についても、皇族は各自の関心に基づきながら、象徴天皇の活動を支える役割を負っているという考えから導き出されたものといえるだろう。

すなわち、天皇と弟宮との皇族像には、明確な差異があったということである。それは、皇弟としての自覚の内容が、天皇と弟宮との間では違うように思われるという田島の言葉に如実に表れている（『拝謁記』1、一九五〇年四月五日条）。戦後皇室のあり方が模索される状況下、そこに兄弟間の相互理解の欠如があったことは明らかである。独特の家族観を改善するよう田島から求められ、天皇は弟宮たちとの融和を試みるが、天皇と皇族という関係性を超えて兄弟間の確執、不和、嫉妬が絡み合い、結果として歩み寄ることができなかったのではないか。兄弟間の調和を通して、「皇室御一家」の再構築を図ろうとした田島の努力は実らなかったといえる。総じて、天皇と弟宮の〝あるべき像〟が複雑に交錯するなか、双方の一致をみることなく、戦後皇室の内実が形成されていったのである。

〈参考文献〉
小田部雄次『皇族―天皇家の近現代史―』（中公新書、二〇〇九年）
河西秀哉「戦後皇族論―象徴天皇の補完者としての弟宮―」（同編『戦後史のなかの象徴天皇制』吉田書店、二〇一三年）
田島道治著、古川隆久・茶谷誠一・冨永望・瀬畑源・河西秀哉・舟橋正真編『昭和天皇拝謁記―初代宮内庁長官田島道治の記録―』1〜

5（岩波書店、二〇二一～二二年）
茶谷誠一『昭和戦前期の宮中勢力と政治』（吉川弘文館、二〇〇九年）
茶谷誠一『象徴天皇の成立―昭和天皇と宮中の「葛藤」―』（ＮＨＫブックス、二〇一七年）
冨永望『昭和天皇退位論のゆくえ』（吉川弘文館、二〇一四年）
古川隆久『昭和天皇―「理性の君主」の孤独―』（中公新書、二〇一一年）
古川隆久・森暢平・茶谷誠一編『「昭和天皇実録」講義―生涯と時代を読み解く―』（吉川弘文館、二〇一五年）
三笠宮崇仁親王伝記刊行委員会編『三笠宮崇仁親王』（吉川弘文館、二〇二二年）
山田朗『昭和天皇の戦争認識―『拝謁記』を中心に―』（新日本出版社、二〇二三年）

※本稿はJSPS科研費19H1296および20H1317の助成を受けたものである。

岸信介と佐藤栄作

——兄弟の戦後政党政治史——

城下賢一

はじめに

岸信介と佐藤栄作はいずれもよく知られた存在である。一九五〇年代から七〇年代にかけて（池田勇人《いけだはやと》を挟んで）ともに内閣総理大臣を務め、高度経済成長を促進し日米基軸外交を展開した。近年も岸の孫で歴代最長政権を築いた安倍晋三《あべしんぞう》の存在を通じ、兄弟の業績は改めて広く認識された。それだけに二人には原彬久氏のものをはじめ定評ある伝記も含めて先行研究が多いが、それらは主にどちらか一方に焦点を当てて論じている。本章では兄弟の関係性にもっぱら焦点をあて、個々人をテーマとする先行研究が見逃しがちな両者の関係性の変化を析出したい。

三節からなる本章では第一節で出生から一九五六年秋までを概観し、第二節と第三節で一九五六年秋から一九五七年までと一九五八年から一九五九年六月までの政治過程をそれぞれ分析する。一九五〇年代を主に扱うのは岸と佐藤の関係性が変化に富むからである。

論述には主に二種類の一次史料を使用する。第一はよく知られる佐藤の日記である。第二は近年公開された「鈴木《すずき》貞一《ていいち》関係文書」である。鈴木は陸軍出身で、東条内閣ほか閣僚として東京裁判で終身禁固の判決を受けて服役し、仮釈放後に岸の政治顧問的役割を務めた。史料には岸や佐藤との会談・電話などの詳細な記録が含まれており、頻繁な接触から親密さがうかがえ、鈴木がかなり精度の高い情報を二人から得ていたと考えられる。このほか、関連する二次史料や刊行物を補助的に用いる。

一　良好な兄弟関係と敗戦・占領後の境遇逆転

岸は一八九六年、佐藤は一九〇一年に佐藤家の次男・三男として山口県に生まれた。佐藤家は地域の有力者で子弟教育に熱心で、長男市郎《いちろう》（海軍兵学校卒、海軍中将）以下三兄弟も学業に優れ岸・佐藤とも東京帝国大学法学部を卒業し、農商務省・鉄道省に入省した。実家は長兄が継ぎ、岸は父の生家、佐藤は母の生家（本家）に婿入りした。兄の岸は一九三九年に四二歳で商工次官となり、二年後に東条英機《とうじょうひでき》内閣に商工大臣として入閣した。弟の佐藤も一九四一年に四〇歳で鉄道省本省局長に着任し、二人とも総じて順調に昇進を重ねた。

兄弟関係は良好で、佐藤の長男龍太郎《りゅうたろう》（一九二八年生）は「栄作は、何かあれば岸に相談していたと思います。鉄道省での自分のあり方とか」と語る。佐藤は一九四四年、おそらく陸軍との対立が原因で大阪鉄道局長に異例の異動となり次官の芽が潰《つい》えたともみられたが、辞職を止めたのが岸だった。岸は「おまえ、そんなことでぐずぐずしていちゃ駄目じゃないか。地方の局長もやらんのが本省の局長になったのだから、一ぺん見習いに行ってこい」と注意し、佐藤は辞職を思いとどまったという。

敗戦は兄弟の境遇を逆転させた。岸は開戦責任を問われA級戦犯被疑者となって収監されたのに対し、大阪にいた佐藤は公職追放を免れ戦後官界・政界で活躍の機会をつかんだ。岸は一九四八年の釈放直後に佐藤内閣官房長官の公邸に向かった。その際の二人の写真は良好な兄弟関係とともに境遇の逆転を象徴している。岸はなお一九五二年四月講和条約発効まで公職追放され、対して佐藤は政府与党の主要ポストを歴任し、吉田茂《よしだしげる》の有力な側近として地位を固めた。

兄弟の境遇逆転はやがて政治路線対立をもたらした。岸は勾留中「敗戦日本の最大急務は国民的矜持の確立である」と戦後のありようを嘆き、釈放後には同居の龍太郎に「日本の不幸は、幣原喜重郎《しではらきじゅうろう》とか吉田茂とか、出来の悪い三流の外交官出身が占領軍と折衝したこと。内政は何もわからない。目茶苦茶だよ」と述べ政府を批判した。

このため岸は政界復帰の際にも既成政党を回避し、国民運動を組織して政治的基盤の構築を試みた。それは弟と敵対する可能性を孕む行為であった。勾留中には弟の内閣官房長官就任を聞いて喜びつつ、戦犯被疑者の兄のせいで大臣になれないことを詫びたい思いを和歌に詠み上げた岸だが（弟の世に立つ道を塞ぐこの兄の思ひを誰か知らめやも）、肉親の情は政治行動を拘束するものではなかった。

それでも佐藤は兄を拒絶せず連携を図り、国民運動が行き詰まると自ら属する自由党入党を勧めた。一九五三年、急な解散決定時に岸は訪欧中だったが、佐藤は岸の入党手続きを進めた。岸の選挙区問題では、佐藤はなるべく自らの選挙区で兄弟の出身地を含む山口二区を避けて山口一区からの出馬を求めたが、岸は二区からの出馬を強行して佐藤もこれを受け入れ、幸い二人とも当選を果たした。

だが、自由党入党は岸にとって手段でしかなかった。選挙後少数政権に転落した吉田内閣では政局安定を達しえないとして岸は年末に保守合同を提唱し、さらに吉田内閣総辞職を求めるようになり、一九五四年末党を除名された。岸は当時を「私は除名されても何ともなかった。感慨も憤慨も湧かなかった。自由党には愛着も未練もなかったからである」と回顧するが、吉田訪米随行中に岸除名の連絡を受けた佐藤が「今日あるは予想せし事なるも残念なり」と記したのとは対照的である。

その後、兄弟はしばらく別の道を歩んだ。岸は保守合同の主唱者として一九五五年一一月の自由民主党結成時には幹事長となった。佐藤は吉田派幹部として挽回を図ったが同派の退潮著しく、自民党結成時には入党を拒否して無所属となった。この間、一九五五年春の総選挙は佐藤にとってもっとも厳しい選挙で、陣営から逮捕者を出す事態となった。

とはいえ、佐藤は無所属でも池田と並ぶ吉田派幹部として認知されており、党外から岸と吉田派の協調を策した。一九五六年に鳩山《はとやま》一郎《いちろう》総理が推進する日ソ国交回復をめぐり鳩山派と吉田派とで対立がまた激化したが、佐藤はこの問題について岸と吉田派を協調させ、岸にとっては鳩山後継となるための党内基盤の構築、吉田派にとっては党主流派への復帰を図らせる好機と捉えた。そのためには岸と吉田の個人的関係の改善が期待されたが、六月、佐藤にとって思いがけず、最後の内大臣を務めた木戸《きど》幸一《こういち》から周旋の申し出を受けた。初対面の木戸の好意に感激した佐藤は、翌日すぐに岸に電話して「深甚の考慮を促」した。

しかしながら、岸はまた佐藤の期待に応えなかった。九月、鳩山総理は自ら訪ソして領土問題を棚上げして交渉を妥結させようとし、岸はこの方針を受け入れて支持することにした。鳩山側近の河野《こうの》一郎《いちろう》に妥結後の鳩山引退と後継総裁選での支援を約束されてのことで、岸が吉田派でなく鳩山側近の河野一郎との協調を選択したことを意味するものだった。佐藤は「岸は日ソ妥結へ積極的にふみ出す。昨日来予想した事だが対案なく、実に国家の為痛憤に耐えぬ」と記したが、岸と吉田派の協調はまたもや失敗に帰した。

二　一九五六年総裁選と兄弟の連繫成立

一九五六年九月、鳩山総理訪ソによる交渉妥結後に内閣総辞職の見通しとなり、政局の関心は後継総裁選に移った。岸は最有力候補で、岸派のほかに河野との協調で勝利を目指していた。対照的に吉田派は迷走していた。吉田が日ソ妥結にあくまで反対し「結局党を分つ以外に鳩山訪ソを阻む途はないのではないか」と脱党を指示して佐藤ら吉田派幹部は新党樹立を協議したが、派内での同調は広がらなかった。

佐藤はほかの幹部がはっきりとした方針を打ち出せないのをみて、一〇月、「自重」を説いて脱党論を実質的に封じ込めるとともに、「吉田派……一同が岸支援に変る可能性が出て来た」とみて岸支持への転換を模索した。一五日と二八日に相次いで岸と会談し「大いに時局談を戦はし、河野評を交へて政局収拾の方途について話合ふ。完全意見一致」し、佐藤は総裁選で岸に協力する決意を固めた。この間、二七日に吉田に再び「新党結成の必要をとかれ」ていたが、佐藤は「最近岸と接近しておる」ことを理由の一つとして断っていた。岸との二八日の会談では「吉田前首相の昨日の話も詳細に出して之が対策も話合ふ」状態で、兄弟の連繫が成立したことが明白である。

ただし、吉田派一同を動かすには筆頭幹部ともいうべき池田勇人の同意が不可欠だったが、当時その関係は不調だった。池田は佐藤と異なり自由党に入党したが、党内で絶えず鳩山や岸など党指導部を批判し、過激な行動を主張していた。前述の新党問題でも「自重」を説く佐藤に最後まで反対したのが「強硬論」の池田だったし、一一月の日ソ共同宣言の国会承認にも池田は反対票を投じると主張し、最後は佐藤が吉田と三人で協議して欠席に留めた。池田からは佐藤が岸のためにばかり働くとみえていただろう。一一月下旬、佐藤は池田に繰り返し岸への協力を求めたが池田の同意は得られず、一二月五日、ついに池田から岸不支持の通知を受けた。吉田派は岸支持をめぐって池田派と佐藤派に分離し、佐藤は旧来の関係を一擲《いってき》して岸と連繋することを明確にした。

岸は総裁選で敗れたが、勝利した石橋湛山《いしばしたんざん》が直後に病で退陣したため、一九五七年二月に閣僚留任のまま岸内閣が誕生し、訪米後の七月に内閣改造がおこなわれ本格的な岸内閣が組織された。この際には佐藤は岸支持派中の新参者で、弟という事情もあって主要役職登用は見送られたが、一二月、前任者死去に伴い党三役の総務会長に就任した。佐藤は岸内閣に重職で貢献できることに大いに満足とやり甲斐を感じたであろう。

佐藤登用に抵抗がなかったわけではない。河野は佐藤を警戒して岸に「佐藤はほんとうに君を助けているか」「君の意見と異なる時吉田の方に味方する危険はないか」と懸念を述べた。岸は「絶対心配はない、それは自分が兄だから佐藤を抑〔ママ〕いることは出来るし、又弟も吉田と自分の意見が相容れない時吉田に走るやうな無情な奴でもなく特に総裁選挙以来全然自分に付いて来ているから心配するな」と答え、全幅の信頼を示して懸念を否定した。

三　佐藤の政治的成長とその主導による内閣改造決着

岸内閣は一九五八年六月、総選挙で順調に勝利した。山口二区では佐藤が自ら総理が一位でなければ不都合だと岸投票を呼びかけ、陣営を呆れさせていた。岸は選挙後の内閣改造で蔵相佐藤のほか、池田や三木武夫《みきたけお》を閣僚に起用し、河野に総務会長を依嘱して党内諸勢力を取り込むことに成功した。ところが年末に警職法問題で池田と三木が揃って辞職し、年明けの党総裁選での再選が不確実化する事態が生じた。岸は佐藤や河野のほかに副総裁の大野伴睦《おおのばんぼく》を主流派として固め、ひとまず一九五九年一月一四日の総裁選を乗り切った。

佐藤は総裁選頃、吉田から書翰で「人ハ引上げ時か大切ニ候、good loser たることか政治の要領と存候、長兄〔岸信介〕の為め、党の為、将又《はたまた》国家之為、切に老兄之善処を要望仕候」と求められ、また同時期と思しき面会で「もう岸氏もそろそろ退却すへきて未た若いのたから今罷《や》めれは又出ることも出来る故早く退く様すゝめろ」と露骨に要求されたが、「之《こ》れはいかん、何にも別に失政もない故、選挙にでも大敗すれは別たが」と拒絶して岸を擁護した。佐藤は吉田が復帰への「色気」を示したとみて、吉田の三女和子《かずこ》に注意するほどだった。

総裁再選後の課題は、新安保条約の国会承認を得るための党内体制の整備で、岸・佐藤はそのために内閣改造を構想した。四月と六月の統一地方選と参院選に勝利したあと、その勢いに乗って内閣改造を図った。しかし党内体制を盤石にするには主流派の支持を維持しつつ、非主流派を多く取り込む必要があったが、河野が幹事長ポストを要求するのに対して非主流派が一致して絶対反対を唱えていたため、改造は容易ではなかった。

佐藤は年来の希望だった岸と旧吉田派の協調に沿うかたちで池田に働きかけており、五月に吉田邸で池田に「次期政権をねらうなら主流派にいない限り、円満な保守党の遺産相続は難しい」と説得していた。年始に岸の退陣を要求した吉田は、木戸から岸の人となりを繰り返し説明され、また駐日大使を通じて「米国が安保問題に頗《すこぶ》る協力的好意であることを了知して改訂〔ママ〕するか良いと変り」池田に岸に協力して改定に転換するよう勧めており、佐藤と歩調を合わせていた。この働きかけが功を奏し、三木を含めた裏交渉により、内閣改造に伴う党人事で池田の総務会長起用が想定されるようになった。もちろん河野幹事長には揃って反対であった。

岸も党内情勢から河野幹事長は不可と考えていたが、なお河野を閣僚に起用して協力関係の維持を期待していた。河野との関係悪化は大野への波及が懸念され、河野と大野がともに非協力に転じる不安があった。その不安につけ込んだのが大野であった。六月一六日、大野は岸に党人事の決定を迫り河野幹事長を諦めるかわりに池田総務会長も断念させ、さらに河野幹事長を見送らざるをえなかったのは佐藤の反対のためだとして蔵相更迭を求めた。事前に大野の要望を察知した岸は、佐藤を総務会長に戻すことを検討してもいた。

佐藤は大野への配慮が行き過ぎているとして岸に猛反発し、一五日から一七日の間に巻き返しを図った。総務会長を受諾すれば池田との関係が破綻することは容易に想像されるため、佐藤は「私は蔵相を辞めない、私を辞めさせるには罷免権の発動だ」と反発するとともに河野を閣僚から排除して池田のみを起用するよう強硬に申し入れた。党人事で池田は岸にも佐藤にも怒っていたが、佐藤は直接間接に池田をなだめ入閣要請を受諾するよう説得した。最終的には岸が河野、池田の順で入閣要請をしたところ河野は固辞したが、池田がこれを受け入れて入閣が決定し、佐藤の期待通り岸と旧吉田派との協調が実現した。

おわりに

岸と佐藤は親密な関係を生涯にわたって維持し、政治的にも全体としてみれば両者は連繋して行動したといえるだろう。しかし、敗戦・占領は両者の環境を逆転させ、さらに一九五〇年代には彼らはしばしば政治的に対立した。その関係が再び一体となったのは一九五六年総裁選以降で、それは佐藤の吉田派からの自立と関係していた。

佐藤はさらに一九五九年内閣改造では池田を岸内閣に取り込むことを主導したが、当初の岸の希望を拒否したこの行動は佐藤が兄に対しても政治的に成長したことを示すものといえるだろう。

〈参考文献〉

・史料

岸信介「断想録」（岸信介・矢次一夫・伊藤隆『岸信介の回想』〈文藝春秋、一九八一年〉）
岸信介「獄中日誌」一九四八年一〇月一六日条（前掲『岸信介の回想』）
伊藤隆編『佐藤栄作日記』（朝日新聞社、一九九七〜九九年）
「鈴木貞一関係文書」（国立国会図書館憲政資料室所蔵）
「鳩山訪ソ、今週がヤマ　主流、閣議決定急ぐ」『読売新聞』一九五六年九月一〇日付朝刊一面
「内閣改造ひと波乱か　実力三役に異論　反主流、首相の高姿勢反撃」『読売新聞』一九五九年六月五日付朝刊一面
「自民の三役人選終る　幹事長に川島氏　佐藤蔵相外せ、大野氏要求」『読売新聞』一九五九年六月一六日付夕刊一面
「崩れ去った岸構想　大野氏巻き返し　弟佐藤氏もサジ投げる」『読売新聞』一九五九年六月一七日付朝刊一面
「佐藤作戦が奏功　岸政権、一応危機を脱出」『読売新聞』一九五九年六月一八日付朝刊一面
岸信介『岸信介回顧録』（廣済堂出版、一九八三年）
佐藤龍太郎・塩田潮「特別インタビュー　肉親が見た「権力者一族」　父は佐藤栄作、岸信介は伯父、安倍晋三は従甥　佐藤龍太郎が語る三人の首相」（『ニューリーダー』三〇―七、二〇一七年）
福田赳夫『回顧九〇年』（岩波書店、一九九五年）
「同期生の人びと（近藤順二談部分）」（『鉄道人佐藤栄作』同刊行会、一九七七年）

・先行研究

原彬久『岸信介　権勢の政治家』（岩波書店、一九九五年）
原彬久『戦後日本と国際政治　安保改定の政治力学』（中央公論社、一九八八年）
服部龍二『佐藤栄作　最長不倒政権への道』（朝日新聞出版、二〇一七年）
村井良太『佐藤栄作　戦後日本の政治指導者』（中央公論新社、二〇一九年）
山田栄三『正伝佐藤栄作』上巻（新潮社、一九八八年）

石原慎太郎・裕次郎兄弟

――メディアとともに歩んだ兄弟――

加藤厚子

はじめに

二〇二三（令和五）年時点において、石原慎太郎《いしはらしんたろう》・裕次郎《ゆうじろう》兄弟に関して公開されている一次史料はきわめて少ない。一方で、二次史料、とくにマス・メディアにより生成された言説は膨大に存在する。これら石原兄弟をめぐる言説は、同一エピソードでも発言者によって内容がかなり異なり、繰り返し語られることで変質していることに注意しなければならない。しかし、慎太郎と裕次郎はそのデビューから晩年まで、マス・メディアによって兄や弟の存在が強調され、その関係性が語られてきたことは確かである。戦後文化を表す事項のひとつである「太陽の季節」は、石原兄弟の関係性から創出され、異なる分野で活動した二人にまつわる言説の方向性をも規定していくことになった。

一　父の死と「太陽の季節」執筆

石原潔《きよし》（一八九九〜一九五一）と光子（一九〇九〜九二）の間に、慎太郎は一九三二（昭和七）年に長男として、裕次郎は一九三四年に次男として生まれた。一九三八年、山下汽船に勤務する潔の転勤に伴い、家族は神戸から小樽《おたる》へと移り、一九四三年逗子《ずし》へと転居した。潔は非常に厳格で、強い家父長意識をもって妻や子に接していたが、子煩悩な一面もあり、慎太郎・裕次郎それぞれに写真アルバムを作り、一緒に風呂に入り父が子の背中を流していたという。また潔は年の近い兄弟にしばしば同じもの、しかも高級品を買い与えていたが、高校生だった兄弟にせがまれて二万五〇〇〇円のヨット（A級ディンギ）を購入している。

慎太郎は旧制湘南中学に入学し、裕次郎は慶應義塾農業高等学校に入学した。慎太郎によれば、裕次郎は慶應義塾高等学校の受験に失敗したため、途中編入する目的で慶應義塾農業高等学校に入学したが、そこは「無頼の集団が闊歩している学校」であり、裕次郎は悪友たちから「だいぶ早めに女と酒と喧嘩の手ほどき」を受けたという（『弟』）。

兄弟の転機となったのは一九五一年の潔の急死であった。一家の先行きを心配した父の上司・二神範蔵《ふたかみのりぞう》の勧めで公認会計士を目指した慎太郎は、一九五二年に一橋大学に入学し、大学寮に入った。裕次郎は慶應義塾高等学校に在学中だったが、ただ一人裕次郎を管理できた父の死去で生活が荒れ、家から金を持ち出して遊び歩くようになり、一九五三年の慶應義塾大学進学後もそれは続いていた。そして慎太郎もまた、週末に実家へ帰る途中、裕次郎と新橋駅で落ちあい、裕次郎たちと銀座界隈で遊ぶようになっていった。

慎太郎は雑誌『文學界』に新人賞新設の告知があるのを見つけ、弟から聞いた仲間の話をもとに執筆した「太陽の季節」で応募、第一回文學界新人賞を受賞し、さらに一九五六年一月第三四回芥川賞を受賞した。「太陽の季節」は同年五月に日活で映画化され、弟・裕次郎が端役で出演した。裕次郎は主役以上に注目を集め、わずか二ヵ月後、同じく慎太郎が原作・脚本を手がけた『狂った果実』に主演、日活のスターとなったのである。そしてこの年の夏、これらの作品の登場人物のファッションや行動を模倣する若者が各地に出現し、「太陽族」と呼ばれるようになった。太陽族は享楽的で性的に奔放であり刹那的に犯罪を起こすとして批判が高まり、その原因は映画にあるとされた。社会から強い批判を受けた映画会社はいわゆる「太陽族映画」の製作を自粛し、同じく批判を受けた映倫も改組されることになった。

二 「価値紊乱者」石原兄弟

1 慎太郎と文学界

一九五〇年代後半の石原兄弟は、「いわば既成のものとは異なった価値世界に住もうとしている人間」＝価値紊乱《かちびんらん》者であり（石原慎太郎「価値紊乱者の光栄」）、一般社会だけではなく、文学界と日本映画界に大きな衝撃をもたらした。社会から批判されたのは慎太郎の小説そのものではなく、慎太郎のキャラクターや、小説を原作とする映画、小説・映画に触発された（とされる）若者が起こした社会問題であるということは、同時代的にも指摘されている。当時、文壇の新人の年齢は上昇傾向にあったが、慎太郎は二三歳と若く、いわゆる文学青年ではなくサッカー部に所属するスポーツマンであり、大学在学中に芥川賞を受賞、後述するように東宝に入社し、芥川賞授賞式前日に当時一七歳だった女性と結婚するなど、慎太郎の公私は、新聞や雑誌によってこぞって報じられ、消費されていた。

しかし慎太郎は一方的に消費されていたわけではなく、当時の流行に乗りつつ、マス・メディアを媒体に、挑発的ともいえる言説や行動を発信することで、自らをプロデュースしていたのである。戦後、出版界・映画界では「十代もの」「性典もの」が話題になっていた。また一九五四年にはチャタレイ裁判で知られていた伊藤整《いとうせい》の『女性に関する十二章』がベストセラーになり、同年に映画化されるなど、「伊藤整ブーム」が発生していた。十返肇《とがえりはじめ》は、小説家も芸能人同様に意識的に売り出される時代になっており、慎太郎が人気を作り出す地盤はすでに醸成されていたと指摘している。またゼミで慎太郎の教官であった南博《みなみひろし》は、慎太郎ブームは作り出されたものではなく慎太郎が自ら作り出した人気であることが特色だとして、次のように述べている。

もう一つは、石原君のもっている個性的なものや、エネルギー、生活力、合理主義といったものが、今までは、例えば光クラブの山崎というアプレ青年のように、不良化という型をとってきたのに対して、大人の世界に切り込んでいけるだけの実力をもってきたということが言えるのではないか。

一般に、若い世代が健全に立直ってきたことが考えられるし、その意味で石原君は代表選手として人気があるのだ。

（「青春の群像・石原慎太郎に集った手紙」）

慎太郎は「十代もの」「性典もの」の存在を背景に、「伊藤整ブーム」に続く作家個人のブームを確立したのである。ブーム当時五十代に近かった伊藤とは異なり、慎太郎は映画という視覚メディアを活用し同世代の若者に訴求した。大学卒業前、公認会計士は自分に不向きだと考えた慎太郎は、映画に親しんできたこともあり映画監督を志望し、東宝の入社試験を受けて合格したが、芥川賞受賞後入社を辞退し、東宝の「企画顧問」をしていた。東宝において慎太郎は、原作・脚本を手がけた『日蝕の夏』（一九五六年九月公開）・『婚約指輪』（一九五六年一一月公開）で俳優として主役を演じ、『若い獣』（一九五八年七月公開）では原作・脚本に加え、監督までも務めたのである。

慎太郎が裕次郎と仲間たちの話をもとに「太陽の季節」を書いたことは当時からよく知られていた。高校時代に裕次郎と遊び、のちに慎太郎の選挙参謀となった山本淳正《やまもとじゅんせい》は次のように回想している。

「親父が亡くなって、何とか食いつないでいるのに、家の金を持ち出しては遊び惚けているのを憎々しく思う一方で、皆で楽しくバカ騒ぎできる俺達が兄貴は羨ましかったんじゃないかな」

慎太郎さんについて、裕さんはある時ポツリとそう言っていた。慎太郎さんとしては裕さんの監視も兼ねて俺達と遊んでいた部分もあったのだろう。

（『太陽族　裕次郎の素顔　友よ』）

父の死後、長男として家長を代行していた慎太郎は、無心で放蕩生活に耽溺《たんでき》することはできなかったと推測される。また南は慎太郎を若い世代の「代表選手」としているが、華やかな消費文化と奔放な行動に彩られた慎太郎の作品世界は、当時の多くの若者の現実生活とはまったく無縁の世界であった。慎太郎が「十分にできなかった」放蕩を画面上で再現すると同時に、「憧れの存在」となることで、現実の若者と慎太郎の作品世界とを架橋したのが、裕次郎という存在だったのである。

2　裕次郎と映画界

慎太郎と同年生まれの大島渚《おおしまなぎさ》は、裕次郎について「兄の思想は弟によって肉体化され、もはや誰の目にも明らかに、日本社会が一つの新しい時代に突入したことを示したのであった」と指摘している（「〈純粋戦後派〉の登場」）。裕次郎は高校生を交えた座談会で、『太陽の季節』に登場する若者の生活を「僕にとっては一番身近か〔ママ〕な生活」であり、「ですから今すごく騒がれておりますけれども、僕にはちっとも新しいとは思われないのです」と述べている（「「太陽の季節」と高校生」）。小説のモデル自身による「演技」は、作品世界と現実世界の境界を曖昧にしたのである。

当時の映画会社は撮影所システムを採り、製作スタッフ・俳優は専属制であったため、製作現場のルールは撮影所の内部で継承されていたが、裕次郎はそれに従わなかった。石原まき子（北原《きたはら》三枝《みえ》）は『狂った果実』の撮影中、裕次郎が「ぼくたちの世界のこういう若者は、こんなことは言わない」と言って譲らず、監督の中平康《なかひらこう》は、台本通りにセリフを喋るという映画俳優の演技を押しつけては駄目だと悟り、裕次郎の好きなようにさせたと回想している。また裕次郎によれば、ロケ現場を見学していた遊び仲間の前で、中平に「バカ野郎！」と怒鳴られたことに腹を立て、裕次郎は撮影を放棄して帰宅した。日活の社長は激怒し、プロデューサーの水《みず》の江《え》瀧子《たきこ》に裕次郎を辞めさせるよう命令したが、映画が大当たりしたため辞めさせるわけにいかなくなったという。慎太郎の作品世界を表現するためには裕次郎の存在が必要であり、撮影所のルールを乱しても、日活は裕次郎を手放すことはできなかったのである。

3　石原兄弟と映画界

石原兄弟が映画界における「価値紊乱者」となりえたことには二つの背景が存在した。一つは製作再開後の日活の状況である。一九五三年、日本映画市場を寡占していた松竹・東宝・大映・新東宝・東映は五社協定を結び、監督・俳優の引き抜きや貸し出しを禁止したが、これは製作再開を準備していた日活による人材獲得を阻止するための措置であり、翌年製作を再開した日活では俳優が不足した。正確な時期は不明だが、このような時期に日活は「太陽の季節」の原作権を購入したのである。慎太郎は、その事実はなかったにもかかわらず、他社での映画化をちらつかせて自分たち（裕次郎も同席していた）が原作権の価格交渉の主導権を握ったとしているが、ほかのプロデューサーが断り、たらいまわしにされた企画が最後に自分に持ち込まれたという水の江の証言から考えると、日活は話題になりそうな原作を早期に青田買いしていた可能性が高い。撮影所システムで育っていない裕次郎が「確保」されたのも、俳優不足の影響だったと考えられる。また日活にとっては、裕次郎を専属俳優にすることで、兄弟関係を伝手《つて》に使い、東宝と慎太郎との関係に影響されずに慎太郎の原作を使用できる利点もあった。

もう一つの背景は東宝社内の変化である。東映による二本立て興行の導入、日活の製作再開に伴い、日本映画の量産競争は激化していた（加えて一九五三年にはテレビ放送が開始された）。一九五五年八月、東宝では創業者である小林《こばやし》一三《いちぞう》の社長退任に伴い人事が刷新され、東宝出身の独立プロデューサー藤本真澄《ふじもとさねずみ》が新取締役として迎えられ製作本部長になった。慎太郎の入社試験に立ち会ったのが藤本であり、慎太郎は入社辞退後も藤本と個人的に交流していたのである。藤本は文芸作品とサラリーマン物を軸に「安定」していた東宝にテコ入れを図り、前述の『若い獣』で慎太郎を監督に登用した。しかし撮影所システムのなかで監督昇進を待っていた助監督たちは慎太郎の登用に猛反対した。藤本は彼らを懐柔するため、撮りたいものをシナリオにして提出するよう求めたが、これは量産競争激化に伴う作品需要増加への対応策でもあった。

裕次郎がデビューした経緯については諸説あるが、裕次郎が慎太郎の思想を肉体化する役割を果たし、斉藤綾子《さいとうあやこ》が指摘するように、慎太郎が弟の裕次郎を含めてマス・メディアを活用したセルフ・プロモーションを展開したことは確実である。そして、その追い風となったのは、出版界と映画界との接近と、黄金期を迎える直前、興隆期にあった日本映画界の状況だったといえるであろう。

三　兄弟関係の活用

太陽族ブームが沈静化し、慎太郎と裕次郎がそれぞれの分野で活動するようになると、「慎太郎原作・裕次郎出演」のようなマス・メディアにおけるパッケージ化は減少する。その一方で、慎太郎が人脈を利用し交渉をおこなって裕次郎に便宜を図り、裕次郎は自身の知名度を慎太郎のために使う、という関係性が形成されていく。

前者の例が「石原プロモーション」（以下、石原プロと略記）の活動である。一九六三年、裕次郎は独立プロダクションとして石原プロを設立し、翌年、『黒部の太陽』（一九六八年公開）の製作を発表した。しかし裕次郎と同じく独立プロダクションを設立していた三船敏郎《みふねとしろう》の出演をきっかけに、五社協定への抵触を問題視した五社が、系列映画館での上映を拒否する事態となった。この時、慎太郎は東宝と独自に交渉をおこなっている。また慎太郎は、大学の先輩で日産の社長である川又克二《かわまたかつじ》に依頼し、石原プロの映画作品『栄光への五〇〇〇キロ』（一九六九年公開）とのタイアップや、テレビドラマ『西部警察』シリーズへの車両提供を取り付けている。

後者の例は政界に進出した慎太郎の選挙運動である。一九六八年、慎太郎が第八回参議院議員通常選挙に自由民主党公認で立候補した際、裕次郎は応援演説に立ち多くの聴衆を集めた。選挙参謀の飯島清《いいじまきよし》は、途中から兄弟を別々の場所で演説させたが、慎太郎いわく裕次郎が担当した地域では「石原裕次郎」と書いた票が出たという。一九七五年に慎太郎が東京都知事選挙に立候補した時は、苦戦していた慎太郎に二億円ほどの現金を詰めたアタッシュケースを差し出して、選挙に役立てるように勧めている。

一九八七年七月、裕次郎は五二歳で死去した。直後のインタビューで慎太郎は、裕次郎がテレビドラマ『太陽にほえろ！』で演じた「ボス」について、父権喪失のなか、時代が要求する役柄だったと述べ、石原プロの人々が闘病中の裕次郎を献身的に支えたことについて「やっぱり彼は父親だったと思う。父親が病んだらみんな本気で看病しますよ」と述べている（「インタビュー石原慎太郎　わが弟・裕次郎の生と死を語る」）。

裕次郎死去後の慎太郎を象徴する二つのエピソードがある。一九九九年東京都知事選挙への出馬表明会見で、慎太郎の第一声は「石原裕次郎の兄でございます」であった。裕次郎の死から一二年後のことである。そして二〇二二年二月、慎太郎は八九歳で死去するが、その四年前の二月一三日に『徹子の部屋』に出演した慎太郎の次男・石原良純《よしずみ》は、家族で裕次郎の特集番組を見ている時、慎太郎が「裕次郎がうらやましい。みんなに愛されている。俺はみんなに愛されていない」と言っていたことを明かした。

大人からの反発を集めるというセルフ・プロデュースをおこなった慎太郎が、反発される側の大人になって活用したのは、青年期の裕次郎が映画を通じ若者から集めた「憧れ」だけではなく、テレビドラマ『太陽にほえろ！』や『西部警察』で裕次郎が演じた、タフな「ボス」や捜査課長のイメージだったのではないだろうか。敬愛されるリーダー、そして家族を率いる家長たることを強く志向していた慎太郎にとって、壮年期の裕次郎は実父を想起させる存在であると同時に、このようなイメージを肉体化した存在だったのであろう。

おわりに

慎太郎は弟を自分で育てたような感覚があり、裕次郎のことを間違えて伸晃《のぶてる》（慎太郎の長男）と呼び、伸晃を裕次郎と呼んでしまうことがあったと告白しており、この言い間違いは弟に対する保護意識からだと説明していた。一方裕次郎は、尊敬する人物の一人が慎太郎であり、「あいつの言うことはよく訊いた。いまでもそうだ」と述べている。しかし、兄弟だけで相対していた時は対等な関係だったようで、慎太郎は裕次郎が応援演説で「私たちは二人だけの兄弟なんで、子どもの頃から喧嘩したりじゃれたりしながら、結局人生のタッグマッチでやってきました」と言ったことにしばしば言及している（『弟』）。慎太郎はこの言葉から力道山《りきどうざん》の敵役であったシャープ兄弟を想起しているが、価値紊乱者であり既成の権威に反抗してきたという点で、自分たちを重ねていたとも思われる。
慎太郎は、裕次郎と海と船の話をするときだけは周りの人間は入ってこられなかったといい、「ぼくたちにとっては二人だけの大事なメディアだった」と述懐している（「独占石原慎太郎インタビュー　弟裕次郎没後一〇年目の生と死秘話」）。また、俳優・竹脇無我《たけわきむが》の兄でヨットマンの竹脇義果《よしみ》は、一九七〇年代に葉山沖で石原兄弟を目撃した時のことを次のように回想している。

いわゆるディンギーというクラスで、それは、ふだんはクルーザーを駆っているおふたりには不似合いなほど小さなヨットでしたが、おふたりとも心からセイリングをたのしまれているようでした。ああいうふうにセイリングできる兄弟って素晴らしいなあと、ため息がもれるような光景でした。
（『さよなら石原裕次郎　文藝春秋八月緊急増刊』）

価値紊乱者として登場し、マス・メディアで消費されてきた慎太郎と裕次郎は、ヨットの上では高校生の時から変わらない兄弟でいられたのかもしれない。

〈参考文献〉

浅井清「「太陽の季節」をめぐる諸論争」（『国文学　解釈と鑑賞』二一―八、一九五六年）
石原慎太郎「価値紊乱者の光栄」（『中央公論』七一―一〇、一九五六年）
石原慎太郎「国家なる幻影　わが政治への反回想　第三回」（『諸君!』二八―三、一九九六年）
石原慎太郎『弟』（幻冬舎文庫、一九九九年）
石原慎太郎『「私」という男の生涯』（幻冬舎、二〇二二年）
石原慎太郎『父のしおり―憧憬―』（青志社、二〇二三年）
石原光子『おばあちゃんの教育論　慎太郎・裕次郎もこのおふくろには頭があがらない』（ごま書房、一九八六年）
石原裕次郎著・石原まき子監修『口伝　我が人生の辞』（主婦と生活社、二〇〇三年）

石原良純『石原家の人びと』（新潮社、二〇〇一年）
市川孝一「高度成長期の若者文化―「太陽の季節」と太陽族ブーム―」（明治大学文学部紀要『文芸研究』一一九、二〇一三年）
今井瞳良「映画興行と映倫改組―太陽族映画問題をめぐって―」（『人文学報』一一六、二〇二一年）
大島渚「〈純粋戦後派〉の登場」（『潮』六六、一九六五年）
斉藤綾子「五〇年代映画と石原慎太郎」（『文学』五―六、二〇〇四年）
十返肇「太陽族ブームはこうして作られた―演出するもの・されるもの―」（『婦人公論』四一―九、一九五六年）
水の江瀧子『みんな裕ちゃんが好きだった』（文園社、一九九一年）
山本淳正『太陽族　裕次郎の素顔　友よ』（イベントプロデューサーズアカデミー、一九九六年）
渡邉大輔「石原慎太郎と「映画」の時代」（『ユリイカ』四八―七、二〇一六年）
「インタビュー石原慎太郎　わが弟・裕次郎の生と死を語る」（『朝日ジャーナル』二九―三三、一九八七年）
「独占石原慎太郎インタビュー　弟裕次郎没後一〇年目の生と死　秘話」（『週刊朝日』一〇一―三四、一九九六年）
「「太陽の季節」と高校生」（『キネマ旬報』一四八〈通巻九六三〉、一九五六年）
「青春の群像・石原慎太郎に集った手紙」（『週刊サンケイ』二二八、一九五六年）
『さよなら石原裕次郎　文藝春秋八月緊急増刊』（六五―一一、一九八七年）
「石原慎太郎氏、実は愛されたかった？「裕次郎がうらやましい」息子・良純がホンネ暴露」（https://www.iza.ne.jp/article/20180215-WSSWAI7RNBL6FPGBLG767IZD5A/〈二〇二三年九月二五日閲覧〉）

編者紹介（『日本歴史』編集委員・五十音順）

金《かね》子《こ》 拓《ひらく》 1967年生まれ 東京大学史料編纂所教授

佐藤《さとう》 雄介《ゆうすけ》 1980年生まれ 学習院大学文学部准教授

十川《そがわ》 陽一《よういち》 1980年生まれ 慶應義塾大学文学部准教授

千《ち》葉《ば》 功《いさお》 1969年生まれ 学習院大学文学部教授

西田《にした》 友広《ともひろ》 1977年生まれ 東京大学史料編纂所准教授

松《まつ》田《だ》 忍《しのぶ》 1976年生まれ 昭和女子大学人間文化学部教授

三谷《みたに》 芳幸《よしゆき》 1967年生まれ 筑波大学人文社会系教授

松澤《まつざわ》 克行《よしゆき》 1966年生まれ 東京大学史料編纂所教授

＊2024年6月まで編集委員

執筆者紹介（五十音順）

遠藤《えんどう》由《ゆ》紀《き》子《こ》 1979年生まれ 昭和女子大学女性文化研究所研究員

遠藤《えんどう》ゆり子《こ》 淑徳大学人文学部教授

加藤《かとう》 厚子《あつこ》 1972年生まれ 学習院女子大学非常勤講師

小《こ》池《いけ》 進《すすむ》 1960年生まれ 東洋大学非常勤講師・聖徳大学兼任講師

古藤《ことう》 真平《しんぺい》 1960年生まれ 古代学協会研究員

鷺森《さぎもり》 浩幸《ひろゆき》 1960年生まれ 帝塚山大学文学部教授

澤田《さわだ》 裕子《ゆうこ》 1979年生まれ 三重大学非常勤講師

柴《しば》 裕《ひろ》之《ゆき》 1973年生まれ 東洋大学・駒澤大学非常勤講師

下向井《しもむかい》紀彦《のりひこ》 1983年生まれ 三井文庫主任研究員

城下《じょうした》 賢一《けんいち》 1975年生まれ 大阪医科薬科大学薬学部准教授

末《すえ》柄《がら》 豊《ゆたか》 1965年生まれ 東京大学史料編纂所教授

菅野《すがの》 則子《のりこ》 1939年生まれ 元帝京大学文学部

杉原《すぎはら》 志啓《ゆきひろ》 1951年生まれ 思想史家・音楽評論家

関《せき》根《ね》 淳《あつし》 1970年生まれ 富士見丘中学高等学校副教頭

田中《たなか》 大喜《ひろき》 1972年生まれ 日本大学文理学部教授

田中《たなか》 禎昭《よしあき》 1962年生まれ 専修大学文学部教授

樋口《ひぐち》健太郎《けんたろう》 1974年生まれ 龍谷大学文学部准教授

藤田《ふじた》 英昭《ひであき》 1973年生まれ 徳川黎明会徳川林政史研究所研究員

舟橋《ふなばし》　正真《せいしん》　1982年生まれ　淑徳大学兼任講師
松田《まつだ》　敬之《たかゆき》　1972年生まれ　花園大学文学部教授
山崎《やまざき》　圭《けい》　1966年生まれ　中央大学文学部教授
山本《やまもと》みなみ　1989年生まれ　鎌倉歴史文化交流館学芸員
吉川《よしかわ》　敏子《としこ》　1968年生まれ　奈良大学文学部教授

きょうだいの日本史

二〇二四年（令和六）九月一日　第一刷発行

編　者　『日本歴史』編集委員会

発行者　吉川道郎

発行所　株式会社　吉川弘文館
郵便番号一一三—〇〇三三
東京都文京区本郷七丁目二番八号
電話〇三—三八一三—九一五一〈代〉
振替口座〇〇一〇〇—五—二四四番
https://www.yoshikawa-k.co.jp/

印刷＝株式会社 ディグ
製本＝ナショナル製本協同組合
装幀＝河村誠

ISBN978-4-642-08455-0

さまざまな生涯を時代とともに描く伝記シリーズ

人物叢書

日本歴史学会編集　四六判

＊はオンデマンド版

天智天皇　森　公章著　二三〇〇円

藤原仲麻呂　岸　俊男著　二三〇〇円

平城天皇　春名宏昭著　二〇〇〇円

北条義時　安田元久著　二〇〇〇円

北条政子＊　渡辺　保著　二五〇〇円

最上義光　伊藤清郎著　二三〇〇円

徳川家光　藤井譲治著　一九〇〇円

保科正之　小池　進著　二三〇〇円

三井高利　中田易直著　二一〇〇円

人とことば　日本歴史学会編　二一〇〇円

吉川弘文館
（価格は税別）

『日本歴史』編集委員会編

恋する日本史

Ａ５判・二五六頁／二〇〇〇円

天皇・貴族から庶民にいたるまで、昔の人びとはどのような恋をしていたのだろう？　第一線で活躍する歴史学・国文学などのエキスパートが、日本史のなかの知られざる恋愛エピソードを紹介。あの有名人の恋愛スキャンダル、無名の人物が貫いた純愛、異性間に限らない恋心、道ならぬ恋が生んだ悲劇…。恋愛を通してみると歴史はこんなに面白い！